OPORTUNIDADE DE VIVER

ESTUDO SOBRE A EXISTÊNCIA HUMANA E O SENTIDO DA VIDA

DAYANE ROSSA

OPORTUNIDADE DE VIVER

ESTUDO SOBRE A EXISTÊNCIA HUMANA E O SENTIDO DA VIDA

EDITARES

FOZ DO IGUAÇU, PR

2014

Capa: Valesca Ferreira.

Foto da capa: Borboleta – *Danaus erippus* (Cromer, 1775) – (Monarca do Sul)

Revisão: Equipe de revisores da Editares.

Diagramação: Epígrafe Editorial e Gráfica Ltda.

Impressão: Nova Letra Gráfica e Editora.

Dados Internacionais de Catalogação na Publicação (CIP)

R823o Rossa, Dayane

Oportunidade de viver e evoluir : estudo sobre a existência humana e o sentido da vida. / Dayane Rossa; [prefácio de Amin Lascani]. – Foz do Iguaçu : Editares, 2014.

328 p.

Inclui bibliografia.
ISBN 978-85-98966-90-8

1. Conscienciologia. 2. Evoluciologia. I. Título.

CDD 133

Tatiana Lopes CRB 9/1524

EDITARES

ASSOCIAÇÃO INTERNACIONAL EDITARES
Av. Felipe Wandscheer, 5.100, sala 107, Cognópolis
Foz do Iguaçu, PR – Brasil – CEP: 85856-530
Tel/Fax: 45 2102 1407
E-mail: editares@editares.org.br – *Website:* www.editares.org.br

Às consciências interessadas em compreender
o sentido da vida humana.

AGRADECIMENTOS

Pais. *A Vera Lúcia e José Rossa, dedicados pais e sempre focalizados em dar o melhor de si para educar as duas filhas.*

Irmã. *A Ana Patrícia Rossa, querida irmã e companheira de muitas experiências e crises de crescimento.*

Duplista. *Ao João Paulo, pela paciência, afeto e concessões exemplares.*

Amigos. *Aos amigos da caravana solidária, pelo apoio mútuo e conversas bem-humoradas no trajeto diário para o trabalho.*

Comunidade. *Aos compassageiros evolutivos da família conscienciológica* (CCCI), *pelos inúmeros exemplos evolutivos de autossuperação.*

Uniescon. *Aos autores da UNIESCON, Luciana Ribeiro, Mabel Teles e Rosemary Salles pelas orientações na primeira versão do livro.*

Revisores. *Aos revisores Cícero Schünemann, Ivelize Vicenzi e Julio Almeida pelo auxílio no desenvolvimento do livro.*

Editares. *Também aos pareceristas e voluntários da Editares pelas sugestões no encaminhamento final da obra.*

Prefaciador. *A Amin Lascani, pelos valiosos exemplos de ponderação e elaboração do prefácio.*

Incentivador. *Ao professor Waldo Vieira, grande incentivador da escrita e da oportunidade do autorrevezamento propiciada pelo livro.*

Amparadores. *Aos amparadores extrafísicos pela sustentação,* insights *recebidos durante a escrita desta obra e a paciência fraterna durante os momentos de pausas na produção.*

SUMÁRIO

Seção VII

DESSOMÁTICA

Seção VIII

EVOLUTIVIDADE

PREFÁCIO

Trafores. Tive a *oportunidade de conviver* com a professora e bióloga Dayane Rossa em várias atividades e não poderia deixar de ressaltar algumas de suas evidentes qualidades, tais como, a auto-organização, o continuísmo, a perseverança, o companheirismo, a polivalência, o profissionalismo responsável e a autodisponibilidade interassistencial.

Liderança. Verdadeira *conscin-trator,* a conscienciômetra-autora exerce com dinamismo a liderança cosmoética no papel de *locomotiva empreendedora,* sem passar por cima de tudo e de todos mas desembaraçando os caminhos para o progresso consciencial dos liderados.

Autoexperimentação. Utilizando conceitos da Conscienciologia e a própria autoexperimentação, a autora responde objetivamente às várias perguntas clássicas da Filosofia: Por que viver? Por que nascemos? Qual o significado da vida e da morte?

Autoexemplarismo. A partir do autoexemplarismo, a autora-cobaia, aproveitando as *oportunidades evolutivas* que se lhe apresentam, mostra serem viáveis as autossuperações e assim auxilia outras consciências a vencerem seus traços-fardos.

Estímulo. O livro funciona também como sendo *injeção* de ânimo para aqueles que apenas *sobrevivem* nesta dimensão intrafísica, perdidos no emaranhado de atividades materialistas sem ao menos aventar hipóteses concretas sobre o real significado da vida.

Abertismo. Constatando a impotência da Ciência Convencional e da Filosofia para elucidar o ciclo evolutivo das consciências, a autora, alicerçada no neoparadigma consciencial e no próprio abertismo neofílico, encontrou argumentos e novas conjecturas para deslindar a lógica de viver.

Renovações. Um dos propósitos fundamentais do livro é enfatizar a valorização da *oportunidade de viver* assentada nas renovações intraconscienciais a partir dos esforços pessoais e do desenvolvimento de atributos como, por exemplo, a interassistencialidade e a priorização evolutiva. Neste contexto, a autora estabelece que a assistencialidade é o princípio prioritário para a vida bem aproveitada e mais à frente explicita 10 prioridades relevantes para agilizar a evolução consciencial.

Voluntariado. Dentre essas 10 prioridades está o voluntariado assistencial onde são apresentadas 13 oportunidades valorosas vivenciadas pela autora em Instituições Conscienciocêntricas, verdadeiros autoexemplos dignos de imitação evolutiva.

Técnicas. Utilizando a clareza, a objetividade e o raciocínio lógico que lhe são peculiares, a autora apresenta diferentes técnicas da Conscienciologia com intuito de propiciar a autoevolução a qualquer consciência interessada. Lança ainda vários questionamentos visando autorreflexões as quais permitem ao leitor uma viagem profunda para o interior de si mesmo.

Proéxis. Na seção Proexologia, a autora evidencia a importância da programação existencial como provedora de sentido à vida a partir do estabelecimento de metas evolutivas, hábitos sadios, rotinas úteis e tarefas automotivadoras.

Recin. Merece destaque a técnica do passo a passo da recin proposta pela Consciencioterapia e detalhada minuciosamente em etapas pela autora a partir do autoinvestimento em suas significativas reciclagens interiores.

Compléxis. Os últimos capítulos tratam da completude existencial e da seriéxis onde a autora salienta que o completismo existencial é efetivação do aproveitamento da *oportunidade de viver.*

Intermissão. A autoconscientização sobre a razão de viver e o aproveitamento das *oportunidades evolutivas* fornecem as bases para os intermissivistas trabalharem como líderes assistenciais no próximo período intermissivo e resgatarem as consciências afins deixadas para trás na evolução individual.

Gratidão. Sinto-me gratificado pela *oportunidade de escrever* o prefácio deste notável livro assistencial o qual irá marcar indelevelmente a memória de muitos leitores.

Oportunidades. Esperamos que todos aproveitem a *oportunidade de ler* esta obra, haurindo as informações nela oferecidas, visando o desenvolvimento consciencial agilizado e banindo de uma vez por todas a automimese do desperdício da *oportunidade de viver.*

Gescons. Confiamos ser este livro o primeiro de uma série de gestações conscienciais que a autora nos oferecerá, de mesma excelência e abrangência, propiciando-nos a *oportunidade de aprender* com seus ensinamentos.

Amin Lascani

INTRODUÇÃO

Decisão. A decisão de escrever sobre a *oportunidade de viver* foi motivada pela busca de respostas do real sentido da existência humana, em contraposição à explicação simplista aprendida ainda na infância, sobre o *ciclo da vida:* nascer, crescer, casar, ter filhos, plantar árvores, escrever 1 livro e morrer.

Vida. Ao longo da adolescência, esta autora refletiu inúmeras vezes sobre o real significado da vida. Leu e questionou outras pessoas para descobrir se a existência biológica se resumiria a esse simples ciclo.

Questionamento. A busca pelas respostas ao questionamento sobre a razão de viver propiciou experiências pessoais, debates sobre o assunto e descoberta de novo sentido para a vida humana.

Autoexperiência. Os recursos para responder a questão inicial: Por que viver? – foram encontrados somente a partir das autoexperiências relacionadas à aquisição de conhecimento sobre a evolução, às práticas bioenergéticas, ao desenvolvimento da sensibilidade parapsíquica e o valor da assistencialidade.

Ressignificação. Essas novas práticas permitiram vivências diferentes daquelas aprendidas no colégio, junto à família e amigos, resultando na ampliação da visão de mundo e ressignificação do conceito de vida fundamentado na evolutividade.

Explicações. Neste contexto, o livro apresenta explicações, premissas, hipóteses, teorias, reflexões e experiências pessoais sobre algumas dúvidas clássicas observadas ao longo da História Humana e comuns a várias pessoas, tais como: *O que é vida? Porque nascer se vamos morrer? Para onde vou após a morte?*

Enfoque. Frente a esses questionamentos, o livro é voltado às pessoas interessadas em encontrar o sentido para a existência humana, abordando a *oportunidade de viver* com enfoque evolutivo, independente de qualquer contratempo natural ou aborrecimento inerente e característico da vida biológica.

Teorias. Esta obra também se propõe a revisitar as teorias da Conscienciologia de modo a explicitar como é possível colocá-las em prática, no intuito de aproveitar a oportunidade de viver para evoluir.

Vitalidade. Para esta autora, a existência humana é sinônimo de crescimento evolutivo com vitalidade e dinamismo, contrário à acomodação e ao desânimo, muitas vezes observados no comportamento de vários indivíduos, os quais parecem ter perdido a alegria de viver ou desconhecem o sentido da vida.

Paradigma Consciencial

Paradigma. O livro foi escrito sob a ótica do paradigma consciencial, campo de estudo proposto pelo médico e pesquisador Waldo Vieira, e nesse sentido, utiliza termos, expressões e palavras novas adotadas no âmbito deste conhecimento. Para compreender este modelo científico é preciso, inicialmente, entender o significado da palavra *consci*ência.

Self. O conceito de *consciência* utilizado nesta obra refere-se ao eu, ao *self*, você e todos os seres em constante evolução. Quando a consciência está se manifestando na dimensão material ou intrafísica é utilizado o termo conscin. Já a palavra consciex é usada para referenciar a consciência pertencente à dimensão não material ou extrafísica.

Ciência. A Ciência especializada no estudo da consciência é a Conscienciologia, a qual propõe o conhecimento da pessoa na totalidade, ou na essência do ser, além do cérebro físico e do corpo humano.

Complexidade. A compreensão do ser humano, além do corpo biológico, não é tarefa simples em função da complexidade física, emocional e mental das consciências. Neste sentido, as ferramentas e a metodologia da Ciência Convencional são limitadas na ampliação das pesquisas sobre este assunto, em função da barreira materialista imposta às explicações e análise dos fatos.

Distinção. A Conscienciologia distingue-se da Ciência Convencional por estar dedicada à evolução consciencial, com abordagem mais ampla, além da simples lógica material ainda vigente na Sociedade.

Metodologia. A análise da consciência requer metodologia específica devido à complexidade consciencial extrapolar a realidade material. É importante lembrar o fato de a intimidade de cada pessoa não poder ser colocada dentro de tubos de ensaio ou observada através de potentes microscópios.

Pesquisa. A Ciência Conscienciologia propõe novo método científico de pesquisa da personalidade humana, adequado à existência de outros veículos de manisfestação da consciência e aos contextos multidimensional (múltiplas dimensões) e multiexistencial (múltiplas existências humanas).

Premissas. Eis, por exemplo, na ordem alfabética, 6 premissas utilizadas no paradigma consciencial, detalhadas a seguir, para estudo integral do elenco de personalidades humanas:

1. **Autoexperimentação.**
2. **Bioenergética.**
3. **Cosmoética.**
4. **Holossomática.**
5. **Multidimensionalidade.**
6. **Multiexistencialidade.**

1. **Autoexperimentação.** A premissa da *Autoexperimentação* considera o pesquisador a cobaia de si mesmo, responsável pela autocomprovação dos fatos, sem a necessidade de crença cega em conceitos impostos, mas sim objetivando transformar as vivências pessoais em laboratório de autopesquisa. Nesta linha de raciocínio se insere o *princípio da descrença,* no qual o interessado é convidado a não acreditar em nada e sim chegar às próprias conclusões através da experimentação pessoal. A pergunta utilizada neste contexto é: há lógica?

2. **Bioenergética.** Na abordagem da *Bioenergética* são estudadas as variadas formas de energias da existência biológica, incluindo plantas, animais e demais seres vivos. A energia relacionada à Natureza é chamada *imanente,* e aquela oriunda do ser humano recebe o nome de *consciencial.* Essa visão transcende o estudo dos pontos de vista fisiológico, elétrico, químico ou gravitacional. Está relacionada, principalmente a diversidade de padrões bioenergéticos, os quais podem ser percebidos além dos sentidos físicos, e envolvem a discriminação das variadas influências energéticas existentes. No caso das energias conscienciais é importante considerar o fato de a pessoa produzir pensamentos e emoções, os quais transformam o padrão energético para melhor ou pior, bem como a troca constante de energias com o meio e entre diferentes indivíduos.

3. **Cosmoética.** A *Cosmoética* compreende a moral cósmica, princípio mais amplo comparado à moral humana e social, discutida pela Ética. A Cosmoética leva em consideração, por exemplo, as vidas consecutivas, a lei do retorno ou da ação e reação (tanto no âmbito positivo quanto no negativo), a lei cármica, a justiça universal, a incorruptibilidade, a intencionalidade e a qualidade das energias conscienciais. Associado a essa abordagem existe também o conceito do código pessoal de Cosmoética o qual envolve o conjunto de normas de retidão do mais alto grau moral, criado e seguido pela consciência mais lúcida em qualquer dimensão.

4. **Holossomática.** A proposta da *Holossomática* considera a existência de outros veículos de manifestação da consciência além do soma (corpo biológico), o energossoma (corpo das energias), o psicossoma (corpo das emoções) e o mentalsoma (corpo do discernimento ou mental). O conjunto integrado desses corpos é denominado holossoma. Dentro dessa configuração o pesquisador de si próprio é convidado a estabelecer autoexperimentações utilizando-se de todos esses veículos, buscando conhecer características e modo de funcionamento dos mesmos.

5. **Multidimensionalidade.** Na ótica da *Multidimensionalidade* são consideradas outras dimensões conscienciais, além da esfera física ou material, chamadas extrafísicas, nas quais a consciência pode se expressar, nesse caso, utilizando os demais veículos afora o soma. Através da experiência da projeção consciente, também conhecida como experiência fora do corpo, desdobramento ou viagem astral, a consciência intrafísica (conscin) é capaz de vivenciar estas diferentes dimensões e descobrir, por si só, ser a consciência superior ao corpo físico.

6. **Multiexistencialidade.** Sob a premissa da *Multiexistencialidade,* o paradigma consciencial admite a continuidade da vida após a morte, existências sucessivas em série ou "reencarnações". Ao renascer a consciência possui a bagagem de aprendizado de vidas anteriores, e prepara-se para outras futuras existências. Interessante considerar na perspectiva desta proposição, a presença de crianças precoces intelectualmente em alguma área da Ciência, nas artes, ou escrita, demonstrando maior facilidade em comparação a outras com as mesmas oportunidades.

Visão. Esse conjunto de premissas é capaz de ampliar a visão sobre a vida, estimular o questionamento de crenças arraigadas e despertar o interesse sobre mecanismos evolutivos associados à *oportunidade de viver,* bem como, a manifestação da consciência nas diferentes dimensões.

Dimensão. Dentro do paradigma consciencial, também importa enfatizar a existência da dimensão intrafísica e extrafísica.

Intrafísica. A dimensão intrafísica envolve a atuação da consciência através do corpo biológico, estando com os demais veículos (psicossoma, mentalsoma e energossoma) coincididos. O foco deste livro está na explicitação de variáveis relacionadas a *oportunidade de viver* evolutivamente nesta dimensão, associadas ao conjunto de experiências na dimensão extrafísica (V. capítulo 1).

Extrafísica. Na dimensão extrafísica, o indivíduo se manifesta através do psicossoma, após ocorrer a morte biológica (dessoma). A consciência extrafísica (consciex) é conhecida popularmente por espírito, alma e fantasma.

Pensene. Outro conceito importante relacionado ao paradigma consciencial é o pensene, o qual refere-se ao conjunto de *pen*samentos, *sen*timentos e *ene*rgias empregados pela consciência em todas as manifestações pessoais.

Carga. O pensene pode estar carregado no *pen,* ou seja, no pensamento apresentando maior discernimento e razão; no *sen,* no qual predominam os sentimentos, emoções e desejos; ou no *ene,* envolvendo a energia consciencial. Desse modo, a consciência, ao pensenizar automaticamente, exterioriza energias, sejam essas positivas ou negativas.

Autoevolução. Em função das variáveis expostas, o pensene está entre os agentes principais da autoevolução consciencial, sendo indicado a qualquer indivíduo interessado, observar a qualidade da pensenidade pessoal.

Holopensene. O conjunto de pensenes agregados ou consolidados, seja da conscin apenas ou de todo o grupo evolutivo é chamado de *holopensene (holo + pen + sen + ene).*

Fôrma. Assim é importante destacar a existência de holopensene ou fôrmas holopensênicas com diferentes padrões energéticos, a exemplo do bélico, religioso, renovador, neofílico, benéfico, maléfico entre outros, dos quais a maioria das consciências não percebe a influência, porém os mesmos fazem parte da existência humana.

Materialismo. Esta autora, na condição de bióloga ou estudiosa da vida, vivenciou a base da formação acadêmica, centrada nos princípios materialistas da Ciência Convencional, porém não encontrou recursos ou instrumentos para explicar o sentido do *ciclo evolutivo do ser humano* ao longo da existência física.

Abertismo. A explicação e novas hipóteses sobre o sentido da vida somente foram possíveis a partir do abertismo pessoal e predisposição a estudar e experienciar, com lógica e discernimento, novas abordagens sobre o Homem além do ambiente físico, objetivo da Conscienciologia.

Evolução consciencial

Transformação. A *evolução* é o processo gradual e progressivo de transformação ao longo do tempo visando aperfeiçoamentos diversos.

Biologia. A Biologia, através dos pesquisadores Charles Darwin (1809–1882) e Alfred Russel Wallace (1823–1913), ampliou o conceito de evolução, chancelando a sobrevivência do organismo mais adaptado às variações ambientais.

Lógica. A teoria evolucionista proposta por esses dois pesquisadores apresenta o sentido do *ciclo de vida humano* e dos demais organismos, embasada em aspectos materiais, de modo racional e lógico.

Limitação. No entanto, a evolução da consciência fica limitada quando analisada sob a ótica materialista do paradigma da Ciência Convencional e da teoria evolucionista. A ampliação dessa ideia evolucionista necessita considerar premissas de estudo da consciência de maneira mais abrangente, muito além do corpo biológico.

Consciência. A *evolução consciencial* envolve a transformação gradual da consciência ao longo do tempo, a partir das experiências vivenciadas através dos 4 veículos de manifestação: soma, psicossoma, energossoma e mentalsoma.

Evolução. Sob a luz da Conscienciologia, a evolução da consciência vai além da adaptação ao meio físico, e inclui também aperfeiçoamento íntimo, supressão das autocorrupções, desenvolvimento da sensibilidade energética e aumento da lucidez sobre o significado da existência humana.

Ampliação. Comparativamente, a teoria evolucionista expõe a progressão da evolução dos diferentes organismos até o hominídeo. Já a Ciência Conscienciologia propõe a ampliação desta abordagem ao considerar o modelo evolutivo do Serenão *(Homo sapiens serenissimus)* (V. capítulo 4).

Referencial. O Serenão é consciência avançada em termos evolutivos, porém ainda necessita viver nesta dimensão mas, mesmo com corpo físico, utiliza com excelência os veículos de manifestação do holossoma, e neste sentido, é estudado enquanto referencial evolutivo.

Grupo. No contexto da evolução consciencial, vale ressaltar o fato de toda consciência possuir grupo evolutivo, o qual envolve a reunião de consciências com afinidade de ideias, tendências, emoções e comportamentos.

Grupocarma. Este grupo evolutivo composto de consciências mais próximas, desde a família nuclear à profissional e a evolutiva, com as quais existe a conta cármica ou a necessidade de serem realizados acertos nas relações interconscienciais grupais, constitui o grupocarma.

Rastros. Sob a ótica da oportunidade de viver, o acerto entre os membros do grupo evolutivo é necessidade premente, pois quanto mais tempo durarem os desacertos, maiores os travões individuais e coletivos e os rastros negativos deixados pela conscin por onde passa.

Atividades. Quando a consciência já conseguiu amenizar os desacertos grupocármicos começa a aumentar as atividades interassistenciais pessoais, visando se habilitar para atuar junto ao policarma.

Policarma. O policarma é a conta cármica centrada na assistencialidade impessoal, ou seja, a assistência predominantemente estendida a todos os tipos de princípios conscienciais, desde as plantas até os hominídios.

Interassistência. A evolução consciencial contempla a melhoria íntima visando o domínio dos veículos de manifestação pessoal, bem como o aperfeiçoamento coletivo, por meio da interassistencialidade.

Detalhamento. No universo de temas estudados na Ciência Conscienciologia, o aprofundamento dos conceitos envolvendo a evolução pessoal, a interassistência grupo e policármica são pontos relevantes no contexto da oportunidade de viver, e por isso detalhados de diferentes maneiras ao longo da obra.

Organização do livro

Objetivo. O objetivo deste livro é ressaltar a importância e o sentido da vida humana, enfatizando o desejo envolvente de mudança e a conquista da alegria de viver ao optar pelo melhor evolutivamente.

Reciclagem. Esta autora escolheu viver aproveitando as oportunidades evolutivas ao assumir a renovação ou reciclagem pessoal enquanto princípio existencial, visando a melhoria íntima para contribuir com o exemplo pessoal e, assim, auxiliar outras consciências a superarem dificuldades.

Intenção. A intenção é ver outras pessoas, ainda nesta existência, experimentando a satisfação da mudança íntima.

Enfoque. O tema *oportunidade de viver* foi estudado sob o enfoque da especialidade Proexologia, porém considerando também, outras variáveis relacionadas ao renascimento humano.

Proexologia. A Proexologia refere-se ao estudo da programação existencial – proéxis, ou propósito de vida. Tecnicamente, contempla o conjunto de metas e estratégias exclusivas da consciência intrafísica, intransferíveis e planejadas antes do renascimento intrafísico.

Especialidades. A proéxis e demais especialidades da Conscienciologia serão tratadas mais detalhadamente em outras seções da obra (V. capítulos 24 a 28).

Seções. O livro contém 8 seções, dispostas a seguir, na ordem de apresentação ao longo do texto:

1. **Vida.** A seção I, intitulada *Vida,* apresenta argumentações diferenciadas da Ciência Convencional sobre o *porquê de viver.* A existência humana é demonstrada dentro do contexto evolutivo, com a introdução de alguns conceitos da Conscienciologia embasadores do significado da existência na dimensão intrafísica.

2. **Ressomática.** Na seção II, chamada *Ressomática,* são abordadas as explicações sobre a fase anterior ao renascimento (no período chamado intermissão ou entrevidas), os acontecimentos dessa etapa pré-ressomática até o renascimento somático da consciência (ressoma). Posteriormente, são apresentados os principais fatores intervenientes logo após a ressoma, como, por exemplo, a valorização do novo corpo biológico, a família enquanto primeiro grupo evolutivo, a fase da juventude, e os mecanismos profiláticos à manifestação do lado mais instintual ou infantil (porão consciencial), encerrando com o contexto mesológico encontrado pelas conscins ao ingressarem novamente na dimensão física.

3. **Renovações.** Na seção III, intitulada *Renovações Conscienciais,* o objetivo é expor subsídios para o indivíduo disposto ao enfrentamento das limitações pessoais. Nesse sentido, propõe a otimização da vida humana a partir da aplicação das *técnicas da reciclagem existencial* (recéxis), inversão existencial (invéxis), e *reciclagem intraconsciencial* (recin). Também apresenta o detalhamento da *técnica do passo a passo da recin,* visando levantar em cada etapa a ação ou *movimento* necessário à renovação íntima.

4. **Antagonismo.** A seção IV, *Antagonismo à vida,* discorre sobre as atitudes antissomáticas, impeditivas, ou até em muitos casos, inutilizadoras do corpo biológico mesmo sendo este instrumento necessário ao cumprimento da proéxis. Também expõe comportamentos nosográficos, da mentalidade interiorana (interiorose), escravidão à opinião pública, o problema da depressão diminuindo a alegria de viver e o suicídio, como cúmulo da inadaptação à existência intrafísica.

5. **Proexologia.** Na seção V, *Proexologia*, é analisada a condição da vida humana considerando as metas da programação existencial, também chamada propósito de vida. O intuito é apresentar o conceito de proéxis e a necessidade da definição de metas pessoais, hábitos sadios e rotinas úteis para a conscin automotivada no desejo de conduzir o período na dimensão física de modo evolutivo.

6. **Priorizações.** A seção VI, *Priorizações evolutivas*, objetiva evidenciar o conceito de prioridade evolutiva no contexto da *oportunidade de viver*. Para isso, foram selecionadas e explicitadas, a título de exemplo, 10 prioridades reconhecidas por esta autora-cobaia como relevantes no atual momento evolutivo.

7. **Dessomática.** Na seção VII, intitulada *Dessomática*, propõe-se analisar a *oportunidade de viver* e os efeitos da desativação do corpo biológico (dessoma), não com a conotação negativa de perda, mas sobretudo pelo encerramento de etapa evolutiva possibilitando o retorno sadio à dimensão extrafísica. Assim, foram relacionadas algumas variáveis, tais como, o envelhecimento inevitável a todo ressomante, o medo da morte (tanatofobia) e o apego consanguíneo patológico enquanto dificultador da dessoma tranquila.

8. **Evolutividade.** Por último, a seção *Evolutividade* pretende abordar a importância do foco na evolução da conscin motivada pela *oportunidade de viver*. São abordados o autoesforço necessário ao longo da vida, o completismo existencial, ou seja, a condição vantajosa da conclusão satisfatória das tarefas evolutivas dentro da vida física, e o conceito de série existencial (seriéxis) embasador do *ciclo de renascimentos e dessomas sucessivas* frente à escala evolutiva das consciências.

Debate. Este trabalho obviamente não pretende esgotar o assunto, mas promover o debate sobre a importância da existência no contexto evolutivo.

Heterocríticas. Todas as sugestões e heterocríticas serão bem-vindas e analisadas por esta autora contribuindo para o exercício do abertismo pessoal.

Glossário. Os neologismos e termos técnicos da ciência Conscienciologia utilizados no texto, são definidos em alguns contextos imediatamente à citação da palavra, e também no glossário ao final.

***NÃO ACREDITE EM NADA, NEM MESMO NAS PALAVRAS ESCRITAS NESTE LIVRO.** VALORIZE AUTOEXPERIÊNCIAS **OBTIDAS AO LONGO DA VIDA, POIS NÃO EXISTE** EVOLUÇÃO SEM VIVÊNCIA PESSOAL.*

SEÇÃO I

VIDA

01. VIDA INTRAFÍSICA

Definição. A *vida intrafísica* é o período temporário de existência da consciência na dimensão física portando o veículo somático, caracterizado pelas contínuas atividades e funções orgânicas vitais, iniciadas no nascimento e encerradas na desativação do soma.

Etimologia. A palavra *vida* vem do idioma Latim, *vivo,* "viver, estar em vida". Apareceu no Século X. O prefixo *intra* vem do mesmo idioma Latim, *intra,* "dentro de, no interior de, no intervalo de, durante, no recinto de, próximo ao centro, interiormente". O vocábulo *físico* procede também do idioma Latim, *physicus,* e este do idioma Grego, *physikos,* "relativo a Natureza ou ao estudo da mesma". Surgiu no Século XIII.

Sinonímia: 1. Existência biológica. 2. Ativação somática. 3. Biovida.

Antonímia: 1. Dessoma; morte. 2. Suicídio. 3. Vida extrafísica. 4. Projeção final.

Especialidade. A Intrafisicologia é a especialidade da Conscienciologia dedicada ao estudo da vida da conscin na dimensão física, incluindo as intercorrências naturais dessa etapa do *ciclo evolutivo.*

Dimensões. Pela ótica da Multidimensiologia, a consciência pode se manifestar em várias dimensões. Quando utiliza o veículo somático – *corpo-fole* – a principal dimensão de atuação é a intrafísica ou material.

Existência. O conceito de existência ainda é intensamente discutido através das inúmeras pesquisas realizadas no âmbito da Ciência Convencional. Porém, tal abordagem se restringe aos aspectos biológicos, fisiológicos, morfológicos e moleculares.

Ampliação. A proposta do estudo do período intrafísico, pela lógica da *oportunidade de viver,* objetiva ampliar o conceito da existência humana a partir da análise de variáveis holossomáticas, multidimensionais e multiexistenciais.

Perspectivas. Eis, como exemplos, na ordem alfabética, 8 opiniões ou perspectivas a respeito da vida, em diferentes áreas do conhecimento:

1. **Biologia.** "A vida não existe no abstrato. Não há, de fato, "vida". O que existe, e pode ser examinado e estudado, são sistemas vivos, organismos individuais" (Curtis, 1977, p. 23).
2. **Conscienciologia.** "Vida é atividade: nem os mortos repousam" (Vieira, 1997a, p. 16).
3. **Espiritismo.** "O nascer e o morrer são os pontos de inflexão da gigantesca senoide biológica que se desenvolve em alternâncias às quais ora chamamos vida, ora chamamos morte. Viver e morrer são os dois aspectos de um mesmo fenômeno, ao qual poderíamos chamar simplificadamente de vida, apenas, pois a morte já está nela implícita" (Andrade, 2003, p. 155).
4. **Filosofia.** "A vida é aquilo pelo qual um ser se nutre, cresce e perece por si mesmo" (Aristóteles, 384–322 a.e.c.).
5. **Física.** "A porção da matéria está viva, quando pode mover-se, trocar material com o meio. Ou seja, faz alguma coisa, por um período mais longo se comparado à matéria inanimada" (Schrodinger, 1997, p. 81).
6. **Logoterapia.** "Viver não significa outra coisa, senão, arcar com a responsabilidade de responder adequadamente as perguntas da vida, pelo cumprimento das tarefas colocadas pela vida a cada indivíduo, e pelo cumprimento da exigência do momento" (Frankl, 2009, p. 102).
7. **Química.** "A vida é o produto cumulativo de interações entre as muitas espécies de substâncias químicas que constituem as células do organismo" (Neil A. Campbell, 1946–2004).
8. **Vitalismo.** "A vida é o conjunto das funções que se opõe à morte" (Marie François Xavier Bichat, 1771–1802).

Vertentes. A partir destas perspectivas sobre a vida, é possível perceber o fato deste conceito ter sido discutido por diferentes pensadores e ao mesmo tempo associado a variadas vertentes de pensamento.

Conceitos. Nestes exemplos, alguns conceitos sobre a vida ficam mais adstritos à características funcionais e comportamentais (Biologia, Física, Química e Filosofia), outras definições promovem associações entre vida e morte (Espiritismo, Conscienciologia e Vitalismo), e na Logoterapia chama-se a atenção para o sentido da vida ao destacar a responsabilidade e cumprimento de tarefas.

Consenso. Mesmo sendo a Biologia a Ciência dedicada ao estudo da vida, essa diversidade conceitual também é observada, não existindo consenso entre os pesquisadores sobre este tema. Assim, na prática para solucionar este impasse biólogos descrevem várias propriedades e fenômenos presentes nos seres vivos capazes de caracterizar o conceito de vida (Corrêa, *et al.*, 2008).

Falta. Assim, faltam a essas definições, principalmente a inclusão de variáveis relacionadas à multiexistencialidade e multidimensionalidade, as quais são capazes de expandir o conceito de vida.

Questionamentos. Desse modo, não é objetivo desta obra explorar exaustivamente o tema vida nas diferentes áreas do conhecimento, mas sim investigá-lo considerando a capacidade evolutiva das pessoas, inicialmente a partir dos questionamentos apresentados na introdução do livro, tais como: *O que é vida? Para onde vou após a morte?* – e dessa maneira refletir sobre a pergunta: *por que viver?*

Oportunidade. Vários motivos podem ser elencados para responder a questão *por que viver?* Para esta autora o estágio na dimensão física representa oportunidade prática favorável à evolução.

Evolução. Neste sentido, toda argumentação apresentada nesse capítulo está fundamentada em fatores e variáveis relacionados à evolução consciencial. Por exemplo, as múltiplas existências consolidando aprendizados em vidas consecutivas.

População. Partindo da abordagem inicial de ser a existência biológica oportunidade evolutiva, é preciso existir pessoas na dimensão física, tendo em vista o fato de ninguém evoluir sozinho. Seguindo este raciocínio observa-se a cada ano o aumento da população humana, atualmente em pleno Século XXI, atingindo a marca de 7 bilhões de pessoas (Lahróz, 2011, p. 11).

Crescimento. Estimativas indicam o crescimento segundo a lei hiperbólica deste número, com possibilidade de atingir, até 2020, aproximadamente, 12 bilhões de pessoas na Terra (Eigen, 1997, p. 14).

Aprendizado. Aprendemos uns com os outros. Quanto mais pessoas, maiores as chances de interação e aprendizado. Neste momento, a reflexão necessária ao leitor(a) seria perguntar-se, *por que as interações e aprendizados não ocorrem somente na dimensão extrafísica?*

Mudança. A explicação está relacionada à vários elementos, o primeiro deles é o fato de o indivíduo mudar pouco após a dessoma, ou seja, continua a ser quem era após o descarte do corpo físico (V. capítulo 5).

Maturidade. O segundo fator é o nível da maturidade da consciência. Neste caso, muitas vezes, o melhor para o indivíduo é esquecer determinados acontecimentos vivenciados para poder superá-los, e isto se torna mais complexo na dimensão extrafísica, devido a possibilidade de acesso a mais informações sobre si mesmo.

Ação. Também, na dimensão extrafísica o pensamento representa ação e a consciex não consegue esconder a pensenidade. Na vida humana essa defasagem existente entre ação e pensamento favorece a interação entre as pessoas e possibilita rever pontos de vista.

Nível. Outra abordagem é o fato de as consciências na dimensão extrafísica se agruparem em função do nível evolutivo, principalmente devido as afinidades conscienciais, assim a convivência se dá mais entre indivíduos semelhantes. Por outro lado, na vida intrafísica os diferentes níveis evolutivos convivem de modo prático revezando os papéis de aluno e professor durante a existência humana e isto envolve maior diversidade nas inter-relações pessoais.

Diferenças. Viver na dimensão intrafísica significa esbarrar inevitavelmente no diferente, por exemplo, convivendo com indivíduos com pensamentos, atitudes, falas e modos de viver diversos. Essa diversidade representa, para muitos, ameaça, para outros, oportunidade (V. **Fadel**, Maria Maura; ***O Inferno são os Outros. Será Mesmo?;*** Revista; *Mente&Cérebro;* São Paulo, SP; Dezembro 2010; páginas 50 e 51).

Vínculos. A colaboração mútua possibilitada pelo convívio diário permite à conscin fortalecer vínculos de amizades e dissolver desafeições na *jornada da vida.*

Esquecimento. Ao renascer, a conscin, na maioria dos casos, não relembra quem foi ou as ações pessoais do passado. Esse esquecimento favorece as inter-relações e reconciliações grupocármicas.

Acertos. Os acertos grupocármicos se intensificam no momento do renascimento na relação entre a consciex ressomada e o grupo familiar. Assim, paradoxalmente as experiências passadas não rememoradas favorecem a convivência harmônica e reconciliações diversas.

Ciclos. Os benefícios obtidos a partir da convivência são muitos, promovendo, por exemplo, mudanças no temperamento. Porém, estas não ocorrem instantaneamente, sendo necessários *ciclos sucessivos de ressomas e dessomas* (V. capítulo 2).

Benefícios. No romance de Honoré de Balzac, *Cristo Espera por Ti,* psicografado por Waldo Vieira (1995, p. 11), é possível encontrar exemplo da amplitude dos benefícios dos *ciclos de ressomas e dessomas* vividos pelas consciências. Neste livro, "os personagens descritos na história regressam, em outros corpos, de existência a existência, aperfeiçoando caracteres ideais".

Escolhas. As escolhas efetuadas pela conscin durante a vida determinam experiências e aprendizados variados. Os mesmos podem ser analisados enquanto verdadeiros condutores do amadurecimento da consciência ao longo do tempo.

Retrocognições. O estudo das retrocognições, ou em outras palavras, o conhecimento de fatos, cenas, objetos, épocas e períodos relacionados às vivências anteriores, evidencia escolhas corretas e ações anticosmoéticas do passado. A existência humana é a oportunidade de fazer render ainda mais o conjunto de opções homeostáticas e reciclar ações patológicas para transformar o saldo negativo em positivo.

Proéxis. A aumento do saldo positivo requer esforço por parte da pessoa e muitas vezes a realização de tarefas específicas. Quando a consciência está lúcida e preparada para incrementar estes esforços, é *convidada* a planejar e cumprir a programação existencial (proéxis) (V. capítulo 24).

Significado. O renascimento da conscin ganha novo significado evolutivo frente à proéxis, com evidente preparação no período anterior à ressoma. Este planejamento ocorre no chamado Curso Intermissivo, atividade extrafísica preparatória para a consecução da proéxis durante a vida humana.

Traços. A realização de atividades sadias ao longo da existência humana contribuem para a fixação de traços ou predicados pessoais positivos, principalmente quando existe dedicação.

Decisão. Adquirir traços positivos ou decidir mudar para melhor no autoinvestimento gratificante transforma, ao longo do tempo, a consciência necessitada (assistido) em assistente.

Prazer. No contexto da *oportunidade de viver,* é desafiador experimentar o prazer da mudança, a autossuperação ao invés da vitimização, e a fortaleza pessoal ao contrário da pusilanimidade.

Otimismo. É importante encarar a existência humana com otimismo, inclusive diante das situações difíceis. Na opinião desta autora, mesmo adiando o aprimoramento íntimo, mais cedo ou mais tarde, isso será a necessidade prioritária e, talvez, a explicação principal para a pergunta deste capítulo: *por que viver?*

Viver. "Recomponha o rosto. Reaja. Viver é reagir a cada momento constrangedor, a toda circunstância aflitiva, a qualquer contratempo inesperado, para se respirar a plenos pulmões, sedimentando as obras remissoras" (Vieira, 1997a, p. 53).

Esperança. A expressão: *Vida é esperança,* ilustra o sentido da oportunidade de renascer frente a novos desafios evolutivos e a necessidade de otimismo diante das dificuldades.

A *VIDA HUMANA* ***FACULTA*** *CONDIÇÕES EVOLUTIVAS* ***VARIADAS, REFORÇADORAS DA*** *APRENDIZAGEM E APERFEIÇOAMENTO INTEGRAL* ***À CONSCIN LÚCIDA, QUANTO À OPORTUNIDADE DE VIVER.***

02. OPORTUNIDADE DE VIVER

Definição. A *oportunidade de viver* é a circunstância favorável compreendida entre a ressoma e a dessoma da conscin, intermissivista ou não, visando o resgate de débitos holocármicos e a aprendizagem rumo à autoevolução.

Etimologia. O termo *oportunidade* vem do idioma Latim, *opportunitas,* "oportunidade, ocasião favorável". Apareceu no Século XV. A palavra *viver* deriva também do idioma Latim *vivere,* "viver, estar em vida". Surgiu no Século X.

Sinonímia: 1. Oportunidade de evoluir na vida humana. 2. Oportunidade ressomática. 3. Oportunidade de autorreeducação intrafísica. 4. Restringimento intrafísico evolutivo. 5. Conjuntura existencial intrafísica. 6. Oportunidade proexológica de viver.

Antonímia: 1. Perda da oportunidade de viver. 2. Oportunidade intermissiva. 3. Vida extrafísica. 4. Existência desperdiçada. 5. Modo de viver descomprometido.

Multiexistencialidade. A primeira variável a ser analisada no estudo da vida intrafísica é a premissa da multiexistencialidade, ou seja, a necessidade de estágios na dimensão material visando auxiliar a evolução pessoal e grupal.

Mudanças. O aperfeiçoamento da conscin durante a existência intrafísica acompanha, inicialmente, o *ritmo* do planeta, envolvendo mudanças relacionadas, por exemplo, a interação com diferentes pessoas de pensamentos e comportamentos variados, às facilidades de maior acesso ao conhecimento e tecnologias. Esses exemplos são naturalmente promotores de mudanças na manifestação consciencial e inerentes ao estágio de experiências na dimensão física.

Elementos. Vários elementos da vida biológica, além dos citados, podem funcionar ao modo de oportunidades evolutivas, enriquecidos através dos contatos sociais por meio do grupo familiar, profissional e escolar.

Vantagens. Entre os benefícios, também é possível citar a força energética da conscin ao receber novo soma, a possibilidade de conviver lado a lado com variados níveis evolutivos, vivenciar nova mesologia e genética diferente (V. capítulos 03, 04 e 12).

Benefício. O soma serve obviamente para a pessoa atuar na dimensão intrafísica, mas além disso, favorece o aumento da potência energética, a qual têm condições de ser usada de modo assistencial ao materializar, por exemplo, hospitais, escolas e produzir livros educativos.

Energossoma. Outro fator importante relacionado à potência do energossoma após a ressoma é o fato de as energias homeostáticas das conscins poderem auxiliar, também os demais membros da família, até mesmo de modo inconsciente.

Usinas. Algumas conscins mesmo sem conhecerem a aplicação técnica das bioenergias, funcionam ao modo de verdadeiras *usinas de energia,* melhorando o ambiente no qual vivem e atuando positivamente junto as pessoas do convívio diário.

Desafios. Por outro lado, a vida intrafísica é composta de inúmeros desafios, tais como, a sobrevivência, a necessidade de destinar tempo para os cuidados com o soma (V. capítulos 7 e 8), as imaturidades da fase jovem (V. capítulos 10 e 11), a influência da mesologia (V. capítulo 12), o antagonismo à vida demonstrado através de comportamentos antissomáticos (V. capítulo 19), a programação existencial (V. capítulo 24), a independência financeira (V. capítulo 35) e as prioridades evolutivas (V. capítulo 29).

Restringimento. A existência humana também têm pedágios, entre eles está a condição do restringimento biológico imposto pelo renascimento quando a consciência retorna à dimensão material.

Complexidade. Esse restringimento envolve o esquecimento, na maioria dos casos, das existências intrafísicas anteriores e do período intermissivo. Além disso, funciona de maneira paradoxal, ou seja, esquecer do passado se torna muito vantajoso, dependendo do nível evolutivo e maturidade do indivíduo (V. capítulo 6).

Lucidez. A lucidez sobre os benefícios da existência física e a atenção aos pedágios permitem à conscin aproveitar cada vez mais o período de experiências nesta dimensão.

Foco. O estágio na dimensão material existe para a conscin, porém, o diferencial a ser explorado na *oportunidade de viver* é o foco evolutivo fazendo da existência humana a escola de aprendizado em tempo integral.

Aprimoramento. A *escola da vida* objetiva o aprimoramento individual e coletivo conquistado paulatinamente, e potencializado quando a conscin está atenta para esta possibilidade.

Alegria. O período vivido na dimensão intrafísica visa trazer novas alegrias e sentido para a existência, em função dos reencontros positivos, autossuperações realizadas e tarefas a serem cumpridas.

Oportunidades. Eis, como exemplos, na ordem alfabética, 15 oportunidades evolutivas para o interessado no estudo e aprofundamento da evolução consciencial no contexto da vida humana:

01. **Acertos grupocármicos.**
02. **Aperfeiçoamento íntimo.**
03. **Aumento da racionalidade.**
04. **Aumento do senso de assistencialidade.**
05. **Autolucidez.**
06. **Auto-organização.**
07. **Compreensão prática da dinâmica da evolução conjunta interassistencial.**
08. **Conquista de harmonia íntima.**
09. **Descarte da cultura inútil.**
10. **Desenvolvimento da retilinearidade do pensamento.**
11. **Domínio emocional.**
12. **Investimento na cognição para libertação do ignorantismo.**

13. **Maturidade integral.**
14. **Uso das qualidades pessoais.**
15. **Valorização somática.**

Aprendizado. Viver sabendo aproveitar e também criar as circunstâncias favoráveis ao aprendizado homeostático é demonstração de inteligência evolutiva (IE) por parte da pessoa interessada no aprimoramento pessoal constante e lúcido.

IE. A inteligência evolutiva é a capacidade de apreender, compreender e adaptar-se à vida humana, considerando o mecanismo da evolução consciencial, embasado teaticamente na Cosmoeticologia, na Seriexologia e na Proexologia.

Otimização. A autoconscientização sobre a *oportunidade de viver* pode otimizar o amadurecimento holossomático, ou seja, a melhoria de todos os veículos de manifestação da consciência, diminuindo em alguns séculos a escalada evolutiva rumo a condição íntima de maior serenidade, equilíbrio e homeostase (V. capítulo 4).

Evolução. O tempo necessário para ocorrer a evolução biológica com todos os elementos complexos relacionados a vida é grande. Estudos moleculares, realizados em fósseis encontrados na África sobre o surgimento da linhagem dos hominídeos, responsável por dar origem aos humanos, consideram o tempo de 5 milhões de anos (Purves, *et al.*, 2005, p. 597 e 598). Neste caso, é importante lembrar o fato de a evolução integral dos atributos pessoais não acontecer em 1 único *ciclo da existência humana.*

Ciclos. Esses *ciclos sucessivos de renascimentos e desativações somáticas,* representam oportunidades de melhorar evolutivamente. Cada existência biológica é nova chance.

Lógica. Importante enfatizar o fato de os débitos grupocármicos desenvolvidos dentro do *ciclo evolutivo vida vegetal–vida zoológica–vida humana,* serem grandes e necessitarem logicamente de várias existências para ocorrer a recomposição.

Recomposição. Por exemplo, segundo Vieira (Comunicação verbal, tertúlia, Parailicitude, dia 29.06.2010), a interprisão existente entre o algoz e a vítima de homicídio, demora por volta de 750 anos para ser recomposta.

Superavit. A conquista do *superavit* evolutivo, frente às interprisões grupocármicas requer muito trabalho, em séculos de esforço permanente por meio de ressomas e dessomas consecutivas.

Evolução. Assim, no contexto da temática *oportunidade de viver:* o acerto grupocármico é relevante para todo interessado porque ninguém potencializa a própria evolução consciencial deixando rastro negativo por onde passa (Vieira, 2013).

Alternância. Essa alternância entre o período de renascimento intrafísico da consciência extrafísica (consciex) na vida humana (ressoma), intercalado com outra fase (extrafísica) logo após a desativação do corpo biológico (dessoma), caracterizando a volta à intermissão, é chamado de *ciclo multiexistencial.*

Frequência. Cada conscin apresenta *ciclo multiexistencial* personalíssimo, o qual regula a frequência das existências biológicas, considerando o nível evolutivo dos indivíduos e permite trabalhar oportunidades e aprendizados em cada etapa.

Fases. O *ciclo multiexistencial* caracteriza-se pela alternância de 6 fases repetidas a cada novo período, eis a sequência lógica:

1. **Intermissão:** o período anterior à vida física ocorrendo na dimensão extrafísica (V. capítulo 5).
2. **Pré-ressomática:** a fase precedente à ressoma com o início do restringimento consciencial, ainda na dimensão extrafísica (V. capítulo 6).
3. **Ressoma:** o nascimento da consciência na dimensão intrafísica (V. capítulo 7).
4. **Vida Humana:** o *ciclo do desenvolvimento biológico* natural, a cada recomeço da *jornada intrafísica.*

5. **Dessoma:** a finalização da existência humana, com o descarte do soma e o retorno à dimensão extrafísica (V. capítulo 41).

6. **Pós-dessoma:** o descarte dos resíduos do energossoma ainda arraigados ao psicossoma (segunda dessoma), concretizando o término do restringimento físico.

Exceção. É importante mencionar a exceção quanto ao descarte dos resíduos do energossoma na pós-dessoma, lembrando o fato de nem toda consciência conseguir passar pela segunda dessoma.

Autoconscientização. A falta de autoconscientização, por parte da consciex sobre a própria dessoma, ocorre em função da pessoa se manter na condição de estagnação evolutiva causada pelo encolhimento da lucidez e com isso manter a carga energética do energossoma ainda muito forte sem descartá-lo (V. capítulo 5).

Questionamentos. Partindo da premissa desses *ciclos multiexistenciais* estarem ocorrendo sucessivamente, duas questões são importantes mencionar: Quais procedimentos são necessários para tornar esses ciclos mais eficazes? Quais automodificações personalíssimas indicam estar a conscin evoluindo ou aproveitando a *oportunidade de viver?* Estes questionamentos serão discutidos ao longo do texto.

A *EXISTÊNCIA HUMANA* ***EM CICLOS SUCESSIVOS DE RESSOMA E DESSOMA CONSOLIDA*** *APRENDIZADOS* ***A PARTIR DO*** *ACÚMULO DE AUTOSSUPERAÇÕES* ***E CONVÍVIO COM VÁRIAS*** *CONSCIÊNCIAS.*

03. REEDUCAÇÃO RECÍPROCA

Definição. A *reeducação recíproca* é o ato ou efeito de as consciências instruirem-se mutuamente por meio do exemplarismo individual e grupal, envolvendo troca, intercâmbio, estimulação, ressonância, alternância e revezamento de experiências multiexistenciais durante o convívio com diferentes níveis evolutivos.

Etimologia. O prefixo *re* provém do idioma Latim, *re,* "retrocesso, retorno, recuo, repetição, iteração, reforço, intensificação". O termo *educação* deriva também do idioma Latim, *educatio,* "ação de criar, de nutrir, cultura, cultivo", de *educare,* "criar (uma criança), nutrir, amamentar, cuidar, educar, instruir, ensinar". Apareceu no Século XVII. A palavra *reeducação* surgiu no Século XX. O vocábulo *recíproco* procede do idioma Latim *reciprocus,* "que vai e vem, alternativo". Surgiu no Século XVI.

Sinonímia: 1. Estimulação educativa recíproca. 2. Convívio reeducaciológico. 3. Educação de *mão dupla.* 4. Interaprendizagem evolutiva. 5. Interassistencialidade.

Antonímia: 1. Antieducação recíproca. 2. Deseducação. 3. Heterocobrança mútua. 4. Autismo social.

Convivência. Sob o enfoque da *oportunidade de viver,* a convivência estreita entre conscins promove a reeducação recíproca. Desse modo, é possível compreender o princípio de ninguém evoluir sozinho.

Dinâmica. A Conviviologia é a especialidade da Conscienciologia aplicada ao estudo da convivência ou dinâmica das inter-relações existentes entre os princípios conscienciais em qualquer dimensão e as respectivas consequências holocármicas e evolutivas (Vieira, 1999, p. 39).

Coexistência. Do ponto de vista da Conviviologia, a coexistência próxima, principalmente durante a vida humana, oportuniza a interação e propicia aprendizagens variadas, através da observação do exemplo alheio.

Amizades. A interação influencia diferentes manifestações da personalidade, iniciando com o convívio parental e envolvendo posteriormente o grupo de amigos mais próximos, do trabalho, da escola ou vizinhança.

Benesse. Entre as benesses da vida intrafísica é possível analisar o convívio entre vítimas e algozes pelo simples fato de, na maioria dos casos, a conscin ao ressomar não ter rememoração sobre o passado em função do restringimento mnemônico.

Exemplo. Pode acontecer, por exemplo, do filho do casal em outra vida ter sido responsável por prejudicar o pai ou a mãe atuais. A falta de lembrança sobre isso por parte dos envolvidos, possibilita o convívio e a chance de quebrar-se o ciclo de vingança entre vítima e algoz, devido a relação de afeto entre pais e filhos.

Inter-relação. A interação não se restringe a conscins, podendo ocorrer também entre conscins e consciexes ou somente entre consciexes. Exemplo desta inter-relação é quando o amparador extrafísico, durante as atividades assistenciais, estreita o convívio com a conscin, ao ponto desta buscar viver de maneira mais homeostática à semelhança dele próprio.

Assistente. O amparador extrafísico é a consciex auxiliadora, atuante na condição de assistente técnico da conscin ou de várias consciências humanas, quando afins em nível de evolução.

Isolamento. Fundamentado na reeducação recíproca, o isolamento, por exemplo, da freira no convento e dos eremitas não é positivo. O afastamento do convívio social, através da reclusão patológica, exalta o sofrimento e autopunição, desnecessários na *oportunidade de viver* com foco na evolução pessoal e alheia.

Ajustes. Pela Ecologia, seguindo abordagem da Ciência Convencional, a interação entre espécies promove ao longo do tempo o ajustamento mútuo e influencia na evolução interespecífica dos indivíduos inter-relacionados.

Cérebro. Para enfatizar ainda mais a notabilidade da convivialidade é importante citar o estudo de Robin Dunbar (1969–), antropólogo e psicólogo evolucionista, no qual percebeu existir em macacos a relação entre o tamanho do cérebro e o número de integrantes no grupo, ou seja, quanto mais elementos houvesse dentro do bando, mais volumoso seria o córtex dos animais.

Hipótese. Essa hipótese foi chamada de cérebro social *(social brain)*, segundo a qual o desenvolvimento das estruturas sociais teria impulsionado a evolução do cérebro (V. **Manhart,** Klaus; ***Nada Como um Bom Amigo***; Revista; *Mente&Cérebro;* Mensário; Ano XIV; N. 159; Abril, 2006; páginas 80 a 82).

Interações. Também entre os organismos subumanos as interações positivas promotoras da protocooperação favorecem a eficácia do modo de viver do organismo. Assim se consolida o processo de evolução mútua decorrente do convívio tão próximo.

Qualificação. O convívio esboçante também ocorre entre os princípios conscienciais. As bactérias já interagem. Ao *Homo sapiens* cabe a qualificação desse convívio.

Reeducação. Sob a ótica evolutiva da reeducação mútua, a colocação de Thomas Edison (1847–1931), retrata bem este contexto: – "Até pararmos de prejudicar todos os outros seres do planeta, nós continuaremos selvagens".

História. Eis, por exemplo, na ordem alfabética, 5 fatos neutros, demonstradores do aprendizado ou reeducação recíproca a partir da convivência, observados na História da Humanidade:

1. **Banhos.** Para os portugueses o banho era natural, ao contrário dos demais povos da Europa. Esse hábito foi aprendido a partir do relacionamento com greco-romanos acostumados a longos banhos e saunas revigorantes (Ramos, 2004, p. 156 e 157).

2. **Bússola.** A bússola, invenção atribuída aos chineses, foi trazida para o Ocidente pelos árabes, e utilizada posteriormente pelos europeus no Século XII, servindo de instrumento para orientação durante as navegações (Loyn, 1997, p. 67).

3. **Construções.** O contato dos portugueses com a China, em 1509, serviu de parâmetro para a construção das novas cidades portuguesas, em função do impacto da sofisticação e organização interna da capital chinesa, Pequim, conhecida como cidade celeste (Ramos, 2004, p. 137).

4. **Lã.** A partir dos romanos, o *know how* para a fabricação de vestuário de lã em grande escala foi levado do Oriente Médio para outros países, por exemplo, Itália, Inglaterra e Espanha, progredindo cada vez mais com aperfeiçoamento de técnicas e uso de corantes (Azevedo, 1997, p. 105).

5. **Roupas.** Nas Cruzadas, durante lutas entre cristãos e muçulmanos pela conquista de Jerusalém (Terra Santa), existiram períodos de trégua com certo convívio. Assim, os cristãos adquiriram alguns dos hábitos do Oriente Médio, tais como, tomar banho e usar roupas mais confortáveis. Nesse caso, eram chamados de *maricas* pelos mais conservadores (Willians, 2007, p. 129).

Convívio. As inter-relações conscienciais durante o convívio proporcionam experiências diversificadas durante a vida humana. Eis, por exemplo, na ordem alfabética, 14 tipos de convívio, a serem estudados no universo da *oportunidade de viver:*

01. **Convívio afetivo:** a reeducação emocional mútua.

02. **Convívio assistencial:** a prática interassistencial da doação sem espera de retorno.

03. **Convívio compulsório:** a libertação de vinculações interpresidiárias.

04. **Convívio cordial:** a diplomacia nas inter-relações cotidianas.

05. **Convívio cosmoético:** a exemplificação da incorruptibilidade nas condutas interpessoais.

06. **Convívio dialógico:** a intercomunicação e aprendizado do respeito recíproco.

07. **Convívio duplista:** as interinfluências benignas para a vivência inicial da megafraternidade.

08. **Convívio escolar:** a interaprendizagem do cultivo das amizades.

09. **Convívio incômodo:** as oportunidades de renovações interpessoais progressivas.

10. **Convívio interétnico:** as especificidades socioculturais reeducativas.

11. **Convívio mentalsomático:** o intercâmbio de conhecimento.

12. **Convívio social:** a interconexão de experiências a partir da sociabilidade pró-evolutiva.

13. **Fitoconviviologia:** o contato positivo com diferentes vegetais e fitoenergias.

14. **Zooconviviologia:** a interação empática através da adoção e cuidados com os animais.

"NINGUÉM EVOLUI SOZINHO." A *REEDUCAÇÃO RECÍPROCA* ***AO LONGO DE*** *MÚLTIPLAS EXISTÊNCIAS,* ***OPORTUNIZADA POR MEIO DA*** *CONVIVIALIDADE* ***INTRA E EXTRAFÍSICA, CHANCELA ESTE FATO.***

04. BIODIVERSIDADE

Definição. A *biodiversidade* é o conjunto variado, distinto ou diverso, das diferentes formas de vida, espécies ou categorias taxonômicas estudadas na Biologia e presentes na biosfera.

Etimologia. O elemento de composição *bio* vem do idioma Grego, *bíos,* "vida". Surgiu provavelmente no Século XIX. O vocábulo *diversidade* deriva do idioma Latim, *diversitas,* "diversidade, variedade, diferença". Apareceu no Século XIV. A palavra *biodiversidade* surgiu em 1990.

Sinonímia: 1. Variedade de vida. 2. Multiplicidade biológica. 3. Desuniformidade consciencial.

Antonímia: 1. Invariabilidade biológica. 2. Homogeneidade humana. 3. Uniformidade consciencial.

Vida. Em face da *oportunidade de viver,* existem diferentes formas de vida. Estas se expressam com características variadas, algumas semelhantes, outras bem distintas. Saber conviver com os diferentes princípios conscienciais é sinal de inteligência evolutiva.

Consciência. Cada ser vivo com características personalíssimas representa 1 princípio consciencial em constante evolução ao longo de séries sucessivas de existências intrafísicas.

Célula. A célula é a unidade da vida biológica. Para renascer na dimensão intrafísica qualquer consciência precisa de estrutura física constituída por uma ou mais células.

Homem. No caso do ser humano adulto estima-se aproximadamente 800 bilhões de células formadoras do corpo, com funções especializadas em constante interação (Papalia, 2006, p. 97).

Complexidade. A complexidade dos variados seres vivos no planeta Terra é grande, considerando somente características intrafísicas, tais como, o metabolismo, modo de reprodução e resistência às alterações ambientais.

Bactéria. A bactéria, por exemplo, organismo unicelular, sem organelas membranosas, consegue se reproduzir rapidamente em pouco tempo. Em condições ótimas de crescimento, estima-se a cada 20 minutos nova geração de indivíduos são produzidos.

Paradigma. Pelo paradigma da Ciência Convencional, não há nenhuma vida sem célula. Até o vírus, organismo de grande complexidade, necessita ser parasita celular para conseguir sobreviver e reproduzir.

Genética. No planeta Terra, simples células no decorrer de bilhões de anos foram tornando-se mais complexas, com capacidade de crescer, reproduzir e passar adiante características genéticas.

Variáveis. Dessa maneira, a complexidade da biodiversidade aumenta ao considerar também as variáveis multidimensionais, bioenergéticas, holossomáticas e multiexistenciais.

Mecanismo. Por exemplo, o pesquisador e biólogo, Carlos Toledo Rizzini, apresenta a ressoma sucessiva enquanto mecanismo de ação destinado à evolução orgânica e psíquica.

Progresso. Para Rizzini (1983, p. 197), a consciência percorreu a série vital biológica, assumindo formas materiais crescentemente complexas, registrando o progresso no chamado corpo fluídico (psicossoma).

Espécies. Partindo da premissa de ocorrerem múltiplas existências, ao longo de milhões de anos, todo princípio consciencial pode evoluir renascendo em corpos e espécies diferentes, até conquistar a posição de hominídeo.

Hominídeo. Quando a consciência renasce pela primeira vez na condição de hominídeo, é chamada consciênçula, a primeira fase evolutiva pós-primata.

Consciênçula. A consciênçula é a conscin na condição imatura, logo após deixar o nível evolutivo dos primatas e enfrentar o início da racionalidade e do autodiscernimento, característicos da Humanidade (Vieira, 2013).

Percurso. A conquista de traços pessoais mais homeostáticos leva tempo. Assim, é lógico supor a necessidade da consciênçula enfrentar longo percurso evolutivo até alcançar a condição de maior evolutividade.

Diversidade. Essa diversidade de tipos biológicos e comportamentos propiciam aprendizado mútuo necessário na dimensão intrafísica.

Níveis. Exemplos dessa diversidade de níveis evolutivos podem ser observados não só sob o ponto de vista biológico, mas também considerando a possibilidade de escala evolutiva entre os seres humanos.

Megarresumo. Sob a ótica do paradigma consciencial, a escala evolutiva das consciências é considerada o megarresumo da evolução consciencial, pois é possível visualizar a progressão de traços e domínio variado dos veículos de manifestação da consciência ao analisar os referenciais e percentuais descritos na tabela.

Escala. Eis, a seguir, a Escala Evolutiva das Consciências, proposta pela Conscienciologia, por Vieira (2003, p. 198):

Quadro 1 – Escala evolutiva das consciências / Porcentagem / Hominologia

N.	Nível Evolutivo	Hominologia	Porcentagem
01.	**Consréu transmigrada**	*Homo transmigrans*	10% do Serenão
02.	**Consréu ressomada**	*Homo sapiens reurbanisatus*	20% do Serenão
03.	**Pré-serenão vulgar**	*Homo sapiens sapiens*	25% do Serenão
04.	**Isca inconsciente**	*Homo sapiens assistens*	25% do Serenão
05.	**Tenepessista**	*Homo sapiens tenepessistae*	25% do Serenão
06.	**Projetor consciente**	*Homo sapiens projectius*	30% do Serenão
07.	**Epicon lúcido**	*Homo sapiens epicentricus*	35% do Serenão
08.	**Conscienciólogo**	*Homo sapiens conscientiologicus*	40% do Serenão
09.	**Desperto**	*Homo sapiens despertus*	50% do Serenão
10.	**Semiconsciex**	*Homo sapiens semiextraphysicus*	60% do Serenão
11.	**Teleguiado autocrítico**	*Homo sapiens teleguiatus*	65% do Serenão
12.	**Evoluciólogo**	*Homo sapiens evolutiologicus*	75% do Serenão
13.	**Serenão**	*Homo sapiens serenissimus*	100% (modelo)
14.	**Consciex livre (CL)**	*Conscientia liber*	Infinito Evolutivo

Marcos. Os marcos evolutivos significativos são expressos em percentuais a partir do modelo do *Homo sapiens serenissimus* (100%). Já no extremo patológico da escala encontra-se a consréu transmigrada com somente 10% de evolução em comparação ao Serenão.

Hierarquia. Para compreender os 2 primeiros níveis da hierarquia evolutiva é importante definir o conceito de reurbanização extrafísica (reurbex).

Reurbex. A reurbanização extrafísica é a mudança para melhor dos ambientes e comunidades extrafísicas doentias, anticosmoeticamente degradados, patrocinada pelos Serenões, com a finalidade de higienizar o holopensene intrafísico das áreas das socins sobre as quais exercem influência antievolutiva e deletéria para a Humanidade (Vieira, 2003, p. 245).

Transmigrada. O primeiro nível do quadro 1, mostra a consréu transmigrada, a qual é definida enquanto consciência extrafísica reurbanizada exilada compulsoriamente em planeta de nível evolutivo inferior ao planeta de origem, objetivando readequação em ambiente cosmoeticamente mais propício à evolução.

Reurbanizada. A consréu ou consciex reurbanizada é a consciex de paragenética patológica, compulsoriamente retirada da comunidade extrafísica patológica e levada para ambiente transitório a fim de ser preparada para ressomar ou passar pela transmigração interplanetária (Vieira, 2003, p. 242).

Paragenética. A Paragenética é a especialidade da Conscienciologia dedicada ao estudo das características armazenadas pela consciência através das experiências em outras vidas e durante o período intermissivo, manifestando-se na atual existência em concomitância à genética.

Características. A consréu evidencia-se por apresentar algumas características, a exemplo da anticosmoética, fobias, pensamentos patológicos, piromania, lavagem paracerebral, vocação para promover assédios apologéticos, altamente vampirizadora, intrusiva e frequente rendição às imaturidades e as reações instintivas.

Chave. A convivência entre a consréu e demais níveis evolutivos na dimensão intrafísica possibilita a reeducação mútua, condição chave quanto à oportunidade de viver.

Serenismo. Toda consréu tem condições de chegar ao serenismo, porém, não passa de 1 nível evolutivo para outro melhor sem esforço pessoal. Há de se trabalhar disciplinadamente para melhorar traços conscienciais e a ficha pessoal e assim conquistar novo grau ou posição na hierarquia evolutiva.

Ficha. A ficha evolutiva pessoal (FEP) compreende o registro extrafísico íntimo e detalhado das manifestações e experiências relativas ao microuniverso de todo princípio consciencial, ao longo da existência, sendo constantemente atualizada com caracteres positivos ou negativos.

Pergunta. É comum a partir da abordagem da evolução consciencial frente à análise da tabela evolutiva, ouvir a seguinte pergunta: *Onde está Deus na escala evolutiva?*

Lógica. Considerando a lógica observada na escala evolutiva, a existência de consciências com menor percentual evolutivo (consréu transmigrada), permite inferir a existência de outras com percentuais evolutivos mais elevados (evoluciólogos, Serenões e Consciexes Livres).

Influência. Sob a ótica das bioenergias, a consréu pode gerar efeitos negativos em outras consciências. Nessa mesma linha de raciocínio, as consciências com maior percentual evolutivo também são capazes de influenciar, no caso, positivamente.

Superintendência. A partir desta fundamentação é lógico considerar a existência de consciências mais evoluídas superintendendo a vida no planeta. Entre as diferenças em relação ao Deus proposto pelas religiões, está a possibilidade de qualquer consciência ter condições de alcançar o nível evolutivo avançado, sem a necessidade de gurulatria a nenhuma dessas consciências mais evoluídas.

Pesquisa. Maior detalhamento sobre cada nível da escala evolutiva pode ser pesquisado em dois livros: *Homo sapiens reurbanisatus* e *Homo sapiens pacificus,* ambos do pesquisador Waldo Vieira, publicados, respectivamente, em 2003 e 2007.

*A evolução é condição exequível para todos, **sem exceção. A bactéria é capaz de tornar-se serenão. Tudo vai depender da motivação e esforço** na escola da vida.*

Hipótese. Você leitor(a) já se deparou com a hipótese de ter sido somente simples bactéria em existências anteriores? Já pensou de no futuro evolutivo você poder alcançar a condição de serenão ou serenona? Considera lógicas estas possibilidades?

SEÇÃO II

RESSOMÁTICA

05. INTERMISSÃO

Definição. A *intermissão* é o intervalo extrafísico existente entre duas vidas intrafísicas, consecutivas da mesma consciência.

Etimologia. O prefixo *inter* provém do idioma Latim, *inter,* "no interior de 2, entre, no espaço de". A palavra *missão* procede também do idioma Latim, *missio, missionis,* "ação de enviar, remessa, missão", de *missum,* supino de *mittere,* "mover, mandar, deixar ir, partir, soltar, largar, lançar, atirar". Apareceu no Século XIII.

Sinonímia: 1. Período intermissivo. 2. Período intervidas. 3. Período pré-ressomático. 4. Período pós-dessomático.

Antonímia: 1. Intrafisicalidade. 2. Período da ressoma. 3. Vida humana.

Premissa. A premissa inicial deste capítulo está fundamentada no fato de a consciência não morrer e sim ocorrer somente a desativação do corpo biológico após a dessoma.

Consciência. Em outras palavras, a consciência vive na dimensão intrafísica utilizando o *pacote pessoal de células,* mas, ao descartar o corpo biológico, permanece viva. A consciência é superior ao soma ou à célula.

Dimensão. Com a perda do corpo físico a consciência, agora consciex, é direcionada à dimensão extrafísica, na qual pode se manifestar através dos veículos psicossoma e / ou mentalsoma.

Intermissão. O período no qual a consciex permanece sem o soma é chamado de intermissão. Assim, a cada desativação somática ocorre o retorno à dimensão extrafísica.

Permanência. O período de permanência na fase intermissiva varia entre as diferentes consciências. Algumas ficam mais tempo, enquanto outras menor tempo. O prolongamento ou não da intermissão está associado a diferentes variáveis, tais como, estado de lucidez, realização de Curso Intermissivo e tarefas a serem realizadas na dimensão extrafísica.

Lucidez. Nem toda consciex recém-dessomada recupera a lucidez durante a intermissão para ser possível entender a condição de continuidade da existência da consciência após o descarte do corpo físico.

Vida. Esta dificuldade ou estado de alienação também é observado durante a vida biológica, quando a conscin não apresenta autoconsciência para compreender as experiências intrafísicas.

Conceitos. Os conceitos relacionados ao estado de alienação são a comatose, ligada à falta de lucidez durante a vida humana, e a paracomatose, quando a consciência permanece sem autoconscientização sobre o descarte do soma e o prosseguimento da vida, na dimensão extrafísica.

Paracomatoso. Legiões de conscins dessomam sem saber da existência da dimensão extrafísica, podendo se tornarem paracomatosas e permanecerem arraigadas às questões da vida material finda.

Profilaxia. A profilaxia para o estado paracomatoso na intermissão começa durante a vida física, inicialmente, através de conhecimento adquirido sobre o *ciclo da evolução consciencial.*

Comunidade. Após o descarte do corpo físico a tendência é as consciexes se agruparem, por exemplo, pelas afinidades, valores e interesses e constituírem comunidades extrafísicas (comunexes).

Tipos. Partindo da premissa de existirem afinidades variadas, ocorre a formação de tipos de comunex, tais como, aquelas relacionadas aos ex-músicos, ex-artistas, ex-cientistas e ex-religiosos.

Cenário. Segundo Vieira (1999, p. 549), as comunexes reproduzem o exterior e interior de ambientes nos quais o indivíduo residiu, constituindo verdadeiros cenários vivos de residências, bairros e cidades.

Base. Quando a consciex permanece por tempo prolongado nesta comunex, a mesma passa a representar a base extrafísica original ou paraprocedência desta consciência.

Retorno. Em função da ligação do indivíduo à comunex, após o descarte do corpo físico a consciência, agora na condição de consciex, retorna para a comunidade de origem extrafísica, ou seja, a paraprocedência pessoal.

Características. As comunidades extrafísicas são capazes de apresentar características positivas ou evolutivas e negativas ou estagnadoras devido a mentalidade dos membros ali presentes.

Baratrosfera. Exemplo disso é a Baratrosfera, nome dado à dimensão extrafísica patológica, localizada na paratroposfera terrestre na qual são encontradas consciexes anticosmoéticas, doentias, parapsicóticas e paracomatosas (Vieira, 2013).

Umbral. Para os espíritas, a Baratrosfera é conhecida como Umbral, dimensão na qual os espíritos (consciexes), após vida anticosmoética experimentam sofrimentos extrafísicos e morais.

Condicionamentos. A falta de entendimento sobre a realidade da intermissão somada aos condicionamentos adquiridos durante a vida, fazem a consciência continuar mantendo comportamentos desencadeadores de sofrimento.

Atos. Estes cenários com características de sofrimento refletem, principalmente, os atos anticosmoéticos e imaturidades realizados pelo próprio indivíduo, ilustrando a chamada lei de causa e efeito.

Recomeço. Quando a paraprocedência da consciência é a Baratrosfera a oportunidade da vida física para a consciex paracomatosa pode significar o recomeço em ambiente melhor, comparado ao padrão doentio vivido anteriormente.

Mérito. É necessário lembrar também o fato de a consciência conseguir visitar paraprocedência sadia antes do renascimento, mesmo sendo originalmente da Baratrosfera. Exemplo dessa situação meritória, ocorre quando a pessoa projetada, visita temporariamente, a comunidade extrafísica mais homeostática.

Afinização. O mérito para se viver em comunex sadia se desenvolve principalmente durante a vida intrafísica, quando a conscin dedica-se à assistencialidade e à renovação íntima, atualizando a ficha evolutiva pessoal e afinizando-se com ambientes intra e extrafísicos mais evoluídos.

Mudança. A vida é recomeço, é a oportunidade de mudar para melhor. Porém, não existem *mudanças milagrosas* na ressoma de consciências parapsicóticas, ou em estado de delírio na dimensão extrafísica baratrosférica, durante séculos.

Ciclos. A renovação pessoal de hábitos e condicionamentos nosográficos é lenta para a maioria das conscins, e necessita de vários ciclos multiexistenciais para se fixar. Esses ciclos sucessivos demonstram o valor evolutivo da vida humana.

Curso. Na intermissão pode ocorrer o Curso Intermissivo (CI), o qual representa o conjunto das disciplinas, programas e aulas ensinadas durante essa fase, e adaptados aos diferentes níveis dos alunos (Vieira, 1994, p. 604).

Planejamento. O CI oportuniza o preparo técnico para a ressoma, com planejamento detalhado e ajustes para a próxima vida intrafísica.

Estudo. No Curso Intermissivo ocorre a preparação significativa para auxiliar no cumprimento da proéxis pessoal (propósito de vida), com excursões extrafísicas de aprendizagem, preparação para a ressoma e o estudo pessoal dos acertos e erros da vida física recente.

Bases. O CI é importante instrumento para a consciência estabelecer as bases para melhor aproveitar a oportunidade de viver.

Parcela. Porém, somente pequena parcela da população humana possui Curso Intermissivo, com proéxis planificada durante a intermissão.

Interesses. Os interesses puramente egoicos da consciência a impossibilitam de fazer o CI e se preparar adequadamente para o estágio da vida humana.

Assistência. Quando ocorre a ampliação de atividades assistenciais, mesmo realizadas de modo primário, a pessoa se predispõe aos estudos avançados no período da intermissão e consequente planejamento da proéxis.

Renovação. Vale você, leitor ou leitora, analisar a possibilidade de ter se preparado para esta vida através da realização de Curso Intermissivo antes de renascer.

Teste. Vieira (1994, p. 604), no livro *700 Experimentos da Conscienciologia,* apresenta teste específico para a conscin interessada em descobrir se realizou, durante o período da intermissão, o curso extrafísico preparatório para a ressoma ou CI.

Importância. A partir dos argumentos apresentados é possível identificar a intermissão enquanto período evolutivo importante para a consciência, sendo melhor aproveitado, principalmente, quando existe autoconscientização sobre este fato.

***A instrução recebida no** Curso Intermissivo **aumenta a responsabilidade da conscin intermissivista perante as consciências carentes de** modelos evolutivos cosmoéticos.*

06. FASE PRÉ-RESSOMÁTICA

Definição. A *fase pré-ressomática* é o período da intermissão ou fase transitória da passagem da consciex da dimensão extrafísica para a intrafísica, a qual antecede imediatamente a etapa de renascimento da consciência na condição de conscin.

Etimologia. O vocábulo *fase* vem do idioma Grego, *phasis,* "aparição de alguma estrela, fase da Lua, visão, aspecto", conexo a *phaino,* "brilhar, aparecer", e por extensão, "momento, fase, período", provavelmente através do idioma Francês, *phase,* "os aspectos sucessivos de algum fenômeno astronômico, cada momento de determinado acontecimento". Surgiu no Século XIV. O primeiro prefixo *pré* procede do idioma Latim, *prae,* "anterioridade, antecipação, adiantamento, superioridade comparativa". O segundo prefixo *re* provém do mesmo idioma Latim, *re,* "retrocesso, retorno, recuo, repetição, iteração, reforço, intensificação". A palavra *somática* vem do idioma Francês, *somatique,* e esta do idioma Grego, *somatikós,* "do corpo, material, corporal". Apareceu no Século XIX. A expressão pré-ressomática foi proposta por Vieira em 2003, no livro *Homo sapiens reurbanisatus.*

Sinonímia: 1. Pré-neonatologia. 2. Pré-maternidade extrafísica.

Antonímia: 1. Neonatologia. 2. Maternidade física.

Modificações. Na fase pré-ressomática muitas modificações acontecem no sentido de preparar a consciência para a nova etapa evolutiva, entre essas, o restringimento mnemônico.

Lucidez. O restringimento mnemônico é caracterizado pela perda da lucidez sobre a realidade multidimensional e origem multiexistencial da consciência, gerando redução, contenção, limitação e refreamento das capacidades conscienciais.

Benefício. Essa perda da autolucidez, na maioria dos casos, ocorre a cada renascimento, beneficiando a pessoa quando a maturidade não é suficiente para rememorar e lidar adequadamente com o passado.

Convivência. A limitação mnemônica para a conscin sem maturidade permite a convivência entre personalidades desafeiçoadas e *adversárias* em outras vidas, sem o peso das lembranças negativas.

Renovação. O restringimento característico da vida humana é oportunidade valiosa para renovação cosmoética de muitas pessoas. Segundo Vieira (2007, p. 144), a incidência de crimes pessoais na ficha da consciência promove além do choque natural da ressoma, imenso restringimento consciencial, favorecendo em primeiro lugar a própria conscin.

Avanço. É importante considerar o fato de a força da limitação mnemônica poder naturalmente diminuir à medida da ocorrência do avanço evolutivo da consciência ao longo dos *ciclos sucessivos de ressoma e dessoma.*

Exemplo. O Evoluciólogo e Serenão são exemplos de níveis evolutivos com menor restringimento da lucidez durante as fases da pré-ressomática e da ressoma (V. capítulo 4).

Etapas. Para compreender melhor o restringimento consciencial é apropriado analisar as etapas ou ocorrências da fase pré-ressomática propostas por Vieira (2003, p. 202). Eis a sequência lógica resumida dos acontecimentos desse período para a maioria das conscins:

1. **Preparação:** o rejuvenescimento do paravisual da futura conscin. Fase das afinizações mais intensas e pré-reencontros com os futuros pais.

2. **Conexão:** a conexão do energossoma na matéria para a formação do novo soma.

3. **Obnubilação:** a ofuscação e / ou perda abrupta das unidades de lucidez (cons).

4. **Fecundação:** o momento da fecundação com a união do óvulo ao espermatozoide e surgimento do feto ou embriossoma.

5. **Gestação:** o início da vida fetal até o primeiro dia de vida logo após o renascimento.

Entrosamentos. Na fase pré-ressomática é necessária a ocorrência de diferentes tipos de entrosamentos, para facilitar a adaptação da conscin à vida intrafísica. Por exemplo, a integração da genética com a paragenética e o pré-contato com os futuros pais e consciências afins.

Paravisual. No período pré-ressomático a consciex com paravisual infantil pode desempenhar o papel de *cupido* dos pais e até mesmo acompanhar a união dos mesmos (Vieira, 2003, p. 203 e 204).

Obnubilação. Para o pré-serenão vulgar, a perda abrupta dos cons ou unidades de lucidez durante o renascimento começa a ser compensada quando a conscin retoma os estudos na dimensão intrafísica e, principalmente, ao aprofundar nas autopesquisas.

Potencialidades. Mesmo estando a conscin sujeita ao restringimento consciencial, muitas potencialidades aparecem a cada ressoma. Esses talentos ou traços força (traf*o*res) são conhecidos popularmente como dons: o dom de tocar algum instrumento musical, desenhar, comunicar bem, calcular, escrever, entre outros, resultado do esforço e dedicação ao longo de milhares de vidas anteriores.

Enriquecimento. Importa ressaltar o fato de mesmo a conscin enfrentar a perda dos cons através do restringimento biológico, a ressoma apresenta benefícios variados e possibilita enriquecer a ficha evolutiva pessoal.

O *RESTRINGIMENTO INTRAFÍSICO* ***ATUA*** *FAVORAVELMENTE À EVOLUÇÃO* ***DA MAIORIA DAS CONSCINS, AO DIFICULTAR LEMBRANÇAS ANTICOSMOÉTICAS E PROPICIAR*** *RECONCILIAÇÕES SECULARES.*

07. SOMA

Definição. O *soma* é o corpo material ou *veículo* condutor da consciência durante o período intrafísico, formado pelo conjunto de células geradoras dos diferentes tecidos, órgãos e sistemas.

Etimologia. O termo *soma* deriva do idioma Grego, *soma,* "corpo, em oposição a espírito ou alma". Surgiu no Século XX.

Sinonímia: 1. Corpo material. 2. Corpo biológico. 3. Veículo mais denso. 4. Instrumento proexológico.

Antonímia: 1. Antissomática. 2. Psicossoma. 3. Mentalsoma. 4. Energossoma.

Prioridade. Na existência humana o soma é fundamental, pois sem ele não existe vida intrafísica. A existência biológica envolve inicialmente a defesa da sobrevivência enquanto prioridade compulsória, como o ato de respirar e se alimentar, e isto é facilmente percebido entre os subumanos, os quais lutam diariamente para sobreviverem.

Preservação. O senso de autopreservação somática visando a sobrevivência, característica herdada desses subumanos, é importante para garantir proteção contra comportamentos de risco e manter a integridade básica desse veículo.

Propósito. Na abordagem Proexológica, o corpo humano é instrumento indispensável ao cumprimento do propósito pessoal de vida, ou seja, atingir o completismo da programação existencial.

Ampliação. No contexto da proéxis ocorre a ampliação da importância da manutenção da vida, modificando a maneira puramente mecânica de cuidar do soma, para o modo evolutivo, ou seja, não só a sobrevivência, mas procurando valorizar, estudar e observar detalhes deste veículo.

Recomeço. No estudo somático sob a ótica evolutiva, a conscin recebe novo corpo a cada ressoma. Isto representa a oportunidade de recomeço, retomada existencial ao crescer com nova família, renascer em outra cidade, outro país e conviver com grupos diferenciados.

Família. Em alguns casos, a pessoa até renasce na mesma família da vida anterior (ressomas consanguíneas), porém em contexto diferenciado, no qual podem existir variáveis provedoras ou estimuladoras de renovações recíprocas, tais como, a mesologia diferente, novos desafios existenciais e novos integrantes compondo o grupo consanguíneo (V. capítulo 12).

Reaprendizagem. Com o restringimento da ressoma, observado na maioria das conscins, é preciso reaprender desde os atos mais básicos como engatinhar, andar, falar, ler, escrever, até a recuperação das unidades de lucidez mais sofisticadas.

Cons. A consciência renasce hipoteticamente com 1 con, e vai recuperando progressivamente os demais. Mas, raramente atinge os 1.000 cons correspondentes à recuperação máxima da realidade pessoal integral e múltiplas inteligências (Vieira, 1997b, p. 60).

Recuperação. A recuperação de cons pode ocorrer gradualmente conforme o investimento da conscin em processar ampla mudança íntima nos hábitos de pensar (cognição), sentir (emocionalidade) e aplicar as energias (comportamento).

Hiperacuidade. Do ponto de vista intelectual, também a intensificação do autodidatismo, por meio da leitura, pesquisa e erudição aumenta a hiperacuidade e potencializa a recuperação das unidades de lucidez.

Corpos. No universo dos renascimentos, considerando genética, paragenética, histórico consciencial, meritocracia e afinidades grupocármicas, existem corpos biológicos com diferentes capacidades. Alguns atendem as expectativas relativas à vida, outros estão avariados, e finalmente existem os supercapacitados, chamados macrossomas.

Macrossoma. O macrossoma é o corpo supermaceteado, fora-de-série, construído e objetivando a realização de determinadas tarefas interconscienciais (Vieira, 2013).

Responsabilidade. O macrossoma aumenta a responsabilidade assistencial da conscin, no sentido do cumprimento da proéxis pessoal. A aquisição deste corpo supermaceteado está relacionada ao mérito da ficha evolutiva da consciência.

Estudo. As informações a respeito da existência de macrossomas, ainda são escassas, e portanto, este assunto representa vasto campo de estudo dentro da Ciência.

Deficiência. Por outro lado, algumas pessoas renascem com deficiências somáticas ou adquirem problemas no decorrer da vida, permanecendo até mesmo incapacitadas fisicamente.

Condição. Inúmeras conscins lidam de modo natural com a incapacidade física pessoal, sem permanecerem vítimas de si próprias, na condição temporária desta dimensão.

Vitimização. No entanto, algumas pessoas, utilizam a deficiência somática como justificativa para autovitimização, tanto de modo inconsciente quanto consciente.

Assistência. No contexto da *oportunidade de viver*, mesmo enfrentando limitações somáticas, é possível inserir a assistência como princípio diretor da vida humana.

Tetraplegia. Para ilustrar, esta afirmação é importante avaliar a história de Mara Gabrilli (1967–). Esta publicitária e psicóloga, após ficar tetraplégica em acidente de carro, assumiu a *Secretaria Municipal da Pessoa com Deficiência* em São Paulo, administrando projetos para melhoria da vida de cegos, surdos, cadeirantes e outros deficientes físicos da metrópole (V. **Cotes,** Paloma; ***Metamorfose Ambulante;*** Revista; *Época;* São Paulo, SP; 16.05.05; páginas 16 e 17).

Exemplo. Segundo Vieira (1994, p. 753), "o Serenão Reurbanizador tinha um soma deformado de oligofrênico (idiotia) quando vivia na matéria até 1990". Deixou o exemplo pessoal quando, na condição de aparente incapacidade física, realizou o trabalho policármico de modo libertário.

Modelos. Os dois exemplos de personalidade, cada qual com nível evolutivo próprio, representam verdadeiros modelos de utilização do corpo biológico, a favor da interassistência sem estarem restritos as limitações do mesmo.

O** NOVO CORPO **CONQUISTADO A CADA EXISTÊNCIA HUMANA REPRESENTA INSTRUMENTO INDISPENSÁVEL À CONSECUÇÃO SATISFATÓRIA DA** PROGRAMAÇÃO EXISTENCIAL **(PROÉXIS).

08. SAÚDE SOMÁTICA

Definição. A *saúde somática* é a condição natural, equilibrada, do corpo físico livre de doenças em órgãos e sistemas corporais, refletindo disposição e bem-estar pessoal.

Etimologia. O vocábulo *saúde* deriva do idioma Latim, *salus,* "salvação, conservação da vida". Apareceu no Século XIII. O termo *somática* deriva do idioma Francês, *somatique,* e este do idioma Grego, *somatikós,* "do corpo, material, corporal". Surgiu no Século XIX.

Sinonímia: 1. Saúde biológica. 2. Homeostase somática. 3. Bem-estar físico.

Antonímia: 1. Doença física. 2. Desequilíbrio somático. 3. Debilidade somática.

Funcionalidade. Sob a ótica da *oportunidade de viver,* é preciso cuidar do corpo físico, desde cedo, se a pessoa pretende ter o soma funcional após os 65 anos de idade. Não existe corpo humano preparado para *aguentar tudo.*

Posturas. A adoção de posturas cotidianas sadias relacionadas ao corpo, sem dúvida tende a otimizar o bem-estar físico gerando reflexos psicológicos e mentais positivos.

Técnica. Boa técnica de cuidado com o soma é desempenhar as atividades cotidianas psicomotoras, fundamentadas no seguinte princípio: *o corpo é o principal instrumento para a realização da proéxis.* Assim, toda profilaxia é pequena diante do trabalho necessário com a manutenção somática.

Valor. Eis, como exemplos, na ordem alfabética, 12 condições, evidenciando a valorização do corpo humano pela conscin, a partir da utilização de objetos intrafísicos e posturas sadias:

01. **Agenda:** a organização das tarefas pessoais como profilaxia dos estresses decorrentes da desorganização.

02. **Ar-condicionado:** a aclimatação benéfica das condições de trabalho propiciando bem-estar e predispondo à criatividade.

03. **Coluna:** a correção postural ao andar, sentar e deitar, observando, por exemplo, o uso de sapatos adequados.

04. **Dieta:** a alimentação sadia visando o prolongamento da vida somática.

05. **Exercícios:** a profilaxia do sedentarismo através dos exercícios físicos, por exemplo, na esteira ergométrica.

06. **Frutas:** a inserção equilibrada de frutas na dieta para manutenção saudável do soma.

07. **Medicamentos:** o uso sadio de medicação quando indicado por especialistas para regulação, manutenção e recuperação somática.

08. ***Notebook:*** a extensão da memória pessoal pela utilização coerente do computador pessoal.

09. **Obesidade:** a evitação dos excessos de peso para se viver mais e melhor.

10. **Óculos:** a proteção e correção da visão.

11. **Sol:** a utilização de chapéu e vestimentas com tecido especial para assegurar proteção contra os raios UVA e UVB.

12. **Supedâneo:** a base ou suporte para apoio dos pés, quando sentado visando melhorar a circulação sanguínea.

Esteira. A caminhada na esteira ergométrica, no mínimo 3 vezes na semana, durante pelo menos 30 minutos, viabiliza a eliminação de toxinas do corpo a partir do suor e melhora a saúde pessoal.

Oxigenação. A oxigenação cerebral decorrente do exercício físico mantém o cérebro mais ativo e consequentemente *mais inteligente* (V. **Hertzog,** Christopher *et al.*; ***Músculos em Forma, Cabeça Saudável;*** Revista; *Mente&Cérebro;* Fevereiro, 2011; páginas 52 a 57).

Saúde. As atividades físicas sem exageros e o cuidado contínuo com o soma proporcionam maior saúde e disposição para exercer as atividades relacionadas à vida, objetivando principalmente o cumprimento da proéxis.

Holossoma. O cuidado com o soma necessita considerar desde as abordagens típicas voltadas para este veículo (sono, sexo, alimentação, exercícios, hidratação e *checkup* médico), até a integração com os demais componentes do holossoma (energossoma, mentalsoma e psicossoma).

EV. Exemplo desse cuidado somático integrado aos demais veículos é o investimento no domínio do estado vibracional – EV, o qual atua como profilaxia das energias desestabilizadoras visando preservar a estrutura biológica (V. capítulo 34).

Explicação. O sinergismo existente entre corpo humano e corpo energético, consiste no fato de as energias, tanto constantemente alteradas, quanto positivas da conscin influenciarem na saúde somática e dos demais veículos de manifestação.

Estima. Outra abordagem considerando a integração de diferentes veículos são os casos de defeitos somáticos, os quais podem interferir negativamente na estima pessoal (psicossoma) por alterar a aparência da conscin.

Cirurgias. A conscin *escrava* da baixa autoestima por fatores somáticos não manifesta as potencialidades pessoais. Mais inteligente é efetuar a reparação sem recalques através, por exemplo, de cirurgias no intuito de recuperar a autoimagem estereotipada.

Investimento. O investimento financeiro na recuperação da estima pessoal, atuando, neste caso, no veículo somático, retorna através do bem-estar, do equilíbrio, da recuperação da autoconfiança e da presença marcante (força presencial) da conscin.

Reparação. Eis, na ordem alfabética, 7 exemplos de cirurgias reparadoras do soma, com reflexos positivos e evidentes no holossoma das conscins:

1. **Dentes:** a expansão das arcadas dentárias para correção e reparação da estética facial.

2. **Estrabismo:** a correção do alinhamento dos olhos.

3. **Face:** a cirurgia ortognática reestabelecedora da harmonia entre o maxilar e mandíbula, com reflexos estéticos e funcionais na face.

4. **Hiperidrose:** a cirurgia ou tratamento com a toxina botulínica destinada à correção da sudorese excessiva e constante, por exemplo, nas mãos.

5. **Nariz:** a reparação do tamanho e formato do nariz.

6. **Plástica:** a cirurgia plástica para recuperar danos ou marcas causadas devido a acidentes, queimaduras ou acnes.

7. **Prótese:** a prótese de mama, após realização de mastectomia.

Vaidade. Embora a reparação estética melhore o bem-estar da conscin com problema somático, é importante criticar o *comércio da vaidade,* o qual tem banalizado cada vez mais a própria cirurgia estética, procurando explorar o mito da beleza perfeita.

Aparência. Cuidar da aparência externa é sinal de inteligência, amor-próprio, organização e autoestima sadia. Porém, analisando perspectiva mais ampla além da matéria, é importante considerar o investimento na melhoria das energias pessoais, este sim, o verdadeiro *cartão de visitas pessoal* (V. capítulo 34).

Descuido. Eis, 11 exemplos, fundamentados na falta de cuidado somático, descritos na ordem alfabética:

01. **Automedicação:** a compulsão desenfreada por alguns remédios sem indicação médica.

02. **Desnutrição:** a má alimentação ocasionando perda celular.

03. **Excesso de músculos:** o excesso de exercícios físicos, comprometendo articulações e tecido muscular.

04. **Falta de higiene:** a predisposição ao aparecimento de doenças por desleixo na limpeza e asseio corporal.

05. **Lesões:** o hábito de não usar equipamentos de proteção individual, quando indicado, aumentando o risco de lesões corporais.

06. **Negligência:** a falta do cinto de segurança ao entrar em veículos motorizados.

07. **Obesidade:** a compulsão alimentar comprometendo a saúde e deformando o corpo humano.

08. **Peso:** o descuido com a coluna e articulações pelo ato de carregar peso em excesso.

09. **Sedentarismo:** a ausência dos exercícios físicos.

10. **Sol:** a exposição excessiva ao sol, predispondo ao câncer de pele.

11. **Tabagismo:** a predisposição do fumante passivo ou ativo às doenças do sistema cardiovascular, trato respiratório, câncer de pulmão, laringe e boca.

Silhueta. Estudo realizado com 6.500 pessoas encontrou relação entre o excesso de gordura abdominal na meia-idade e problemas neurológicos. Após 36 anos desde a primeira análise, 16% das pessoas tinham desenvolvido algum tipo de demência e a maioria cultivava silhueta rotunda havia muito tempo. De acordo com esse estudo, "o abdome volumoso pode aumentar até 3,6 vezes o risco de transtornos demenciais" (V. ***Mente&Cérebro;*** Redação; ***Sinais de Demência na Barriga;*** São Paulo, SP; Maio, 2008; página 27).

Domínio. Dentre os 4 veículos do holossoma, o mais simples e portanto fácil de dominar é o corpo físico. Comparando aos demais constituintes holossomáticos, o soma também apresenta maior densidade propiciando maior concretude às experiências vivenciadas pela conscin. Assim, no contexto da vida material estas características facilitam o domínio desse veículo.

Abuso. Mesmo frente à facilidade de domínio do corpo físico em comparação aos demais veículos, muitas conscins abusam das capacidades somáticas ou ainda são escravas de aspectos doentios relativos ao soma, esquecendo o fato de a consciência ser superior à matéria.

Cuidado. Com base na *oportunidade de viver,* a qualidade da expressão consciencial durante a vida intrafísica, também depende do cuidado despendido com o soma.

A CONSCIN COM *INTELIGÊNCIA EVOLUTIVA* ***PRIORIZA A*** *SAÚDE SOMÁTICA* ***BUSCANDO CONSERVAR O CORPO FUNCIONAL PARA REALIZAR, COM*** *DESENVOLTURA, COMPROMISSOS AUTOEVOLUTIVOS.*

09. FAMÍLIA CONSANGUÍNEA

Definição. A *família consanguínea* constitui o primeiro grupo de contato no renascimento apresentando, na maioria dos casos, ancestralidade comum, ou algum nível de parentesco, vivendo ou não sob o mesmo teto e unidos por afinidades, afeto ou interesses.

Etimologia. O vocábulo *família* deriva do idioma Latim, *familia,* "domésticos, servidores, escravos, séquito, comitiva, cortejo, casa, família". Surgiu no Século XIII. O termo *consanguíneo* provém igualmente do idioma Latim, *consanguineus,* "nascido do mesmo sangue, fraternal". Apareceu no Século XVI.

Sinonímia: 1. Família nuclear. 2. Linhagem. 3. Filiação. 4. Grupocarma. 5. Clã.

Antonímia: 1. Indivíduo. 2. Agremiação. 3. Turma.

Influência. Sob a abordagem da *oportunidade de viver,* a família é o primeiro grupo influente diretamente na evolução da consciência ao renascer, tanto de modo positivo quanto negativo.

Recepção. Esta influência pode ser inicialmente analisada a partir do nível de acolhimento ou hostilidade ao recém-ressomado. Quanto maior for a empatia logo no nascimento, maior o bem-estar experienciado pelo ressomante.

Vínculo. A relação grupocármica da família nuclear em muitos casos não é totalmente compreendida. Para a conscin vulgar ainda é difícil saber o tipo de vínculo multiexistencial existente, por exemplo, entre pais, mães, filhos, irmãos, tios, primos e avós.

Afinidades. Sob a ótica da *Conscienciologia,* essas relações familiares não são *obra do acaso,* existindo, por exemplo, afinidades de temperamento, aportes proexológicos e interprisões grupocármicas seculares.

Aportes. Os aportes proexológicos representam os recursos recebidos pela conscin relacionados à consecução da programação existencial, tais como: mesologia, nível socioeconômico, cultura, amizades, aprendizados e demais condições favoráveis.

Interprisões. As interprisões grupocármicas envolvem as inter-relações da existência humana permeadas pelo princípio da inseparabilidade grupocármica decorrente da existência de atos anticosmoéticos diretos ou indiretos, os quais ainda necessitam de reparação.

Retrocognições. O desenvolvimento do parapsiquismo (V. capítulo 36) possibilita as retrocognições para pouco a pouco desvendar as relações cármicas entre os membros da família.

Responsabilidade. Independente das lembranças retrocognitivas, cabe ao indivíduo mais lúcido a responsabilidade maior na condução harmônica das relações familiares. As concessões magnas começam no ambiente familiar.

Reconciliação. O convívio estreito da família é a oportunidade de reconciliação entre consciências, com laços muitas vezes patológicos, inter-relacionados em várias vidas.

Acuidade. Considerando a necessidade de reconciliação entre os membros da família consanguínea, é importante a acuidade, a paciência, o estudo e a compreensão para conseguir conviver com cada participante do grupocarma familiar.

Despreparo. Nota-se em muitas famílias o despreparo dos pais, em alguns casos, extremamente jovens e com falta de paciência quanto à educação dos filhos. Exemplo disso é a rispidez durante as simples advertências aos mesmos, podendo até ocasionar sofrimentos morais.

Traumas. As críticas carregadas de raiva geram traumas nas crianças, na maioria dos casos, nem percebidas pelos adultos (V. **Mente&Cérebro; *O Pinguim Estilhaçado***; São Paulo, SP; Outubro, 2008; p. 13).

Reflexão. Nesse caso, vale o reforço da reflexão e ponderação ilustrada através da citação do filósofo francês Michel de Montaigne (1533–1592): "aquele que aplica um castigo estando irritado, não corrige, vinga-se".

Harmonia. O ideal no ambiente familiar é a manutenção do convívio harmonioso, considerando o binômio admiração-discordância, indispensável em todos os contextos da vida.

Relações. Na abordagem deste binômio é possível admirar as características, traços, personalidade e comportamentos sadios, discordando daqueles patológicos e, mesmo assim, manter a harmonia nas relações interpessoais.

Espelho. Existem semelhanças e afinidades características entre familiares, verdadeiros *espelhos* para cada consciência. Observar os membros da família é examinar comportamentos positivos a serem aprendidos, bem como ações e posturas pessoais a melhorar e ajustar.

Autopesquisa. A citação do médico Carl Gustav Jung (1875–1961) ilustra a necessidade de auto e heterobservação no movimento de autopesquisa, principalmente no contexto familiar: – "tudo o que nos irrita nos outros pode nos levar a um entendimento de nós mesmos".

Postura. A postura ideal indicadora de valorização da família consanguínea é contribuir com a melhoria do grupo familiar, sem imposição, mas a partir do autoexemplo confiante nos resultados ao longo do tempo.

Ajustes. Eis, na ordem alfabética, 9 questões geradoras de reflexão para o leitor(a) interessado(a) em aproveitar esta vida, no sentido de ajustar os laços evolutivos com a família nuclear:

1. **Apriorismos.** Possui algum tipo de preconceito com relação a família nuclear?
2. **Assistência.** Nas relações familiares, hoje, você ajuda ou é mais ajudado?
3. **Atenção.** Despende atenção necessária ao atendimento das questões familiares delicadas?
4. **Convívio.** Gosta da companhia dos parentes?
5. **Imaturidades.** Você ainda guarda mágoa ou ressentimento em relação ao pai, mãe ou irmãos?

6. **Imposição.** Já tentou impor o modo de vida próprio a algum dos familiares?

7. **Projeção.** Culpa os pais por algum insucesso na vida pessoal?

8. **Respeito.** Trata os familiares de modo respeitoso?

9.**Sanidade.** Qual o nível de homeostase holossomática mantida por você durante o convívio familiar?

Sinceridade. Somente você, leitor(a), é capaz de responder com sinceridade a todas as questões apresentadas e avaliar o nível de homeostasia existente a partir do convívio familiar.

O *CONVÍVIO HARMONIOSO,* ***ENQUANTO EXEMPLO VERDADEIRO ENTRE OS COMPONENTES DA*** *FAMÍLIA CONSANGUÍNEA,* ***SE ESTENDE DE MANEIRA FRATERNA PARA OUTROS*** *GRUPOS EVOLUTIVOS***.**

10. JUVENTUDE

Definição. A *juventude* é o período da vida humana iniciada na pré-adolescência (por volta dos 10 anos de idade biológica) e encerrada na pós-adolescência (aos 26 anos), quando se consolida o crescimento celular.

Etimologia. O termo *juventude* vem do idioma Latim, *juventus,* "época ou condição de estar na mocidade, de ser jovem". Surgiu no Século XV.

Sinonímia: 1. Mocidade. 2. Adolescência. 3. Juvenilidade.

Antonímia: 1. Infância. 2. Terceira Idade. 3. Quarta Idade.

Cronologia. Para desenvolver o conceito de juventude foi adotada a cronologia ou *Índice das Faixas Etárias Humanas,* propostas por Vieira (2003, p. 823):

01. **Vida fetal:** da concepção à ressoma.
02. **Neonatologia:** de 1 dia de vida até os 28 dias.
03. **Lactância:** dos 29 primeiros dias aos 2 anos.
04. **Primeira infância:** dos 2 aos 4 anos.
05. **Segunda infância:** dos 4 aos 10 anos.
06. **Pré-adolescência:** dos 10 aos 15 anos.
07. **Adolescência:** dos 15 aos 20 anos.
08. **Pós-adolescência:** dos 20 aos 26 anos.
09. **Adultidade:** dos 26 aos 40 anos.
10. **Meia-idade:** dos 40 aos 65 anos.
11. **Terceira idade:** dos 65 aos 80 anos.
12. **Quarta idade:** dos 80 anos a dessoma.

Autoconsciência. Tendo em vista a *oportunidade de viver e evoluir,* quanto maior for a autoconscientização do jovem sobre o contexto evolutivo da vida humana, melhor será o aproveitamento do período juvenil, diminuindo erros nas escolhas pessoais.

Vivências. A juventude é a época de significativas vivências e descobertas, na qual permeiam aventuras, envolvimento com companhias diversas, construção da autoidentidade, fases de rebeldia, desejo de autoafirmação, inseguranças, incertezas e decisões importantes da vida.

Liberdade. Na mocidade a conscin anseia pela liberdade e deseja exprimir-se de acordo com a própria vontade, condição totalmente oposta à castração, muitas vezes imposta pelo ambiente no qual vive.

Pressa. A ansiedade e a pressa são marcantes na juventude. A manifestação da personalidade da conscin fica mais evidente, sendo permeada pela impaciência de tomar decisões sozinha e logo.

Neofilia. Outra característica evidente da fase de juventude é o interesse natural pelo novo. Porém, a neofilia sem discernimento é capaz de conduzir à vivência de experiências perigosas à conscin.

Rebeldia. O(a) jovem inquieto(a) e ansioso(a) pela liberdade de expressão pode apresentar também algum nível de rebeldia permeando o comportamento pessoal perante a família. Até certo ponto, isto é natural, pois o(a) adolescente percebe cada vez mais incoerências no comportamento adulto.

Autoafirmação. Em busca da autoafirmação e aceitação grupal, o adolescente tem condições de se envolver com companhias anticosmoéticas e praticar ações de intensa rebeldia.

Excesso. O problema é quando a rebeldia se torna excessiva ao comprometer o direito alheio, tendendo para a marginalidade, a militância da violência, promiscuidade e autodestruição pelo uso de drogas em geral.

Intervenção. Nestes casos, existe a necessidade da intervenção direta dos pais sobre a opção de vida antissomática e anticosmoética do(a) filho(a), ainda na juventude.

Vigilância. A rigor, o jovem não gosta de ser controlado, mas na educação familiar é necessário vigilância às amizades, comportamentos e interesses no intuito de atuar na profilaxia contra problemas maiores nesta fase da vida (V. capítulo 15).

Maturidade. A vida é a oportunidade de aprender. Na maioria dos casos os pais apresentam maior maturidade em relação aos filhos, sendo responsáveis pelo acolhimento, orientação e encaminhamentos diversos.

Educação. A educação dos jovens diante das pressões da Sociedade exige muito preparo dos pais e diálogo familiar para evitar as imaturidades, reações instintivas e até mesmo ações anticosmoéticas durante a juventude.

Diálogo. O diálogo iniciado na infância é insubstituível na juventude e depende de compreensão recíproca. Quando pais e filhos não conseguem compreender-se mutuamente a partir da interlocução, o ideal, em alguns casos, é procurar auxílio profissional para mediar a conversação familiar.

Conflitos. Os conflitos familiares afloram por vários motivos, por exemplo, pela dificuldade de entendimento, incompreensão, defesa dos interesses pessoais egoicos, orgulho, repressão e autocracias.

Limites. Os limites são necessários, mas saber ouvir e se colocar no lugar do jovem significa demonstrar respeito ao nível evolutivo da consciência. Elemento fundamental para a manutenção do diálogo familiar.

Características. Cada conscin apresenta características próprias relativas ao temperamento, qualidades pessoais, desejos e ambições, em muitos casos, diferentes do restante do grupo familiar.

Desenvolvimento. A condição ideal por parte dos pais é evitar a castração da liberdade de manifestação da consciência fornecendo subsídios para o desenvolvimento integral do indivíduo.

Projeção. Em algumas famílias, existe a tendência dos pais desejarem filhos semelhantes a eles próprios, projetando nos mesmos, em muitos casos, os sonhos não realizados. Porém, cada consciência é única na complexidade íntima com aspirações, interesses, tendências e valores próprios.

Escolhas. A incompreensão dos pais quanto à opção dos filhos pode dificultar a troca e o amadurecimento de ideias no intuito de clarear e aprofundar as escolhas pessoais.

Decisão. Por exemplo, no contexto evolutivo desta autora, a decisão responsável de estudar em outro local, diferente da cidade de origem, foi apoiada pela família, mesmo contrariando os desejos idealizados pelo grupo familiar.

Respeito. O respeito evolutivo da família consanguínea permitiu a abertura do caminho para vivência de oportunidades até então ainda não experimentadas e necessárias ao desenvolvimento pessoal desta autora-cobaia.

Lucidez. O ideal para o(a) jovem é aumentar a lucidez o mais rápido possível sobre a oportunidade de ressomar e, consequentemente, o propósito de vida pessoal. Desse modo as imaturidades cometidas durante a juventude podem ser atenuadas.

Planejamento. Aos futuros pais, cabe avaliar o quanto preparados estão para assumir a responsabilidade de educar os filhos até a completa independência do mesmo. O planejamento aqui é fundamental.

A *AUTOCONSCIENTIZAÇÃO EVOLUTIVA* ***ADQUIRIDA NA JUVENTUDE AUXILIA NA MINIMIZAÇÃO*** *DOS COMPORTAMENTOS DESTRUTIVOS* ***DIFICULTADORES DA PROÉXIS DE MUITOS*** *JOVENS*.

11. PORÃO CONSCIENCIAL

Definição. O *porão consciencial* é a fase de manifestação infantil e adolescente da conscin, no qual predominam os *traços primitivos* (taras pessoais), multiexistenciais, ainda remanescentes na personalidade integral em desenvolvimento (Vieira, 2013).

Etimologia. A palavra *porão* vem do idioma Português arcaico, *prão,* e este do idioma Latim, *planus,* "chato, liso, plano, nivelado, chão". Apareceu no Século XVI. O termo *consciência* deriva também do idioma Latim, *conscientia,* "conhecimento de alguma coisa comum a muitas pessoas, conhecimento, consciência, senso íntimo", e este do verbo *conscire,* "ter conhecimento de". Surgiu no Século XIII.

Sinonímia: 1. Fase imatura. 2. Fase do porão consciencial.

Antonímia: 1. Idade madura. 2. Estágio da holomaturidade.

Instintividade. Na fase da manifestação do porão consciencial, a instintividade predomina sobre a racionalidade. Ficam evidentes os instintos animais básicos, as imaturidades, e as heranças cromossômicas animalizadas mais potentes.

Porão. Durante a expressão do porão consciencial, quando o subcérebro se deleita, vêm à tona todos os resquícios de baixeza da consciência (Vieira, 1994, p. 704).

Sociedade. Segundo Nonato *et al.,* (2011, p. 78), propositores do livro Inversão Existencial, assuntos relacionados ao porão consciencial, tais como, tatuagens, esportes radicais, promiscuidade, uso indiscriminado de bebidas alcoólicas, entre outros, tem sido banalizados e até mesmo relativizados pela Sociedade.

Reforço. Na opinião desta autora, muitos jovens estão imersos em comportamentos, caracterizados como típicos da fase do porão consciencial, porém permanecem inconscientes aos efeitos dessas escolhas durante boa parte da vida, pois a Sociedade além de banalizar reforça determinados comportamentos destrutivos.

Tipos. Eis, na ordem alfabética, 17 tipos de ocorrências evidenciadoras de sujeição da conscin ao porão consciencial:

01. **Alcoolismo:** a escravidão ao vício degradante do álcool.

02. **Belicismo:** a coleção de armas incitadoras de violência.

03. **Contrabando:** a participação no comércio ilícito.

04. **Fã-clube:** o aplauso do torcedor fanático para as ações anticosmoéticas do ídolo.

05. **Filmes de terror:** o *link* com a Baratrosfera.

06. **Hedonismo:** o abandono escolar com opção pela boa vida.

07. **Hostilidade:** a agressividade hostil e antissocial.

08. **Lutas:** a afinidade com o sadismo das multidões e gangues. Megatolice indefensável.

09. **Piercings:** a cultura da extravagância e mero exibicionismo tolo.

10. **Promiscuidade:** os excessos da *ficação* e abusos da sexualidade, gerando até a gravidez precoce.

11. **Riscomania:** o apego aos esportes radicais, com perigo de morte prematura.

12. **Rock pesado:** a reverência às lendas do *rock'n roll* dessomadas prematuramente.

13. **Síndrome da passarela:** a dependência da jovem *sexy,* dos aplausos da fama intrafísica.

14. **Tabagismo:** o suicídio lento.

15. **Tatuagens:** o estigma peculiar das conscins ainda afundadas no *porão consciencial,* com evidente atitude antianatômica. A marca tribal.

16. **Tóxico:** o prazer patológico, destruidor, gerado pelo uso de drogas.

17. **Videogame:** a ludomania restringindo o foco das atividades prioritárias.

Rotina. Os comportamentos listados anteriomente se tornaram normais na rotina de muitos jovens. Muitos deles, sem questionamento crítico são capazes de permanecerem vários anos sem assumir a maturidade necessária e já essencial nesta fase tão importante da vida.

Infantilização. A ausência de libertação do porão consciencial, após os 26 anos de idade física é evidência da infantilização e imaturidade da conscin.

Lucidez. Somente com a ampliação da lucidez, a conscin presa ao porão consciencial inicia a libertação dos comportamentos infantis, destrutivos e abusivos, contrários ao princípio da valorização da *oportunidade de viver evolutivamente.*

Profilaxia. Eis, na ordem alfabética, 10 exemplos profiláticos, para a conscin interessada em diminuir as influências do porão consciencial:

01. **Companhias:** a substituição das amizades ociosas pelas evolutivas (V. capítulo 30).

02. **Economia:** o estudo e investimentos financeiros desde a mocidade (V. capítulo 35).

03. **Estudo:** a dedicação aos estudos, priorizando a intelectualidade (V. capítulo 33).

04. **EV:** a inteligência de aplicar o estado vibracional profilático.

05. **Experiência:** o diálogo com adultos lúcidos.

06. **Invéxis:** a aplicação da *técnica da inversão existencial* (V. capítulo 14).

07. **Metas:** a definição dos objetivos de vida coerentes (V. capítulo 25).

08. **Paradever:** a assunção de responsabilidades no período juvenil (V. capítulo 39).

09. **Profissão:** a escolha da carreira profissional ainda na juventude.

10. **Qualificação:** o investimento no currículo do inversor existencial com vistas ao bom desempenho na proéxis (V. capítulo 24).

Autopesquisa. Do ponto de vista da *oportunidade de viver e evoluir*, a escravidão ao porão consciencial não traz benefícios evolutivos à conscin, ao contrário, a deixa mais animalizada. O importante é o leitor(a) autopesquisar-se quanto aos resquícios desse porão visando a autossuperação.

***A ESCRAVIDÃO AO** PORÃO CONSCIENCIAL **É RESPONSABILIDADE DA CONSCIN.** QUERER SE LIBERTAR **DAS** IMATURIDADES INSTINTUAIS **MAIS RÁPIDO** É SINAL REAL DE INTELIGÊNCIA EVOLUTIVA.*

12. MESOLOGIA

Definição. A *mesologia* é o ramo da Biologia dedicado ao estudo das relações entre os seres vivos e o ambiente no qual vivem, considerando as recíprocas influências.

Etimologia. O termo *mesologia* é formado pela palavra *meso* derivada do idioma Grego, *mésos,* "meio, centro". E pelo elemento de composição *logia* derivado do mesmo idioma Grego, *lógos,* "estudo". Surgiu no Século XIX. O termo mesologia surgiu em 1881.

Sinonimologia. 1. Ecologia. 2. Bionomia. 3. Meio social.

Antonímia: 1. Genética. 2. Local distante.

Ambiente. Sob o prisma da *oportunidade de viver,* o estudo aprofundado das peculiaridades e sutilezas do ambiente onde se vive, contribui para o aproveitamento de ensejos evolutivos e a superação das influências negativas incorporadas da mesologia.

Papel. O meio tem importante papel no desenvolvimento das conscins durante a vida humana. Muitos hábitos, comportamentos, formas de pensar e ver o mundo estão associadas ao meio ou cultura da qual o indivíduo participa.

Influências. Exemplos de influências mesológicas podem ser observados na economia, culinária, arquitetura, manifestações religiosas, tradições e vestimenta.

Efeitos. A influência dos efeitos mesológicos e repetição de padrões comportamentais sem questionamento, muitas vezes, é visível em jovens, crianças e adultos.

Sociocultura. Considerando as influências socioculturais variadas no microuniverso consciencial de cada indivíduo, além do aspecto nosográfico, a mesologia também apresenta caráter neutro e homeostático.

Homeostático. O meio é considerado homeostático quando oferece condições predominantemente positivas ao desenvolvimento da conscin, ao modo do *ambiente acolhedor,* o qual é capaz de favorecer o bem-estar e consequentemente a liberdade de expressão.

Nosográfico. A mesologia nosográfica apresenta antagonismo explícito ao ambiente homeostático, em função de ser caracterizada, por exemplo, pela repressão, coerção intelectual, dogmatismo, demagogia e lavagem cerebral.

Neutro. A influência da mesologia é neutra quando são avaliadas condições positivas ou negativas para determinados contextos. No caso do *ambiente on-line,* existe o lado homeostático em função do desenvolvimento tecnológico e rapidez no fluxo de informações, porém este mesmo meio é capaz de limitar o convívio humano em função da conscin se tornar escrava de bate-papos pela *Internet.*

Interação. A influência da mesologia predominantemente patológica sobre o universo consciencial anula, inibe ou posterga a interação positiva, sadia, cosmoética e evolutiva da conscin frente à Sociedade (Oliveira & Santos, 2006, p. 201 a 209).

Educação. Dentre os aspectos mesológicos com influências patológicas está a educação excessivamente severa observada no ambiente familiar, escolar ou profissional.

Repressão. A educação severa pode ser considerada postura antiuniversalista em função de ser causa da repressão, gerar acanhamento, inculcações e condicionamentos patológicos inibindo a força de manifestação da conscin.

Abertura. O ambiente educacional ideal precisa promover a abertura do caminho para a intelectualidade, criatividade, autonomia, pesquisa, questionamento, pensamento crítico, domínio das emoções e livre debate.

Tipos. Para ampliar a cosmovisão sob a influência da mesologia, eis, na ordem alfabética, 20 tipos de ambientes e respectivos exemplos considerando a abordagem neutra, homeostática e nosográfica:

01. **Ambiente aprisionador:** *nosográfico,* em função do restringimento da manifestação consciencial.

02. **Ambiente atmosférico:** *neutro,* pela influência das variações climáticas no humor das pessoas, tanto positiva quanto negativa.

03. **Ambiente belicista:** *nosográfico,* devido à falta de espaço para o diálogo e concessão.

04. **Ambiente cultural:** *neutro,* considerando a necessidade real do registro e ampliação da cultura geral em comparação à supervalorização da Arte.

05. **Ambiente degradado:** *nosográfico,* em função do caos, dano, deterioração e desorganização refletirem a Baratrosfera.

06. **Ambiente dinâmico:** *neutro,* em virtude do dinamismo necessário ao vigor da vida humana, em contraposição à pressão do dia a dia da empresa na qual os funcionários tentam bater o *record* em vendas.

07. **Ambiente ecológico:** *homeostático,* devido à valorização da fito e zooconvivialidade.

08. **Ambiente escolar:** *neutro,* em detrimento da força da reeducação em contraposição ao *bullying* cada vez mais frequente nas escolas.

09. **Ambiente esportivo:** *neutro,* considerando o estímulo da competitividade a qualquer preço em comparação ao desenvolvimento de valores relacionados à disciplina, persistência e autossuperação.

10. **Ambiente extrafísico:** *neutro,* em função do holopensene tanto negativo quanto positivo das consciexes.

11. **Ambiente familiar:** *neutro,* em conformidade com os aportes proexológicos, as afinidades e interprisões grupocármicas.

12. **Ambiente industrial:** *neutro,* devido ao desenvolvimento tecnológico necessário e geração de empregos perante a poluição ambiental.

13. **Ambiente jurídico:** *neutro,* comparando as distorções espúrias da lei frente à justiça e o direito necessário para estabelecer limites ao crime.

14. **Ambiente litorâneo:** *neutro,* em detrimento dos excessos do *boavidismo,* ociosidades e os benefícios do turismo no local.

15. **Ambiente pacifista:** *homeostático,* em virtude do convívio com a cultura de paz.

16. **Ambiente político:** *neutro,* considerando a necessidade de direção, legislação e regulamentação para o benefício da Sociedade, em oposição aos favores e à corrupção crescente.

17. **Ambiente poluído:** *nosográfico,* devido à aceleração da dessoma de diferentes seres vivos.

18. **Ambiente retrocognitivo:** *neutro,* em função das características tanto positivas quanto negativas observadas, por exemplo, em museus, universidades, antigos campos de batalha e castelos.

19. **Ambiente rural:** *neutro,* comparando a possibilidade do convívio hígido com a Natureza em contraposição à acomodação e isolamento, nem sempre saudáveis na vida campestre.

20. **Ambiente urbano:** *neutro,* em detrimento da vida no *front* da batalha exigir renovações devido à intensidade das interações pessoais, e ao mesmo tempo ser capaz de propiciar a dispersão devido a variedades de opções.

Holopensene. A discriminação da influência negativa no holopensene local e pessoal decorrente de mesologia patológica atua como profilaxia contra possíveis desvios de proéxis.

Técnica. Segundo Vieira (1994, p. 603), é tema de estudo do Curso Intermissivo o *autodomínio da mesologia na Terra.* Esse domínio pode ser conquistado, por exemplo, através da inversão mesológica.

Inversão. A inversão mesológica ocorre quando o fluxo de influências doentias da Sociedade sobre a consciência é invertido e a conscin passa a influenciá-la ativa e cosmoeticamente (Oliveira & Santos, 2006, p. 201 a 209).

Adversidades. Assim, para promover essa inversão o primeiro passo é minimizar a vitimização pela mesologia vivenciada. A rigor, a genética e o meio são relativos. Quanto mais evoluída a consciência, maior motivação apresenta para lidar com as adversidades da vida intrafísica.

Costume. Todo tradicionalismo, regionalismo, costume, folclore, mito, tabu, ideologia, superstições e simpatias, ainda implícito nas manifestações humanas é capaz de ser analisado, avaliado e eliminado se for necessário, principalmente quando não favorecem o crescimento evolutivo da conscin.

Cultura. "Há culturas de alto e de baixo nível cosmoético. Viver a existência humana sob determinada cultura é opção inteligente, ou não, de cada conscin" (Vieira, 2007, p. 659).

Tradicionalismos. Eis, como exemplos, na ordem alfabética, 8 tradicionalismos patológicos, ainda influentes neste planeta, em pleno Século XXI:

1. **Bovinolatria:** a vaca considerada animal sagrado na Índia.
2. **Circuncisão:** a mutilação antifisiológica de homens e mulheres (infibulação).
3. **Divinização:** a adoração ou veneração de imagens de santos.
4. **Dogmatização:** o misticismo e gurulatrias típicos do mito do salvacionismo.
5. **Fanatismos:** as convicções religiosas medievais dos fanáticos, por exemplo, contra a doação de sangue.
6. **Monarquia:** a desigualdade e o racismo impostos pela monarquia.

7. **Simpatias:** a crença em rituais supersticiosos para se conseguir algo desejado.

8. **Tourada:** as touradas e, por extensão, na mesma proporção de patologia, os rodeios e a farra do boi. No Brasil a farra do boi é considera ilegal desde 1997, mas muitas comunidades a praticam clandestinamente.

Crueldade. O duelo sangrento das touradas existe desde o ano 200 e, infelizmente, ainda representa tradição aos milhares de aficcionados pelo *espetáculo* de crueldade considerado por muitos de beleza indescritível. O touro morre lentamente, debilitado pelos espetos fincados no couro sob o delírio da arena (V. **Barros,** Maraina; ***O Fim do Olé;*** Revista; *IstoÉ;* São Paulo, SP; 12.05.04; página 91).

Holoteca. Na Holoteca, localizada no Centro de Altos Estudos da Conscienciologia, em Foz do Iguaçu, Paraná, existe a coleção intitulada *Abstrusoteca,* verdadeiro exemplo de situações para evitação da cultura inútil e ao mesmo tempo possibilitando a inversão mesológica.

***A** CONSCIN **DE** PARAGENÉTICA FORTE, **AO RESSOMAR EM AMBIENTE NOSOGRÁFICO,** É CAPAZ DE SUPERAR INFLUÊNCIAS MESOLÓGICAS AO OPTAR PELA CULTURA EVOLUTIVA.*

SEÇÃO III

RENOVAÇÃO CONSCIENCIAL

13. AUTOENFRENTAMENTO

Definição. O *autoenfrentamento* é o ato de enfrentar a si próprio, encarando os traços de personalidade, padrões e comportamentos antievolutivos com o intuito de eliminar as autocorrupções e intenções anticosmoéticas, transformando para melhor alguma condição ou qualquer aspecto paralisador da evolução da consciência.

Etimologia. O elemento de composição *auto* procede do idioma Grego, *autós,* "eu mesmo, por si próprio". A palavra *enfrentamento* é constituída pelo prefixo do idioma Latim *en,* "em, a, sobre, superposição, aproximação, introdução, transformação", e pelo vocábulo do idioma Espanhol, *frente,* derivado do idioma Latim, *frons,* "fronte; testa; rosto; semblante; cara". Apareceu no Século XIX.

Sinonímia: 1. Coragem evolutiva. 2. Soerguimento existencial. 3. Reeduca*ção* consciencial. 4. Recin. 5. *Recéxis.*

Antonímia: 1. Autovitimização. 2. Comodismo. 3. Autofuga. 4. Acrasia.

Existência. Congruente à *oportunidade de viver,* a existência biológica possibilita inúmeras autorrenovações decorrentes inicialmente de mudanças culturais, avanços tecnológicos, experiência de vida, adversidades e os desafios existenciais do dia a dia.

Visão. Esse conjunto de variáveis somadas a possibilidade de maior convívio entre as pessoas favorece a ampliação da visão de mundo, e consequentemente estimula mudanças íntimas.

Citação. A capacidade de realizar renovações pessoais ao longo da vida pode ser ilustrada através da citação do escritor João Guimarães Rosa (1908–1967): – "O mais importante e bonito do mundo é isto, que as pessoas não estão sempre iguais, ainda não foram terminadas, mas que elas vão sempre mudando. Afinam e desafinam".

Informações. Porém, as oportunidades favorecedoras de mudanças variam nas diferentes regiões do planeta e, portanto, as renovações são capazes de ocorrer tanto de maneira mais lenta, quanto mais rápida.

Repetição. Exemplo de mudança lenta, é possível de ser analisada observando-se a repetição de comportamentos e traços na mesma pessoa ao longo da vida. É comum frases do tipo: *O fulano continua teimoso; Ciclano não muda nunca; Beltrano é assim desde criança.*

Dedicação. Quando diagnosticamos determinada característica negativa, necessitando ser reciclada na manifestação pessoal, é preciso dedicação à reeducação para ser possível a superação definitiva do traço. Esse investimento ou disposição para mudar envolve o autoenfrentamento, o qual intensifica a velocidade das renovações.

Acelerar. Nesse sentido, esperar o próprio desenvolvimento da vida transformar para melhor o indivíduo, ainda é muito cômodo e parece não ser a estratégia mais lúcida. Assim, o objetivo do autoenfrentamento é acelerar o fluxo das autorrenovações.

Curso. Na dimensão extrafísica, muitas consciências também têm a oportunidade de efetuarem autorrenovações, isto ocorre, principalmente, quando realizam o Curso Intermissivo (V. capítulo 5).

Temperamento. Mas, é importante lembrar o fato de não ocorrerem alterações mirabolantes no temperamento pessoal, mesmo após as aulas do Curso Intermissivo. As lições aprendidas e a maior autoconscientização adquirida precisarão ser praticadas na vida intrafísica.

Fixação. Desse modo, o investimento no autoenfrentamento durante a vida biológica, além de acelerar também objetiva efetivar e fixar as renovações conscienciais, muitas delas, planejadas na intermissão.

Prioridade. Quando a pessoa está lúcida para essa realidade, o autoenfrentamento visando as renovações íntimas, torna-se prioritário durante a permanência da consciência na dimensão física.

Benefícios. Entre os benefícios relacionados ao investimento no autoenfrentamento, de modo progressivo, estão a redução dos traf*a*res – traços-fardo da conscin, e ampliação de traf*o*res – traços-força ou qualidades pessoais (V. capítulo 17).

Conforto. A necessidade de mudança para melhor de algum aspecto intraconsciencial é simpática a muitas pessoas. Porém, na maioria dos casos a dificuldade maior é sair da zona de conforto.

Segurança. A zona de conforto quando patológica envolve a faixa de tranquilidade, zona de segurança ou *boavidismo* da conscin, a qual vive inteiramente satisfeita e despreocupada.

Prioridade. Assim, mesmo sendo prioridade enfrentar e superar certos traços pessoais ultrapassados, a conscin prefere não dispender tempo para tal enfrentamento, pois isto afetaria o sossego diário.

Esforço. É importante lembrar o fato de a renovação não ser sinônimo de bem-estar imediato exigindo, antes disso, esforço pessoal, perseverança e otimismo.

Técnicas. No contexto da renovação consciencial é importante ressaltar a aplicação de duas técnicas indispensáveis para quem realmente deseja efetuar o autoenfrentamento: a *invéxis*, a *recéxis* e a *recin* abordadas respectivamente nos capítulos 14, 15 e 16.

Motivação. Para esta autora-cobaia, a motivação para *dar a volta por cima* a partir do autoenfrentamento está relacionada ao princípio da *não desistência sem tentar*, a querer se autossuperar a cada dia colocando em prática o traf*o*r da inteligência evolutiva.

Impulsionador. E você leitor ou leitora, qual o impulsionador singular da reciclagem pessoal?

> ***A*** *modificação* ***positiva*** *do mundo* ***vem depois da*** *transformação pessoal.* ***Se você, leitor(a) deseja viver em planeta melhor, comece*** *melhorando você, aqui, agora, já.*

14. TÉCNICA DA INVERSÃO EXISTENCIAL

Definição. A *técnica da inversão existencial* é o planejamento técnico, máximo, da vida humana, sem inculcações doutrinárias ou sectárias, iniciado antes da maturidade biológica (26 anos de idade) e realizado pela conscin disposta à reciclagem intraconsciencial, objetivando a consecução da proéxis.

Etimologia. A palavra *técnica* vem do idioma Francês, *technique,* derivado do idioma Latim, *technicus,* e este do idioma Grego, *tekhnikós,* "relativo à Arte, à Ciência ou ao saber, ao conhecimento ou à prática de alguma profissão, hábil". Surgiu no Século XIX. O termo *inversão* vem do idioma Latim, *inversio,* "inversão, transposição em retórica, ironia, anástrofe, alegoria", de *invertere,* "virar, voltar do avesso, revolver, derrubar, deitar abaixo, inverter, transtornar". Apareceu no Século XIX. O vocábulo *existencial* procede do idioma Latim, *existentialis,* "existencial". Surgiu no Século XIX.

Sinonímia: 1. *Invéxis.* 2. Dinamização evolutiva. 3. Planejamento técnico intrafísico na juventude.

Antonímia: 1. *Recéxis.* 2. Perfeccionismo humano. 3. Moda intrafísica passageira.

Proposta. A técnica da *inversão existencial,* foi proposta pela primeira vez pelo médico e pesquisador da consciência, Waldo Vieira, em 1946, quando contava com 14 anos de idade (Vieira, 1999, p. 80).

Divulgação. Porém, a descrição científica desta técnica, possibilitando maior divulgação, ocorreu após a publicação do tratado 700 Experimentos da Conscienciologia, em 1994.

Dinamizador. A invéxis consiste na dedicação precoce, integral e prioritária à consecução da programação existencial, funcionando como dinamizador do rendimento evolutivo.

Profilaxia. A *técnica da inversão existencial* atua como forte profilaxia para a conduta inconsequente do jovem, característica da fase de manifestação do porão consciencial (V. capítulo 11).

Objetivo. A aplicação da técnica objetiva antecipar, com racionalidade, as priorizações evolutivas para a fase inicial da adolescência ou da juventude, deixados geralmente para o período pós-aposentadoria.

Precocidade. Nesta ótica, é possível compreender porque a precocidade é a unidade de medida da inversão existencial. Pois, o jovem, ao aplicar a *técnica da invéxis,* por exemplo, passa a priorizar lucidamente a maturidade ainda na juventude.

Técnica. A precocidade na aplicação da inversão existencial faz a conscin *acordar* mais rápido para as dispersões e imaturidades típicas da fase juvenil.

Reeducação. Sob a ótica da psicossomaticidade o investimento precoce na maturidade pessoal é capaz de influenciar também na reeducação do jovem quanto à emocionalidade.

Emocionalidade. O amadurecimento emocional é prioritário para o inversor em função de ser a base dos desvios mais críticos da juventude. Sem maturidade emocional a conscin pode acabar se envolvendo em situações problemáticas e impeditivas da aplicação da *técnica da invéxis* e principalmente dificultadores da consecução da próexis.

Investimento. A precocidade do investimento na consolidação da dupla evolutiva harmoniosa aumenta as chances de conquistar a maturidade emocional desde a juventude.

Dupla. A dupla evolutiva é a reunião de duas conscins interagindo positivamente e objetivando a potencialização planificada de suas performances evolutivas, através do convívio produtivo e constante (Vieira, 1997c, p. 8).

Benefícios. Eis, exemplificados na ordem alfabética, 14 benefícios da aplicação da *técnica da inversão existencial:*

01. **Afetividade:** o investimento no domínio da vida afetiva e a construção precoce das bases da policarmalidade por meio do duplismo evolutivo.

02. **Assistencialidade:** a dedicação as práticas assistenciais desde a juventude.

03. **Cognição:** a priorização antecipada do mentalsoma, visando, por exemplo, a erudição.

04. **Economia:** o gerenciamento financeiro equilibrado desde jovem.

05. **EV:** o domínio do estado vibracional profilático.

06. **Inteligência evolutiva:** a evitação de novas interprisões grupocármicas.

07. **Lucidez:** a manifestação de posturas de maior discernimento desde a mocidade.

08. **Maturidade:** a diminuição do tempo de manifestação do porão consciencial.

09. **Megafoco:** o priorização da programação existencial desde a juventude.

10. **Parapsiquismo:** o investimento na identificação e mapeamento da sinalética pessoal desde a juventude.

11. **Precocidade:** a aceleração das renovações pessoais, sem esperar a aposentadoria.

12. **Proéxis:** a antecipação da consecução da proéxis ainda na fase preparatória.

13. **Racionalidade:** a eliminação das influências espúrias de doutrinas humanas sectárias.

14. **Rendimento:** a dinamização evolutiva do rendimento consciencial.

Impeditivos. Eis, na ordem alfabética, 8 evitações impeditivas à aplicação da *técnica da inversão existencial:*

1. **Alcoolismo:** a busca irresponsável da coragem através da bebida.
2. **Anticosmoética:** o envolvimento com a violência através de gangues, torcidas organizadas e criminalidade.
3. **Drogas:** o desviacionismo e a condição de dependência de alguma toxicomania.
4. **Feticídio:** a opção pelo aborto, provocador de melancolia extrafísica.
5. **Filhos:** a subjugação à gestação humana.
6. **Matrimônio:** a escolha convencional pelo casamento.
7. **Religiosidade:** a opção pela sujeição à lavagem cerebral das diferentes religiões.
8. **Restringimento:** os embaraços temporais castradores da vida multidimensional e da realização satisfatória da proéxis.

Antimaternidade. A maternidade ainda é tradicionalmente incutida pela Sociedade como opção para a felicidade e completude da mulher. Porém, na *técnica da invéxis,* a opção pela antimaternidade cosmoética amplia as possibilidades de produtividade evolutiva e portanto de autossatisfação.

Felicidade. O mito da felicidade através da maternidade já vem sendo questionado por pesquisadores da Ciência Convencional, a exemplo de Nattavudh Powdthavee, especialista neste tema. Este pesquisador afirma existir associação quase nula entre ter filhos e autocontentamento. Contrastando com a opinião pública, os casais sem filhos apresentam nível de satisfação pessoal levemente mais alto (V. **Mente&Cérebro;** Redação; ***Filhos não Trazem Felicidade;*** Maio, 2009; página 19).

Escolha. A escolha lúcida e racional pela antimaternidade e antipaternidade favorece o jovem interessado em aproveitar a vida humana no sentido evolutivo.

Liberdade. A antimaternidade, enquanto escolha autoconsciente, permite à conscin maior liberdade de atuação e consequentemente maior ampliação do universo assistencial pessoal. Ao invés da preocupação somente com a própria prole, tanto o homem quanto a mulher ficam predispostos à assistência a número maior de pessoas.

Opção. Sustentar a inversão existencial não é fácil para nenhum jovem. Porém, é importante considerar a influência para melhor dos princípios e valores pessoais da conscin, a partir da opção lúcida pela técnica.

Ficha. A princípio, qualquer escolha pode influenciar a ficha evolutiva. Nesse caso, a invéxis representa *detalhe* positivo marcante na história pessoal, pois faz a conscin inverter posicionamentos ultrapassados para trabalhar ativamente e com maior universalismo.

Aplicação. Para o caso de não ser viável a aplicação da *técnica da inversão existencial,* em função de existir no histórico pessoal 1 ou mais itens impeditivos, existe ainda a opção pela reciclagem existencial, a *Recéxis* (V. capítulo 15).

Aprofundamento. Para os interessados em aprofundar no tema da invéxis, existe o livro especializado sobre o assunto, com o título Inversão Existencial: autoconhecimento, assistência e evolução desde a juventude (Nonato, *et al.*, 2011).

NÃO RENASCEMOS** INVERSORES, **TEMOS A OPORTUNIDADE DE APLICAR A** TÉCNICA DA INVÉXIS **DURANTE A VIDA FÍSICA E ASSIM ATUAR NO** CONTRAFLUXO EVOLUTIVO **MAIS AUTOCONSCIENTES.

15. TÉCNICA DA RECICLAGEM EXISTENCIAL

Definição. A *técnica da reciclagem existencial* é a adoção de novas posturas, comportamentos e manifestações pessoais visando a transformação positiva da existência humana, a renovação do conjunto de autovalores e maior autoconscientização perante a vida e o Universo.

Etimologia. O vocábulo *técnica* vem do idioma Francês, *technique,* derivado do idioma Latim, *technicus,* e este do idioma Grego, *tekhnikos,* "relativo à Arte, à Ciência ou ao saber, ao conhecimento ou à prática de alguma profissão, hábil". Surgiu no Século XIX. O prefixo *re* deriva do idioma Latim, *re,* "retrocesso, retorno, recuo, repetição, iteração, reforço, intensificação". O termo *ciclo* vem do idioma Latim, *cyclus,* "período de anos", e este do idioma Grego, *kyklos,* "círculo, roda, esfera". Apareceu no Século XVIII. O vocábulo *existencial* deriva do idioma Latim Tardio, *existentialis,* "existencial", de *existere,* "aparecer, nascer, deixar-se ver, mostrar-se, apresentar-se, existir, ser, ter existência real". Surgiu no Século XIX.

Sinonímia: 1. *Técnica de autoenfrentamento.* 2. *Técnica de autossuperação.* 3. *Técnica de viver evolutivamente.* 4. *Técnica da guinada existencial.*

Antonímia: 1. *Técnica da inversão existencial.* 2. *Técnica da recin.*

Proposta. A *técnica da recéxis,* foi publicada pela primeira vez pelo médico e pesquisador da consciência, Waldo Vieira, em 1994, no livro 700 Experimentos da Conscienciologia (Vieira, 2014, p. 760).

Opção. A reciclagem existencial *(recéxis)* é opção evolutiva para a conscin com deveres ou comprometimentos humanos impedida de aplicar a inversão existencial (V. capítulo 14), mas sobretudo interessada em mudar-se para melhor nesta vida humana.

Renovação. Em geral, a *recéxis* tem início após os 26 anos de idade biológica quando não se aplica mais a invéxis. Para muitas conscins a utilização da técnica representa a oportunidade de *correr atrás do prejuízo,* ou em outras palavras, desfazer-se de posturas antigas e renovar as diretrizes existenciais.

Reciclagem. Eis, na ordem alfabética, 8 exemplos de reciclagem observados na Sociedade:

1. **Alcoolismo:** a superação do vício de beber.
2. **Analfabetismo:** o retorno do adulto à escola na busca de melhores condições de vida.
3. **Carreira:** a troca da profissão perigosa ou anticosmoética, pela mais segura e assistencial.
4. **Cidade:** a mudança de cidade para se dedicar aos estudos.
5. **Cigarro:** o abandono definitivo do vício de fumar.
6. **Companhias:** a evitação das amizades ociosas, ao exemplo dos amigos de botequim.
7. **Hábitos:** o investimento na auto-organização, começando pela melhoria das rotinas diárias.
8. **Vício:** a superação pela conscin do hábito patológico do uso de drogas.

Etapa. Estes exemplos de reciclagem, representam somente a etapa inicial da pessoa interessada em realmente transformar a existência humana com o objetivo de ser completista (V. capítulo 46).

Dedicação. Nesse sentido, a concretização da *recéxis,* vai além dos exemplos anteriormente citados, e abrange também, a dedicação ao autoconhecimento para aprimorar a reeducação pessoal, o investimento em maior auto-organização objetivando a vida multidimensional e as prioridades evolutivas voltadas ao completismo da vida humana.

Decisão. Quando a conscin decide aplicar a *técnica da recéxis* escolhe inserir no cotidiano desafios evolutivos para melhorar a performance existencial pessoal.

Proéxis. Assim, a aplicação da técnica objetiva a retomada da proéxis, a qual é desencadeada, por exemplo, através da guinada existencial, o desbloqueio dos trafores subutilizados, o domínio das energias, o desenvolvimento do parapsiquismo e a ampliação da lucidez sobre a responsabilidade com a própria evolução.

Posicionamento. Colocar a renovação consciencial, em prática através da *recéxis,* ao longo da vida humana, exige esforço, autoposicionamentos firmes e constantes, até a completa fixação da mudança e consequente incorporação à realidade da conscin (V. capítulo 16).

Externo. Alguns posicionamentos pessoais voltados à transformação da consciência, através da *técnica da recéxis,* são percebidos, inicialmente, a partir de mudanças externas visíveis às demais pessoas com as quais se convive.

Cuidado. Por exemplo, para reciclar a tendência de baixa autoestima, a pessoa pode utilizar diferentes procedimentos, tais como, priorizar a intelectualidade, mapear a pensenidade autodepreciativa e investir na apresentação pessoal, através do cuidado com as unhas, cabelos, pele, dentes e vestimenta.

Situações. Eis, como exemplos, na ordem alfabética, 7 circunstâncias ou situações críticas servindo de elemento impulsionador da renovação pessoal em algum momento da vida:

1. **Acareação:** a confrontação técnica entre duas ou mais pessoas no intuito de sanar e esclarecer eventuais mal-entendidos ou erros cometidos. A exigência da recin.

2. **Acidente:** a mudança necessária após a ocorrência patológica resultante dos descuidos displicentes e consecutivos da consciência. O sinal de alerta.

3. **Dessoma:** a morte de parente próximo ou amigo, provocando a mudança para melhor de comportamentos.

4. **Doença:** a moléstia física e a força necessária para superação e recomeço.
5. **EQM:** a revisão do modo de vida e a predisposição a encarar algumas mudanças, após passar pela Experiência da Quase Morte (EQM).
6. **Infarto:** a parada cardiorrespiratória forçando a readequação da rotina produtiva.
7. **Soerguimento:** os exemplos silenciosos, observados na cotidianidade, encorajando a renovação pessoal.

Saúde. A partir desses exemplos, importa enfatizar o fato de a vida humana oportunizar usar a saúde somática para enfrentar as reciclagens pessoais necessárias, sendo contraproducente esperar pela doença para tomar alguma atitude renovadora. A opção pela saúde é sempre melhor (V. capítulo 8).

Reciclante. Cabe ao reciclante observar, estudar e analisar o inversor para desenvolver as sinapses necessárias, no intuito de aplicar a *técnica da invéxis* na próxima existência.

Inversor. Ao inversor cabe a observação, análise e estudo do reciclante, objetivando substituir a monovisão e o calourismo pessoal pelo veteranismo e cosmovisão na evitação das imaturidades instintuais da vida humana.

A RECÉXIS REPRESENTA A** GUINADA EXISTENCIAL **DO INTERESSADO NA** REVOVAÇÃO CONSCIENCIAL **E REPERSPECTIVAÇÃO DE POSTURAS, COMPORTAMENTOS E CONJUNTO DE VALORES PESSOAIS.

16. RECICLAGEM INTRACONSCIENCIAL – RECIN

Definição. A *recin* é a reciclagem intraconsciencial ou renovação cerebral promovida pela conscin através da criação de novas sinapses ou conexões interneuroniais para permitir o ajuste aos desafios autoevolutivos.

Etimologia. O prefixo *re* vem do idioma Latim, *re,* "retrocesso, retorno, recuo, repetição, iteração, reforço, intensificação". O termo *ciclo* deriva também do idioma Latim, *cyclus,* "período de anos", e este do idioma Grego, *kyklos,* "círculo, roda, esfera". Surgiu no Século XVIII. O prefixo *intra* provém do mesmo idioma Latim, *intra,* "dentro de, no interior de, no intervalo de". Apareceu no Século XII.

Sinonímia: 1. Reforma íntima. 2. Renovação pessoal interior. 3. Mudança íntima. 4. Autoesforço recinológico.

Antonímia: 1. Paralisação da evolução. 2. Atitude antiautoenfrentamento.

Proposta. A proposição do neologismo *recin,* ocorreu em 1994, no livro 700 Experimentos da Conscienciologia de autoria do médico e pesquisador da consciência, Waldo Vieira (Vieira, 2014, p. 766).

Neossinapses. Atinente à *oportunidade de viver,* a construção de neossinapses cerebrais durante a recin é fundamental para a conscin com interesses evolutivos.

Maturidade. A mudança de comportamentos e atitudes para melhor depende, principalmente, das renovações cerebrais, as quais envolvem formas mais maduras de pensar sobre os fatos ou ocorrências do dia a dia e interpretar a realidade.

Vontade. A vontade inquebrantável é o atributo inicial capaz de conduzir a criação de novas sinapses e desencadear a renovação cerebral a partir do investimento na reciclagem íntima.

Interesse. O interesse pela recin é definido pela própria conscin lúcida, disposta a efetuar as mudanças pessoais, não podendo ser terceirizado para o colega, amigo ou parente mais próximo.

Vantagem. A vantagem da opção pela recin é a possibilidade de alcançar a renovação pensênica, base para alteração de pensamentos automáticos e crenças disfuncionais.

Pensenidade. Exemplo da influência pensênica na renovação individual é a experiência do conscienciοterapeuta Almeida (2011, p. 66), o qual relata serem os pensamentos, sentimentos e energias homeostáticas ou paraterapêuticos propulsores das superações pessoais para obtenção da autocura.

Renovações. Com base na recin, quanto mais renovações sinápticas ocorrerem mudando para melhor a autopensenidade da consciência, maiores as chances de aumento do fôlego para o autoenfrentamento (V. capítulo 13).

Satisfação. A escolha lúcida pela reciclagem intraconsciencial, a partir da autopesquisa, ocorre quando a consciência percebe ou vivencia a satisfação íntima da renovação.

Motivação. A sensação de bem-estar íntimo proporcionado pelo investimento na renovação e autossuperação, aumenta a motivação frente ao desafio da mudança. Com o tempo o sentimento positivo se torna superior ao desconforto relacionado à manutenção de comportamentos e traços paralisadores da evolução.

Amparadores. No esforço de implementar a autoevolução a partir da recin, a conscin tem auxílio dos amparadores extrafísicos, os quais aguardam o momento de abertismo da consciência para promover extrapolações de bem-estar, visando motivar a conquista de autossuperações.

Lucidez. Quanto mais cedo ocorrer o investimento na reciclagem intraconsciencial, maior será a lucidez na condução da vida humana, objetivando, por exemplo, o completismo existencial.

Reflexos. A recin progressiva priorizada durante a vida intrafísica marca a conscin inicialmente pelas conexões interneuroniais, posteriormente se incorporando à Paragenética com reflexos multiexistenciais.

Fôlego. Em função dos reflexos positivos da reciclagem intraconsciencial se estenderem ao longo de outras vidas, é importante considerar o limite máximo do fôlego pessoal, com o propósito de não adiar as mudanças para a próxima vida intrafísica.

Desafio. O desafio da reciclagem íntima durante a vida humana é vencer a força do restringimento consciencial insistindo na melhoria pessoal para deixar rastros positivos a cada ressoma.

Tipos. Eis, por exemplo, 7 tipos de reciclagens, dispostos em ordem lógica, adaptados de Vieira (2013):

1. **Naturais:** as *autorreciclagens* naturais inerentes à vida intrafísica (faixas etárias, mudanças culturais).
2. **Artificiais:** as *autorreciclagens* artificiais intensificadas pelos avanços tecnológicos.
3. **Espontâneas:** as *autorreciclagens* espontâneas resultantes da autoexperiência acumulada.
4. **Adversidades:** as *autorreciclagens* heteroinduzidas pelas adversidades.
5. **Autoconscientização:** as *autorreciclagens* autoinduzidas pela autoconscientização sobre o melhor.
6. **Avançadas:** as *autorreciclagens* avançadas derivadas da aplicação de verdades relativas de ponta.
7. **Antecipadas:** as *autorreciclagens* antecipadas impulsionadas pela evoluciofilia.

Cotejo. Estabelecendo o cotejo entre a *oportunidade de viver* e os 7 tipos de autorreciclagens exemplificados, é importante considerar o fato de a existência biológica predispor a pessoa a vivenciar todos os tipos, porém, o ideal é quando a autoconscientização sobre o valor da recin faz a consciência optar pelas reciclagens avançadas e antecipadas.

Recin. Outro fator a ser considerado no universo da reciclagem intraconsciencial, é o fato de também ocorrer após o descarte do soma, a chamada recin intermissiva (V. capítulo 13).

Intermissiva. A recin intermissiva é a reciclagen intraconsciencial promovida pela consciex no período extrafísico, por meio do Curso Intermissivo pré-ressomático (Vieira, 2013).

Desafio. Conseguir combinar o resultado da recin intermissiva às reciclagens implementadas ao longo da vida humana é, sem dúvida, desafio ao intermissivista.

***A OPÇÃO CONSCIENTE DA** RECICLAGEM INTRACONSCIENCIAL **POR PARTE DA CONSCIN, HOMEM OU MULHER, É ESCOLHA PESSOAL INTRANSFERÍVEL, SEM POSSIBILIDADES DE** TERCEIRIZAÇÃO.*

17. TÉCNICA DO PASSO A PASSO DA RECIN

Definição. A *técnica do passo a passo da recin* consiste na anatomização e detalhamento das 4 fases da autoconscienciοterapia: *Autoinvestigação, Autodiagnóstico, Autoenfrentamento* e *Autossuperação,* objetivando expandir as variáveis de autopesquisa e auxiliar o pesquisador a organizar e enfrentar as renovações pessoais.

Etimologia. O vocábulo *técnica* vem do idioma Francês, *technique,* derivado do idioma Latim, *technicus,* e este do idioma Grego, *tekhnikos,* "relativo à Arte, à Ciência ou ao saber, ao conhecimento ou à prática de alguma profissão, hábil". Surgiu no Século XIX. A palavra *passo,* deriva do idioma Latim *passus,* "propriamente (tardio), afastamento das pernas, espaço compreendido entre esse afastamento, passo, passada, medida itinerária equivalente a cerca de um metro e meio". Apareceu no Século IX. O segundo prefixo *re* procede do idioma Latim, *re,* "retrocesso, retorno, recuo, repetição, iteração, reforço, intensificação". O termo *ciclo* provém também do idioma Latim, *cyclus,* "período de anos", e este do idioma Grego, *kyklos,* "círculo, roda, esfera". Surgiu no Século XVIII. O terceiro prefixo *intra* vem igualmente do idioma Latim, *intra,* "dentro de, no interior de, no intervalo de". O vocábulo *consciência* procede do mesmo idioma Latim, *conscientia,* "conhecimento de alguma coisa comum a muitas pessoas, conhecimento, consciência, senso íntimo", e este do verbo *conscire,* "ter conhecimento de". Apareceu no Século XIII.

Sinonímia: 1. Etapas da recin. 2. Cronologia do passo a passo da recin.

Antonímia: 1. *Recéxis.* 2. Autoinvestigação. 3. Autodiagnóstico. 4. Autoenfrentamento. 5. Autossuperação.

Metodologia. A *técnica do passo a passo da recin* proposta neste livro está fundamentada em uma das metodologias utilizadas na Conscienciopterapia, após ter sido adotada por esta autora para otimizar a recin pessoal.

Conscienciopterapia. A Conscienciopterapia é a especialidade da Conscienciologia voltada ao tratamento, alívio e remissão dos distúrbios e patologias das consciências (Vieira, 1994, p. 46).

Sessões. Durante as sessões de atendimento consciencioterápicas, a pessoa é direcionada a refletir sobre 4 fases da autoconsciencioterapia: *Autoinvestigação, Autodiagnóstico, Autoenfrentamento* e *Autossuperação* (Takimoto & Almeida, 2002, p. 25).

Anatomização. Fundamentado nestas 4 fases, a *técnica do passo a passo da recin* propõe a anatomização e detalhamento dessas etapas. O objetivo é expandir as variáveis de autopesquisa, auxiliando o pesquisador a organizar e enfrentar as renovações pessoais.

Proposta. A proposição da técnica está relacionada à superação de traf*a*res, qualificação e potencialização de traf*o*res e conquista de traf*a*is. Os 3 conceitos são definidos a seguir:

1. **Traf*o*r:** é o *traço-força* ou componente positivo do microuniverso da pessoa responsável por impulsionar a evolução da consciência.

2. **Traf*a*r:** é o *traço-fardo* ou componente negativo do microuniverso da pessoa dificultador da evolução.

3. **Traf*a*l:** é o *traço positivo faltante* ou ausente na conscin, gerador de lacuna no microuniverso consciencial.

Recurso. Frente a *oportunidade de viver,* o conhecimento dos traços manifestantes no modo de ser da pessoa, está entre os recursos orientadores do caminho para a dinamização evolutiva da vida humana.

Chave. Esta dinamização é possível, pois a investigação sobre os traf*o*res, traf*a*res e traf*a*is pessoais é capaz de indicar quais os pontos mais deficitários e superavitários da conscin, e portanto, a direção, o ponto de partida e a prioridade para o investimento pessoal.

Recin. Importa lembrar o fato de os traf*o*res e conquista de *trafais* impulsionarem a consciência para a frente, enquanto a manutenção dos traf*a*res paralisarem a mesma. Neste caso, a dedicação a cada etapa da cronologia da recin são fundamentais.

Detalhamento. Eis a sequência lógica da *técnica do passo a passo da recin* e respectivo detalhamento, exposto por meio de verbos no intuito de indicar a ação necessária a cada fase:

I. *Autoinvestigação*

1. Olhar-se. Concentrar atenção na direção de si próprio, visando observar detalhes da automanifestação.

II. *Autodiagnóstico*

2. Analisar. Examinar, detalhar e autoavaliar a maturidade consciencial através da identificação de traf*o*res, traf*a*res e traf*a*is.

3. Refletir. Promover a introspecção a partir do diagnóstico dos traços pessoais, possíveis ganhos secundários, desvantagens da manutenção do traf*a*r e não assunção de traf*o*res.

III. *Autoenfrentamento*

4. Encarar. Iniciar a prática do autoenfrentamento com ações aplicadas à superação do traf*a*r e aquisição de traf*a*is.

5. Investir. Trabalhar o traço-fardo em diversas situações para intensificar a renovação pessoal e buscar a conquista dos traf*a*is.

IV. *Autossuperação*

6. Avantajar-se. Utilizar-se de situações inusitadas para verificar o anulamento do traço-fardo, e a recuperação de cons mais acentuada – início da autossuperação.

7. Sobrepujar com excelência. Vivenciar a superação do traf*a*r.

Fases. Pela técnica, quando a conscin atinge a autossuperação, é sinal de ultrapassagem de todas as etapas e necessidade de nova reavaliação no sentido de promover a renovação pessoal contínua. Também é possível verificar o ponto de paralisação e o gargalo crítico a ser superado em cada fase da técnica.

Autodiscernimento. No universo da Recexologia, é preciso discernimento para a conscin definir qual o próximo passo da reciclagem pessoal. A anatomização da sequência autoconsciencioterápica visa fornecer esta contribuição.

Nível. A técnica ainda auxilia a conscin a analisar o nível pessoal de teoria perante a prática. Não existe superação sem teática.

Registro. Os registros em todas as fases são indispensáveis. A partir disso, a pessoa reúne elementos para conseguir monitorar o aprofundamento nas autoinvestigações e autodiagnósticos, bem como, o progresso pessoal através do autoenfrentamento e autossuperação.

Princípio. Vale lembrar 1 dos princípios práticos da Conscienciologia: *Leve o melhor até as últimas consequências*.

Sequência. A seguir serão apresentadas o detalhamento das etapas do *passo a passo* da recin propostas por esta autora, com o objetivo de auxiliar o leitor(a) interessado(a) no investimento da reciclagem intraconsciencial ainda nesta vida humana.

***A** AUTOSSUPERAÇÃO DE TRAFARES **E** CONQUISTA **DE** TRAFAIS **INTERESSA** À **CONSCIÊNCIA DETERMINADA SINCERAMENTE EM ALCANÇAR NESTA EXISTÊNCIA O** COMPLÉXIS **E A** DESPERTICIDADE.*

17.1 OLHAR-SE
(Autoinvestigação)

Definição. *Olhar-se* é o ato de a pessoa contemplar-se, mirar-se, ou observar com atenção a si própria de modo holossomático, sem medo, excluindo qualquer apriorismo sobre si mesmo e eliminando todas as comparações prejudiciais.

Etimologia. O vocábulo *olhar* deriva do idioma Latim, *adoculare,* "direção para algum lugar ou objeto". Surgiu no Século XVIII. A acepção *se* vem do idioma Latim, *se,* "o que é próprio de um indivíduo ou grupo".

Sinonímia: 1. Dirigir os olhos a si próprio. 2. Prestar atenção em si mesmo. 3. Contemplar-se. 4. Auto-observar-se.

Antonímia: 1. Autodesatenção. 2. Autonegligência. 3. Autoindiferença.

Precursor. Olhar-se é o início do investimento na renovação pessoal, é a etapa precursora das reciclagens magnas intra e extraconscienciais.

Distorção. A partir do ato de olhar-se com atenção, registrando aspectos da manifestação pessoal, é possível atuar na profilaxia das distorções dos atributos pessoais e consequentemente da autoimagem.

Autoimagem. A distorção da autoimagem pode estar relacionada a aspectos da personalidade, tanto positivos quanto negativos.

Auto-observação. A partir da auto-observação da expressão dos traços positivos e negativos da personalidade, buscando a autoimagem cada vez mais realista sobre si mesmo, a postura negligente e indiferente, por parte da conscin, em relação à intraconsciencialidade é capaz de ser reeducada e qualificada.

Características. Na maioria dos casos parece ser mais fácil perceber os traf*o*res e traf*a*res dos outros. Eis o desafio do ato de *olhar-se livre de censuras* para observar características pessoais, muitas vezes, ainda *não vistas.*

Paradoxo. É interessante observar o paradoxo do exercício de olhar-se, no qual muitas vezes a conscin não querendo enxergar os traf*a*res impede até mesmo os próprios traf*o*res de aparecerem.

Traf*o*res. A descoberta de traf*o*res durante o ato de olhar-se ajuda a consciência a valorizar as potencialidades pessoais tornando--as menos ociosas.

Autoinvestigação. Eis, dispostas na ordem alfabética, 5 oportunidades de olhar-se no exercício prático da autoinvestigação:

1. **Autoexposição.** A técnica de colocar-se em diferentes situações de exposição para ser possível observar os próprios *pontos cegos*, ou seja, características não visíveis por si mesmo, mas evidentes aos colegas.
2. **Espelho.** A *técnica da autopercepção pelo espelho* auxilia a conscin a exercitar olhar-se de frente. A visualização da imagem refletida ajuda a eliminar pouco a pouco as distorções sobre os traços pessoais.
3. ***Feedback*.** A técnica de solicitar ao grupo de convívio o *feedback* sobre os traf*o*res e traf*a*res pessoais.
4. **Prova da imagística.** A análise das abordagens escritas sobre o objeto recebido durante a prova da imagística, a qual considera a criatividade, as associações de ideias, a forma de apresentação do conteúdo, as distorções e desvios no texto.
5. **Registro.** As anotações relacionadas aos atributos pessoais, comportamento manifestado, reações emocionais percebidas e pensenizações ao longo do dia.

Espelho. A *técnica do espelho* consiste em posicionar-se em frente a este para observar detalhes intraconscienciais, além da forma física, objetivando olhar para si próprio ao invés de para fora, ou seja, *o espectador de si mesmo.*

Metáfora. Neste sentido, sugere-se esta técnica, ilustrada pela metáfora de Vieira (1996a, p. 9): – "o espelho reflete a imagem real de nós mesmos e não o que gostaríamos de ver".

Imagística. A prova da imagística é uma atividade realizada no CEAEC desde 2009, na qual o participante tem o desafio de estabelecer 200 correlações ou abordagens diferentes, todas explicitadas sobre 1 objeto.

Análise. A partir da listagem alcançada pelo participante, e também, a denominação dada ao objeto, é possível analisar características pessoais, a exemplo de memória, criatividade, associações, repetições, apriorismos, erros gramaticais, achismos, superficialidade nas abordagens, entre outros.

Traf*a*res. Ao contemplar a si mesmo, a partir das técnicas mencionadas, a consciência se permite deparar-se também com traf*a*res considerados inadmissíveis.

Negação. A negação frente ao traço percebido tem a possibilidade de ocorrer tanto para o traf*o*r, quanto para o traf*a*r.

Convívio. No caso do traço-fardo, a reação de negação pode estar ligada à intolerância da manifestação desta característica nas pessoas do convívio mais próximo.

Preconceito. A reação de choque também está associada ao preconceito da própria conscin sobre o traf*a*r, até então, visto somente no outro.

Abertismo. Neste momento, o abertismo e predisposição íntima de realmente olhar-se ajuda na tranquilização da reação emocional antagônica frente ao novo, exigindo atitude pró-mudança.

Conflitos. O modo de ser da conscin pode assustar até a ela própria. Isso incomoda e reprime a manifestação traf*o*rista da consciência, gerando conflitos íntimos diversos.

Cerne. Olhar no cerne dos processos pessoais e expor pensamentos, intenções e traf*a*res escondidos é recurso para a minimização dos conflitos íntimos. Para isso as *técnicas conscienciométricas* são capazes de auxiliar (V. capítulo 17.2).

Despojamento. O caminho da superação exige coragem, força e despojamento para efetuar a libertação das inibições pessoais e fazer o *striptease* consciencial.

Grupo. Os amigos, colegas de trabalho e grupo de convívio, em alguns casos, tem condições de auxiliar na confirmação dos traços dificultadores e principalmente dos traf*o*res, auxiliadores na superação.

Análise. Após olhar-se, encarando a manifestação pessoal, a conscin é capaz de caminhar para a próxima etapa: a análise minuciosa.

***A** AUTOEXPOSIÇÃO **PREDISPÕE A CONSCIÊNCIA AO ATO CORAJOSO DE** OLHAR-SE **PARA PERCEBER NA AUTOMANIFESTAÇÃO POSTURAS SADIAS E PATOLÓGICAS INFLUENTES NA** AUTOEVOLUÇÃO.*

17.2 ANALISAR
(Autodiagnóstico)

Definição. *Analisar* é o ato de dissecar, esquadrinhar, examinar minuciosamente, separar o todo em partes ou componentes dos elementos pesquisados, objetivando interpretar e conhecer melhor a natureza, funções, relações, efeitos e causas.

Etimologia. O vocábulo *analisar* deriva do idioma Grego, *análusis,* "dissolução, método de resolução". Surgiu no Século XVIII.

Sinonímia: 1. Dissecar. 2. Estudar pormenorizadamente. 3. Conhecer a natureza. 4. Esquadrinhar.

Antonímia: 1. Expor. 2. Sintetizar. 3. Concluir antecipadamente. 4. Generalizar.

Exame. A etapa da análise, na *técnica do passo a passo da recin* envolve o exame mais apurado dos elementos auto-observados na manifestação pessoal.

Diagnósticos. Assim, a análise das informações advindas inicialmente do ato de olhar-se permite inventariar desde autodiagnósticos superficiais até os mais profundos relacionados ao contexto e formas de expressão de traços.

Aceitação. Durante a análise de fatos, situações ou contextos variados é possível elencar, por exemplo, os principais traf*a*res, traf*o*res e traf*a*is, e isto facilita a aceitação das diferentes características na manifestação pessoal. Este passo é importante, pois predispõe ao realismo quanto ao modo de ser e consequentemente favorece o investimento na reciclagem.

Mecanismo. Ao mesmo tempo, a análise mais profunda dos traf*a*res possibilita compreender, por exemplo, os mecanimos de acionamento dos mesmos, o tipo de pensenidade associada e os efeitos posteriores à manifestação do traço negativo.

Profundidade. A fase da análise também envolve a investigação sobre períodos da vida da pessoa, iniciando com lembranças desde a infância, associados aos momentos nos quais as características elencadas ficaram ou não mais evidentes.

Hipóteses. A partir da análise desses dados, a pessoa é capaz de levantar hipóteses sobre traços já manifestados em outras vidas, também associar com o tipo de mesologia e demais características observadas no grupo consanguíneo.

Campo. Na Ciência Conscienciologia existem campos de conhecimento ou especialidades destinadas ao auxílio do pesquisador no diagnóstico e análise das características manifestadas no universo pessoal, entre essas destaca-se a Conscienciometria.

Estudo. A Conscienciometria é voltada ao estudo das medidas ou análise da consciência. A avaliação da consciência permite levantar traços, padrões e perfis conscienciais os quais estruturam a personalidade ou complexidade do ego.

Instrumentos. Eis, por exemplo, na ordem alfabética, 4 instrumentos utilizados na Conscienciometria para analisar a manifestação do microuniverso consciencial, detalhados na sequência:

1. **Anotações.** Análise dos registros pessoais.
2. **Conscienciograma.** Resposta às folhas de avaliação do livro conscienciograma.
3. **Mapa autoconscienciométrico.** Levantamento e análise das variáveis de autopesquisa.
4. **Técnica da Conscin-Cobaia.** Autoexposição lúcida.

Anotações. A análise dos registros pessoais consiste no ato da conscin buscar reler anotações realizadas sobre experiências pessoais. A leitura atenta desses arquivos possibilita evidenciar padrões de pensenidade e aspectos emocionais importantes na manifestação ou tendência da conscin.

Conscienciograma. Outro recurso prático para estudo das características da conscin é o Conscienciograma. Livro otimizado e escrito para análise dos traços e atributos da consciência (Vieira, 1996a, p. 8).

Questões. O livro Conscienciograma apresenta 2.000 itens, distribuídos em 100 folhas de avaliação, cada uma com 20 perguntas. A obra é a ferramenta para analisar os traços pessoais da conscin, tendo como referência o Serenão. Ao responder as perguntas dentro de temáticas diferenciadas, é possível atribuir-se notas.

Análise. Através desse livro, a conscin é capaz de efetuar a avaliação ou determinação valorativa da própria consciência, a partir da análise, por exemplo, da personalidade, tendências pessoais, perfis e padrões comportamentais.

Autocrítica. O exercício da autocrítica é fundamental para diminuir os mascaramentos na análise das questões. Neste caso, sugere-se ao pesquisador, a cada item respondido, buscar fatos cotidianos embasadores da resposta para obter maior isenção possível.

Conscin-Cobaia. Também associada ao conscienciograma existe o curso Conscin-Cobaia Voluntária promovido pela CONSCIUS, o qual consiste na autoexposição por meio da apresentação da pontoação de folha de avaliação do livro.

Feedback. Na atividade ocorre a exposição de posicionamentos, nível de autocrítica, discernimento, vivências e características pessoais, fornecendo subsídios aos professores e demais participantes para dar *feedback* a partir das notas dadas às perguntas.

Mapa. O mapa autoconscienciométrico é o quadro ou planilha contendo informações resumidas sobre características autopesquisadas da consciência. Exemplo de autopesquisa utilizando este recurso encontra-se no artigo de Stefanello (2013, p. 40 a 49).

Variáveis. Entre as variáveis de análise presentes no mapa autoconscienciométrico podem ser citados: temperamento, tendência da autoimagem, valores pessoais, tipo de personalidade, papéis sociais, tipos de inteligências, e traços pessoais.

Quadro. A elaboração do mapa autoconscienciométrico faculta várias análises a respeito da consciência. Assim, o conjunto de informações pesquisadas compõe o quadro resumido sobre si mesmo.

Continuidade. A análise dos traços pessoais precisa ser contínua, pois a cada fase do autoenfrentamento, o amadurecimento pode permitir à conscin olhar-se de modo mais detalhado e deslindar características ainda ocultas.

Incômodos. A descoberta de traf*a*res pessoais ainda não identificados é capaz de gerar incômodos variados e conflitos íntimos. Às vezes a conscin despende muita energia para tentar esconder o traf*a*r, porém mais inteligente é investir na superação.

Energias. O padrão de conflituosidade íntima fica evidenciado a partir das energias conscienciais. Assim, todo esforço para ocultar o óbvio é mero desperdício.

Qualificação. Somos consciências em evolução, ainda com inúmeros traf*a*res a superar e traf*a*is a serem conquistados, ninguém está sozinho nisso, até o Serenão precisa qualificar os traços pessoais antes de se tornar Consciex Livre (CL) (V. capítulo 4).

Intencionalidade. Partindo da premissa de existirem benefícios quando a conscin prioriza a autopesquisa, a intenção sadia, fundamentada no desejo incorruptível de superação, impulsiona a consciência para frente.

Reflexão. A análise detalhada, a respeito de si mesmo, a partir de instrumentos conscienciométricos, já pode envolver a reflexão, a próxima etapa do autodiagnóstico dentro da *técnica do passo a passo da recin.*

A *ANÁLISE PROFUNDA* ***DAS CARACTERÍSTICAS PESSOAIS GERAM*** *AUTODIAGNÓSTICOS PRECISOS,* ***IMPORTANTES PARA INDICAR O CAMINHO DO*** *AUTOENFRENTAMENTO PRIORITÁRIO À CONSCIN.*

17.3 REFLETIR
(Autodiagnóstico)

Definição. *Refletir* é o ato de pensar demoradamente sobre determinado assunto visando aprofundar e compreender algum tema para evitar precipitação, imprudência e impulsividade na conduta pessoal.

Etimologia. O vocábulo *refletir* deriva do idioma Latim, *reflexio*, "refletir". Surgiu no Século XVII.

Sinonímia: 1. Recolher-se intimamente. 2. Matutar. 3. Mergulhar em meditações. 4. Ponderar. 5. Sopesar.

Antonímia: 1. Agir impensadamente. 2. Entregar-se aos devaneios. 3. Descuidar.

Recolhimento. Na abordagem do *passo a passo* da recin, o recolhimento íntimo predispõe a identificação do núcleo dos problemas para ser possível investir no autoenfrentamento.

Exercício. A autorreflexão pode ser utilizada ao modo de exercício silencioso, demorado e periódico para reavaliação pessoal e verificação do autodesempenho evolutivo.

Âmago. A reflexão profunda permite avaliar a consciência no âmago, verificando os processos de defesa e ganhos secundários decorrentes da manutenção de traf*a*res.

Técnica. Durante a introspecção, a análise da qualificação da intenção, proposta na Conscienciometria, auxilia na descoberta dos ganhos secundários relativos à manutenção de traf*a*res. A técnica objetiva a reflexão a respeito das seguintes questões: "Por quê? Para quê? Para quem?" (Takimoto, 2006, p. 21).

Escolha. Para a conscin predisposta à renovação, a etapa da reflexão, inevitavelmente contribui para a escolha e definição dos primeiros traços pessoais a serem trabalhados e reciclados.

Investimento. A decisão de investir no autoenfrentamento pode ocorrer de modo impulsivo ou assentado na reflexão. A última condição aumenta a probabilidade de eficiência nas autossuperações.

Insights. Considerando o *passo a passo* da recin, a etapa da reflexão faz a pessoa silenciar e pensar mais profundamente sobre as mudanças íntimas prioritárias. Estes momentos de maior acalmia facilitam a captação de *insights,* muitas vezes, oriundos da aproximação de amparador interessado na superação do colega evolutivo.

Síntese. Os momentos de reflexão profunda permitem sobressair a síntese em plena análise, ocorrendo a identificação, em alguns casos, do megatraf*ar*.

Megatraf*ar*. O megatraf*ar* é o megadefeito na estrutura do microuniverso da consciência, sendo o principal responsável pela regressão ou estagnação da evolução pessoal.

Seleção. Para iniciar o autoenfrentamento o ideal na lista de traf*ar*es pessoais é a conscin selecionar aproximadamente 3, sendo 1 deles o megatraf*ar*, e trabalhar incessantemente visando a superação dos mesmos.

Relevância. O critério de seleção dos primeiros traf*ar*es a serem superados pode considerar, por exemplo, os traços mais relevantes ou prioritários na auto-organização evolutiva do microuniverso consciencial.

Problema. Na experiência desta autora, a despriorização ou falta de predisposição íntima para a mudança potencializa os pontos críticos pessoais ou *nó górdio,* resultando em diferentes problemas, os quais são capazes de afetar diretamente a conscin.

Melin. Exemplo de sinal associado à falta de autoenfrentamento ou priorização evolutiva é a melancolia intrafísica (melin) sentida mesmo com as necessidades básicas, afetivas e grupocármicas atendidas.

Omissão. Adiar o ato de encarar determinado traf*a*r pode conduzir a conscin à reciclagem imposta, decorrente de inúmeras omissões deficitárias em relação ao traço-fardo.

Imposição. A recin imposta ocorre quando as circunstâncias da vida se acomodam ao ponto de não ser mais possível manter o traf*a*r perene, forçando ou induzindo o movimento da renovação.

Momento. Quando ocorre a recin imposta, o momento lúcido de escolha para a renovação pessoal do traf*a*r já passou e muitos problemas apareceram em decorrência da opção pela condição nosográfica.

Crise. A condição ideal é a da autoprovocação da crise de crescimento, originada naturalmente pelo autoesforço de modo planejado e detalhado, sem esperar a recin imposta.

Profilaxia. A reflexão profunda antecipa as crises de crescimento e atua na profilaxia de problemas maiores contra a própria pessoa e o grupo evolutivo ao qual pertence.

Traf*a*is. Outra abordagem na reflexão é planejar o investimento nos traf*a*is, buscando ganhar competências para enfrentar os desafios da vida.

Otimizações. Eis, como exemplos, na ordem alfabética, 3 otimizações predisponentes à *técnica da autorreflexão* considerando o horário, local e tempo:

1. **Horário.** A *técnica da madrugada* baseia-se na conscin acordar pela madrugada e permanecer durante alguns minutos ou horas refletindo sobre determinada questão.

2. **Local.** Os *laboratórios de autopesquisa* localizados em vários *campi* Conscienciológicos funcionam como verdadeiras câmaras de reflexão, propiciando maior contato com os amparadores extrafísicos em decorrência da fôrma holopensênica do lugar.

3. **Tempo.** A *técnica de autorreflexão de 5 horas* consiste em refletir profundamente sobre os temas mais relevantes e prioritários do momento evolutivo e da reciclagem existencial (Vieira, 2013).

Planejamento. A reflexão predispõe o momento de planejar, de pensar no *como fazer*, elaborando táticas e estratégias evolutivas de autossuperação. É o momento da tomada de decisão permitindo passar para a próxima etapa: o autoenfrentamento.

Decisão. A decisão de mudar, intransferível e firme, conduz a conscin para a fase prática do autoenfrentamento: encarar e investir.

AUTORREFLEXÃO ***SIGNIFICA CONCENTRAR-SE SILENCIOSAMENTE SOBRE SI PRÓPRIO, ANALISANDO A*** *AUTOPENSENIDADE* ***PARA CONFRONTAR A*** *RAIZ DOS GARGALOS INTRACONSCIENCIAIS*.

17.4 ENCARAR
(Autoenfrentamento)

Definição. *Encarar* é o ato de a conscin enfrentar ou aceitar o desafio autoimposto ou sugerido por outrem para realizar alguma tarefa sem medo, sustentando e assumindo a responsabilidade pelo autoenfrentamento da escolha evolutiva.

Etimologia. O prefixo *en* vem do idioma Latim, *in,* "em, a, sobre, superposição, aproximação, introdução, transformação". A palavra *cara* deriva também do idioma Latim, *cara,* "cara, face, rosto", e esta do idioma Grego, *kára,* "cabeça". O termo *encarar* apareceu no Século XVI.

Sinonímia: 1. Enfrentar a própria realidade. 2. Praticar o autoenfrentamento. 3. Aceitar o desafio da recin.

Antonímia: 1. Paralisar o autoenfrentamento. 2. Refletir sobre o autoenfrentamento. 3. Cruzar os braços. 4. Desistir da recin.

Início. Pela *técnica do passo a passo da recin,* encarar representa o início prático do autoenfrentamento, o qual necessita do posicionamento da conscin a favor da renovação e a decisão com relação ao investimento pessoal.

Front. Quanto maior a predisposição íntima para o investimento na mudança, mais situações podem surgir para colocar o indivíduo no *front* da batalha frente ao próprio traf*a*r.

Aura. Na experiência desta autora o exercício do autoenfrentamento visando a autossuperação promove a ampliação da aura da pessoa. A mesma em muitos casos irradia ou fica fulgurante evidenciando a força energética da conscin no movimento de renovação.

Extrapolação. Em algumas situações existe a possibilidade de ocorrer a extrapolação momentânea da superação do traf*a*r.

Esse fato *inunda* a pessoa com bem-estar e amplia a motivação para prosseguir. O resultado positivo indica o caminho, mesmo perante as adversidades.

Resultados. Durante esta fase, a conscin experimenta momentos de primavera energética (primener), decorrentes da conquista de resultados positivos em função da dedicação e investimento na aplicação de traf*o*res e superação de traf*a*res.

Primener. A primavera energética (primener) é a condição, mais ou menos duradoura, das energias conscienciais sadias e construtivas trazendo bem-estar ou euforia para a conscin, em qualquer período da existência humana.

Desafio. O desafio do ato de encarar é não desistir diante dos possíveis insucessos relacionados ao percurso das etapas da reciclagem intraconsciencial.

Vontade. Em função dos momentos de dificuldade, a pessoa pode sentir necessidade de recuar. A vontade firme é decisiva neste momento. O ideal é persistir.

Travões. Ao encarar problemas, em alguns contextos ficam evidentes algumas travas pessoais, os chamados travões na *hora H,* os quais têm condições de serem ilustrados pela pensenidade, traço ou comportamento capazes de amarrar, brecar e impedir a manifestação pessoal pró-evolutiva.

Diagnóstico. Entre as técnicas indicadas para identificar e diagnosticar essas travas pessoais está a investigação do padrão pensênico pessoal através do registro diário da pensenidade (V. Carvalho, 2011).

Pensenidade. Conseguir mapear a pensenidade padrão relacionada ao momento do travão auxilia a criar neossinapses reeducadoras e prosseguir no avanço da autossuperação.

Teste. Durante o movimento de reciclagem existe a possibilidade de ocorrer *situações testes,* nas quais a consciência precisa exercitar a mudança íntima. A recaída na manifestação traf*a*rista é capaz de ocorrer em alguns casos, no entanto, o bom-humor neste momento ajuda a manter a homeostase para a pessoa continuar o autoenfrentamento.

Contrafluxo. Evoluir pelo contrafluxo não é tarefa fácil para ninguém, porém, não é impossível. Não se permitir paralisar no primeiro obstáculo é o caminho para a autossuperação.

Ações. Eis, como exemplos, na ordem alfabética, 8 ações práticas, pertinentes a qualquer pessoa interessada em encarar a superação de traf*a*res pessoais:

1. **Debater:** confrontar ideias e posicionamentos pessoais buscando libertar-se de convicções ultrapassadas.
2. **Decidir:** posicionar-se com firmeza assumindo o ônus do não e *do sim* perante as priorizações evolutivas.
3. **Ensinar:** assumir a responsabilidade da conduta cosmoética no contato e reeducação de pessoas.
4. **Escrever:** submeter resenhas, relatos, verbetes, artigos ou livros para avaliação e heterocríticas.
5. **Estudar:** adquirir conhecimentos diferenciados possibilitando pensar diferente.
6. **Interagir:** conviver com amizades evolutivas, procurando estar atento ao exemplarismo pessoal.
7. **Pesquisar:** estudar casuísticas de superações humanas, observadas nas matérias selecionadas, por exemplo, de jornais e revistas (cosmograma pessoal).
8. **Qualificar-se:** dedicar-se para completar a formação profissional buscando fazer da profissão meio de retribuição dos aportes recebidos na vida intrafísica.

Exposição. A exposição, exemplificada através dessas ações práticas, contribui para o esclarecimento coletivo, e a consciência se mostra como é sem medos, escancarando os traços a serem trabalhados principalmente para si mesma, a maior interessada em melhorar.

Superação. Outro exemplo é a conscin com medo de falar em público. Neste caso, a exposição única, isolada, não é suficiente para caracterizar a superação. O ponto de virada para melhor fica evidente quando o nível de autoconfiança ao se comunicar ocorre com muita tranquilidade.

Amparador. Importante lembrar o fato de o amparador extrafísico não conseguir ter acesso à consciência quando não existe investimento em reciclagem. Essa falta de renovação representa paralisação da auto e heteroassistência, elementos dinamizadores da vida humana e atratores da presença do assistente extrafísico técnico.

Desânimo. Com a estagnação das reciclagens a consciência pode experimentar fase traf*a*rista. Fica evidente neste momento ideias de desânimo, baixa autoestima e autodepreciação pelo fato de a pessoa optar permanecer sem priorizar as renovações.

Autoconfiança. A condição ideal é substituir o desânimo nos momentos difíceis pela confiança em si mesmo. Vale lembrar o fato de existirem conscins e conciexes contrárias as renovações evolutivas. Assim, mesmo as mudanças sendo pessoais, acabam afetando o entorno multidimensional no qual a pessoa está inserida.

Continuísmo. O continuísmo na autopesquisa durante as crises de crescimento, nesta etapa do autoenfrentamento, é fundamental para sustentar o interesse e a intenção de mudar.

Investir. Enfrentar a dificuldade apenas uma vez ainda não é superação, pois a mesma não é instantânea, exigindo dedicação e esforço pessoal ao longo do tempo. O próximo passo do autoenfrentamento é investir.

ENCARAR ***É VIVENCIAR O POLINÔMIO DA INSTANTANEIDADE*** *VONTADE-INTENÇÃO-DECISÃO-AÇÃO* ***PARA IMPULSIONAR AS RECINS, INDEPENDENTE DAS DIFICULDADES A SEREM ULTRAPASSADAS.***

17.5 INVESTIR
(Autoenfrentamento)

Definição. *Investir* é o ato de empregar os recursos pessoais materiais e conscienciais com objetivo de alcançar metas ou empenhar-se com grande vitalidade e disposição na superação de traf*a*res e aplicação de traf*o*res.

Etimologia. O vocábulo *investir* procede do idioma Latim, *investio,* "revestir, cobrir, guarnecer, ornar, enfeitar, decorar". Apareceu no Século XI.

Sinonímia: 1. Avançar. 2. Atacar de frente. 3. Priorizar.

Antonímia: 1. Medo. 2. Passividade. 3. Desistência.

Característica. Esta etapa do autoenfrentamento é caracterizada pelo investimento contínuo e mais intenso na superação dos traf*a*res identificados. É o momento de aplicar técnicas, abrir mão de caprichos, melhorar a rotina, manter o foco e investir tempo, energia e dinheiro nas diferentes oportunidades para autossuperação.

Vitalidade. A vitalidade no investimento pessoal, com disposição para mudar para melhor o conjunto de características pessoais possíveis nesta vida, é fundamental nessa fase.

Extrapolações. As extrapolações da superação podem se tornarem mais frequentes nesse período, devido à intenção em concretizar a autossuperação.

Força. A força presencial começa a ampliar refletindo o padrão de mudança, sem deixar dúvidas sobre o esforço da conscin para conquistar traf*o*res e superar traf*a*res.

Travões. Neste estágio da *técnica do passo a passo da recin,* não há mais espaço para os travões e incertezas, tudo isso começa a ser minimizado.

Fixação. A etapa do investimento também é caracterizada pela repetição de atividades, visando a fixação da potencialização de determinados traf*o*res e diminuição da manifestação dos traços fardo.

Suor. A expressão *suar sangue,* ilustra a determinação necessária da pessoa interessada na reciclagem intraconsciencial, principalmente, nesta fase da técnica.

Tempo. O tempo destinado ao período do investimento varia entre as pessoas, devido, por exemplo, ao tipo de traço trabalhado, o tempo disponível para priorizar a autossuperação e o fôlego do indivíduo.

Patopensene. Outro ponto relevante, é o cuidado com os pensamentos desestabilizadores e geradores de impasses nas atitudes pró-superação dos traf*a*res. Estes podem paralisar as iniciativas de autoinvestimento.

Momento. Esta autora, na tentativa de investir no autoenfrentamento de traf*a*res, mesmo vivenciando condição íntima de bem-estar, já autoassediou-se por pensar de maneira fixa em situações passadas, sem considerar o momento evolutivo atual.

Ônus. Independente das benesses decorrentes do investimento na superação, ainda é preciso sustentar o ônus da pressão da mudança e desfazimento dos laços com os guias cegos e assediadores, tanto aqueles de outras vidas, quanto os mais recentes relacionados a ideias fixas negativistas do próprio pesquisador.

Gargalo. Assim, neste período de investimento é importante estar atento às pressões contrárias à autossuperação, as quais podem ser sentidas pela conscin até a completa ultrapassagem dos gargalos pessoais.

Persistência. Vale recordar, neste contexto, a máxima da Conscienciologia: *tudo na vida passa.* É preciso trabalhar com persistência mantendo confiança em si mesmo e nos amparadores extrafísicos.

Dedicação. Os primeiros sucessos da empreitada para renovação não significam suplantação definitiva do traf*a*r. A superação vem com o tempo, após dedicação incessante nas mudanças pessoais.

Cobaia. Esta autora, na condição de cobaia do autoenfrentamento, prefere investir na autossuperação, mesmo aparentemente pouco atrativa, em alguns casos demorada, a viver com o desconforto íntimo de traf*a*res seculares.

Avantajar-se. É importante destacar nesta fase, o fortalecimento da autoconfiança pela intensificação do movimento pró-superação. Isso prepara a pessoa para a etapa seguinte, na qual é necessário avantajar-se sobre os traf*a*res.

Existem legiões de consciências carentes de *reeducação intraconsciencial,* ***necessitando aprender a*** *superar traf**a**res* ***e*** *utilizar produtivamente os traf**o**res* ***pessoais.***

17.6 AVANTAJAR-SE
(Autossuperação)

Definição. *Avantajar-se* é o ato de a conscin colocar-se à frente, sobressair-se e transparecer evidente melhoria dos traços e atributos pessoais, após intensificar os esforços na autossuperação.

Etimologia. O termo *vantagem* vem do idioma Francês, *avantage,* "o que produz uma diferença, o que avança, proveito, lucro". Surgiu no Século XV. A palavra *avantajar* apareceu no Século XIV.

Sinonímia: 1. Sobressair. 2. Distinguir-se. 3. Progredir. 4. Vencer etapas. 5. Atrever-se. 6. Ganhar destaque.

Antonímia: 1. Recuar. 2. Retroceder. 3. Declinar. 4. Fracassar. 5. Paralisar.

Autossuperação. Esta fase da *técnica do passa a passo da recin,* caracteriza-se pela ousadia da conscin no autoenfrentamento e ao mesmo tempo, evidencia o acúmulo de autossuperações.

Autoconfiança. A ousadia fica visível, pois a experiência adquirida nas etapas anteriores proporciona maior autoconfiança na capacidade de superação pessoal, e a conscin mantém a disposição, a determinação e o foco nas mudanças íntimas.

Desenvoltura. Quando a pessoa atinge este ponto da técnica, consegue sobressair-se com relação aos traf*a*res escolhidos para superar, demonstrando maior desenvoltura no domínio dos mesmos.

Traf*o*res. Nesta fase, o autopesquisador usa intensamente os traf*o*res para conseguir se avantajar sobre os traf*a*res. Na prática, as potencialidades ficam mais ressaltadas e acabam diminuindo a força dos traços negativos.

Evolução. Com o uso cada vez mais forte dos traf*o*res, não há mais espaço para a manifestação de autocorrupções ainda estagnadoras da evolução intraconsciencial.

Autocorrupções. De maneira geral, as autocorrupções utilizadas pela conscin atrapalham o avanço de qualquer etapa da *técnica do passo a passo da recin.* Isto ocorre, pois a pessoa deixa de cumprir com a programação ou planejamento autoimposto, e assim, fica paralisada em qualquer das fases da técnica.

Autoimperdoador. Assim, para conseguir avançar ao longo das etapas e chegar no ponto de avantajar-se é preciso manter a postura de autoimperdoador, ou seja, não se permitir permanecer com posturas e traços paralisadores após diagnosticá-los.

Assistente. Ao avantajar-se sobre os traf*a*res previamente definidos a conscin assume o papel de assistente, pois consegue auxiliar outras pessoas com os mesmos traços.

Maneiras. Este auxílio pode ocorrer de diferentes maneiras, tais como, através de palestras frequentes sobre os traços autoenfrentados, mostrando o lado traf*o*rista da experiência, em conversas particulares quando procurado para falar sobre as vivências, a publicação de verbete, artigo e livro sobre o assunto.

Extrapolação. Na opinião desta autora, este período antecede a superação com excelência dos traf*a*res escolhidos, pois ocorrem acúmulos de extrapolações de autossuperação.

Limites. As extrapolações vivenciadas, a desenvoltura conquistada e a sensação de maior autoconfiança em comparação as etapas anteriores da técnica, dificultam a percepção quanto aos limites entre esta fase e a próxima.

Comparação. Para auxiliar o leitor(a) na separação dos estágios propostos na *técnica do passo a passo da Recin,* eis, como exemplos, na sequência das etapas, 7 comparações:

1. **Olhar-se é autoinvestigação.**
2. **Analisar é autodiagnóstico.**
3. **Refletir é autodiagnóstico.**
4. **Encarar é autoenfrentamento.**
5. **Investir é autoenfrentamento.**

6. **Avantajar-se é o início da superação.**
7. **Sobrepujar com excelência é sinal concreto de superação.**

Tranquilidade. A vida humana oportuniza a renovação para todos os tipos de consciências, inclusive a conquista da tranquilidade íntima, pela satisfação pessoal do empenho e esforço na superação. A escolha é sua.

AO *AVANTAJAR-SE* ***SOBRE*** *TRAFARES,* ***A CONSCIN DECIDIDA COORDENA AS*** *AUTOPOTENCIALIDADES* ***NA*** *CONSOLIDAÇÃO DA AUTOSSUPERAÇÃO,* ***REALIDADE CADA VEZ MAIS PRÓXIMA.***

17.7 SOBREPUJAR COM EXCELÊNCIA

(Autossuperação)

Definição. *Sobrepujar com excelência* é o ato de a conscin transpor, suplantar ou superar em definitivo alguma condição intra ou extraconsciencial, após vivenciar situações dificultadoras impostas ou escolhidas intencionalmente, ao modo da crise de crescimento, no decorrer da vida intrafísica.

Etimologia. O termo *sobrepujar* é de origem controversa, possivelmente deriva do idioma Latim, *superpodiare.* Surgiu no Século XIV. A palavra *excelência* procede do mesmo idioma Latim, *excellentia,* "grandeza, elevação, excelência, superioridade". Apareceu no Século XIV.

Sinonímia: 1. Conquistar autossuperações. 2. Ultrapassar gargalos intraconscienciais. 3. Triunfar intraconsciencialmente. 4. Vitória sobre si mesmo.

Antonímia: 1. Derrota. 2. Desistência. 3. Falta de acabativa. 4. Extrapolação.

Conquista. Ao entrar na fase de sobrepujar com excelência, a conquista já não pode ser confundida com o extrapolacionismo, pois a execução de tarefas, agora sem o peso do traf*a*r, ocorre sem dificuldade ou qualquer tipo de sacrifício.

Superação. Enquanto a conscin ainda necessita fazer força não superou. A superação se incorpora à realidade, à natureza da conscin, em diferentes contextos da existência humana.

Homeostase. Eis, na ordem alfabética, 4 condições homeostáticas íntimas inconfundíveis e evidenciadoras da capacidade da conscin em sobrepujar com exelência o traf*a*r:

1. **Anticonflituosidade:** a diminuição marcante do conjunto de conflitos intraconscienciais dificultadores do abertismo nas relações interpessoais.

2. **Assistência:** o aumento consistente do número de assistidos nas tarefas assistenciais.

3. **Autossatisfação:** a extensão do bem-estar íntimo pessoal aos compassageiros evolutivos.

4. **Pacificação:** a minimização das desafeições de todas as naturezas a partir da acalmia gerada pela autossuperação.

Temperamento. Há traf*a*res pessoais seculares arraigados ao temperamento. Neste caso, alcançar a superação depende de investimento a longo prazo, não só nesta vida. Eis aí a oportunidade do autorrevezamento lúcido.

Entrosamento. O autorrevezamento é o conceito utilizado para explicar o entrosamento intencional dos empreendimentos evolutivos, da consciência entre as séries de intermissões pré-ressomáticas, pós-ressomáticas e as vidas intrafísicas, consecutivas, continuadas, multisseculares.

Autossuperações. Eis, como exemplos, na ordem alfabética, 10 autossuperações observadas no universo dos pesquisadores da Conscienciologia:

01. **Assistencialidade.** A conscin atuante cotidianamente na condição de assistente, após superar o megatraf*a*r da autovitimização.

02. **Autorado.** O autor portador de currículo com obras evolutivas úteis e possuidor da obra-prima, completista nesta área.

03. **Completismo.** O exemplo do completista ao encarar e cumprir as metas estabelecidas para proéxis pessoal.

04. **Comunicabilidade.** O professor, voluntário, atuante, poliglota, itinerante e divulgador da Ciência Conscienciologia.

05. **Mesologia.** A predominância do Curso Intermissivo e paraprocedência extrafísica na vida da pessoa, invertendo as influências do meio patológico.

06. **Parapsiquismo.** A dedicação da conscin, antes *casca grossa,* ao desenvolvimento do parapsiquismo atuando nesta vida na condição de Projetor Consciente, Epicon Lúcido, Conscienciólogo e Desperto (V. capítulo 4).

07. **Priorização.** A conscin inversora sem condições financeiras e autora do primeiro livro ainda na fase da mocidade.

08. **Reciclagem.** O retorno da conscin afastada das tarefas da proéxis durante vários anos.

09. **Saldo evolutivo.** A ficha evolutiva melhorada pela dedicação voluntária ao trabalho de assistência e reeducação.

10. **Tocador de obra.** O exemplo de liderança na coordenação dos projetos de repercussões coletivas, universalistas e fraternos.

Fase. Nesta fase de superação, a conscin olha para trás e pensa: – "faria tudo de novo se fosse preciso, e afinal, *não foi tão difícil assim*".

SOBREPUJAR COM EXCELÊNCIA ***AS DIFICULDADES EXISTENCIAIS E GARGALOS PESSOAIS HABILITA A CONSCIN A TRABALHAR COM DESENVOLTURA NA ASSISTÊNCIA EGO, GRUPO E POLICÁRMICA.***

18. SUPERAÇÕES EXISTENCIAIS

Definição. As *superações existenciais* representam o conjunto de êxitos, vitórias, sucessos e conquistas evolutivas obtidas, durante a vida intrafísica, compondo o saldo do registro historiográfico da consciência.

Etimologia. O vocábulo *superação* deriva do idioma Latim, *superatio,* "ação de vencer, alcançar, conseguir", e este de *superare,* "elevar-se acima de, ir além, ultrapassar, ganhar a dianteira, anteceder, preceder". Surgiu no Século XVI. O termo *existencial* procede do mesmo idioma Latim, *existencialis,* de *existere,* "ter existência real". Apareceu em 1898.

Sinonímia: 1. Triunfo existencial. 2. Êxito evolutivo. 3. Superação sadia dos limites pessoais.

Antonímia: 1. Fracasso pessoal. 2. Desistência. 3. Insucesso. 4. Autovitimização. 5. Autoderrotismo.

Desempenho. Após a conscin superar comportamentos inadequados e traf*a*res, a desenvoltura traf*o*rista nos desempenhos pessoais passa a predominar, e as tarefas são realizadas com menor dificuldade. Os coloquialismos: *sem fazer caretas,* com os *olhos fechados* e *com 1 dos pés nas costas* ilustram esta condição.

Exemplo. Nos acontecimentos diversos da vida humana, existem relatos sobre diferentes situações envolvendo algum contexto de autossuperação, os quais podem funcionar ao modo de exemplo para muitos indivíduos.

Determinação. Conscins determinadas marcam a história pessoal com superações e a evidente conquista de bem-estar, funcionando ao modo de modelos para os interessados no autoinvestimento.

Para-História. Cada consciência possui para-história pessoal, isso influencia a facilidade ou dificuldade na superação dos travões intraconscienciais. Para muitos, terminar o curso superior, fazer mestrado ou doutorado é fácil, para outros é sinal de conquista maior.

Situações. Eis, na ordem alfabética, 23 situações cotidianas relacionadas ao enfrentamento e à superação em diferentes contextos da vida humana:

01. **Acidente.** Ator Flávio Silvino após 3 meses de coma, em função de acidente de carro, reaprendeu a andar e a falar (V. **Marini,** Eduardo; ***Retratos da Vida;*** Revista; *IstoÉ;* São Paulo, SP; 28.04.99, N. 1.543).

02. **Analfabetismo.** Mães analfabetas após estímulo dos filhos voltam a estudar e recuperam a autoestima (V. **Guerra,** Rosangela; ***Mães na Escola: Muito Além da Sala de Aula;*** Revista; *Marie Claire;* São Paulo, SP; Fevereiro, 04; páginas 64 a 67).

03. **Autismo.** Jovem de 20 anos de idade, com diagnóstico de autismo desde os 6 anos de idade é formado no ensino médio (V. **Nogueira,** Taís. ***Um Olhar sobre o Autismo;*** Revista; *Época;* São Paulo, SP; 11.06.07; páginas 76 a 85).

04. **Câncer.** Histórias de quem derrotou o câncer comprovam a força individual da pessoa, e os avanços da medicina tornando a cura uma realidade possível (V. **Marini,** Eduardo; ***Retratos da Vida;*** Revista; *IstoÉ;* São Paulo, SP; 28.04.99, N. 1.543).

05. **Cegueira.** Sem visão desde os 13 anos, a estudante de jornalismo, Nuria Del Saz, usa equipamento em braile para ler as notícias quando vão ao ar (V. **Sgarioni,** Mariana; ***Cega Apresenta Telejornal na Espanha;*** Jornal; *Folha de São Paulo;* SP; 17.01.99; página 17).

06. **Cérebro.** Depois do derrame, cientista levou 8 anos para recuperar completamente todas as funções físicas e mentais (V. **Taylor,** 2008, página 216).

07. **Demissão.** David Mendonça, dono de banca no centro do Rio de Janeiro, começou a dar palestras para empresários, quando foi demitido (V. **Araripe,** Sônia; ***Entre Biscoitos e Palestras;*** *Jornal do Brasil;* Rio de Janeiro, RJ; 18.11.01).

08. **Dessoma.** A superação por parte da mãe, quanto a morte do filho adolescente, com evidente concentração em aspectos positivos da vida humana, na perspectiva do *ciclo de renascimentos e dessomas consecutivas* (V. **Hoffman,** Vera; ***Sem Medo da Morte: Construindo Uma Realidade Multidimensional;*** 2011, página 160).

09. **Doença.** Exemplo de autossuperação após adoecimento somático (V. **Lopes,** Adriana; ***Auto-Superação na Adversidade;*** Revista; *Conscientia,* Fevereiro de 2007; páginas 48 a 56).

10. **Esporte.** Os atletas superam cada vez mais os limites do corpo humano. Na década de 1920 os corredores corriam 5 mil metros em 14 min e 28 s, hoje atletas correm a mesma distância em menos de 13 minutos (V. **Veja;** Redação; ***Os Calouros de Atlanta;*** Revista; São Paulo; 10.07.96; páginas 10 a 13 e 26 a 27).

11. **Estudo.** Em busca da verdadeira vocação, muitas pessoas entram na faculdade após os 40 anos de idade, trocando a aposentadoria pelos livros (V. **Frutuoso,** Suzane; ***Calouros Veteranos;*** Revista; Época; São Paulo, SP; 16.02.04; páginas 54 a 55).

12. **Exercícios.** Erros e acertos de 3 mulheres decididas a melhorar a silhueta a partir de exercícios físicos regulares sem cirurgia plástica (V. **Frutuoso,** Suzane; ***Por que é tão Difícil Mudar de Vida?;*** Revista; *Época;* São Paulo; 23.07.07; páginas 64 a 66).

13. **Genética.** João Vitor, portador de síndrome de Down, 19 anos, primeiro a ingressar no ensino superior no Paraná, calouro no curso de educação física, no discurso pessoal diz *"precisa ter vontade própria e o apoio de alguém que mostre como vencer as dificuldades"* (V. **Carriel,** Paola; ***Um Diploma com Gosto de Superação;*** Jornal; *Gazeta do Povo;* Curitiba, PR; 13.10.08).

14. **Guerra.** Viktor Frankl, sobrevivente de 4 campos de concentração nazistas durante a Segunda Guerra Mundial. Encarou as situações difíceis durante o nazismo, procurando dar sentido às vivências na maioria dos casos, negativa. Toda tortura e opressão foram objetivados no sentido do aprendizado e experiência para poder repassar a outras pessoas (V. **Frankl,** 2009, página 98).

15. **Jogos.** Pessoas viciadas em jogos as quais, após perderem vários bens e a própria família, se recuperam do vício e trocam experiências de superação em grupos de autoajuda (V. **Mendes,** Taís; ***Clientes de Bingos Lotam Grupo de Auto-ajuda;*** Jornal; *O Globo;* Rio de Janeiro, RJ; 19.10.03; página 24).

16. **Marginalidade.** Sem perspectiva, garotos, ex-meninos de rua, alunos da Comunidade Escola Bento Januário Sarnelli, estudam 10 horas por dia e ganham nova vida ao passar no vestibular (V. **Morais,** Andréa; ***Ex-meninos de Rua Viram Universitários;*** Jornal; *Gazeta do Povo;* Curitiba, PR; 09.03.09; página 10).

17. **Paralisia cerebral.** A pedagoga Ana Cristina de Lima Ferreira portadora de paralisia cerebral, enfermidade decorrente de lesão na parte motora do cérebro, após anos de esforço pessoal para superar as deficiências motoras, publica o primeiro livro intitulado AnAlfabeta, escrito por ela com a língua em máquina elétrica (V. **Ferreira,** Ana Cristina de Lima; ***Minha História;*** Disponível em <http://www.anacrisferreira.pro.br>; Acesso em: 28.07.11, 09h46).

18. **Próteses.** A professora Andréa Salgado, 6 meses após ter as pernas decepadas em acidente envolvendo lancha, dá os primeiros passos com próteses e surpreende a todos com a força de vontade e otimismo (V. **Kostman,** Ariel; ***Não Adianta Chorar;*** Revista; *Veja;* 05.05.04; páginas 13 a 17).

19. **Religiosidade.** A renúncia pública de Marcelo da Luz à crença religiosa ou abandono da religião após 20 anos dedicados ao serviço da Igreja Católica Apostólica Romana (V. **Luz;** Marcelo; ***Onde a Religião Termina;*** 2011; páginas 19 e 90).

20. **Separação.** Exemplos de final de relacionamento e começo de vida nova (V. **Vonschmaedel,** Michaela; ***Bye-bye, Tristeza;*** Revista; *Elle;* Fevereiro, 2007; páginas 56 a 59).

21. **Somática.** O radialista Clóvis Sansigolo, com visível limitação somática, apresenta autonomia e desenvoltura para realizar tarefas diversificadas (V. **Sansigolo,** Clóvis; ***Autossuperação das Limitações Somáticas;*** Comunicação pessoal; VII Balanço Existencial, 2009).

22. **Vício.** Hugo Emiliano, 54 anos, conta como desafiou a si mesmo ao abandonar o álcool, maconha e o LSD (V. **César,** Elieser; ***Trajetória de um Abstêmio;*** *Correio da Bahia;* 24.09.2000; página 17).

23. **Viuvez.** Casos de superação da perda do companheiro após longo período de convívio (V. **Amaro,** Carla; ***Estado Civil: Viúva;*** *Notícias Magazine;* Revista; Lisboa, Portugal; 20.05.03; páginas 30 a 36).

Exemplarismo. Estes exemplos, demonstrativos fatuísticos de autossuperação, evidenciam o emprego dos maiores poderes da consciência: a vontade, intencionalidade e auto-organização.

A CONSCIÊNCIA ENFRENTA NA VIDA INTRAFÍSICA *DIFICULDADES E GARGALOS PESSOAIS* ***VARIADOS. O MAIS SÉRIO É*** *NÃO TRANSFORMÁ-LOS EM ABISMOS* ***INTRANSPONÍVEIS.*** *SEMPRE HÁ TEMPO.*

SEÇÃO IV

ANTAGONISMO À VIDA

19. ANTISSOMÁTICA

Definição. A *antissomática* é toda ação, atitude ou hábito doentio da conscin contra o próprio corpo humano, capaz de causar lesões ou diminuir o período natural pessoal da vida intrafísica.

Etimologia. O prefixo *anti* deriva do idioma Grego, *anti,* "de encontro, contra, em oposição a". Apareceu no Século XVI. O termo *soma* deriva do idioma Grego, *soma*, "corpo, em oposição a espírito ou alma". Surgiu no Século XX. O primeiro registro da palavra antissomática ocorreu em 2003, no livro *Homo sapiens reurbanisatus* (Vieira, 2014, p. 56).

Sinonímia: 1. Vida abreviada. 2. Biofobia. 3. Suicídio. 4. Autodestruição física.

Antonímia: 1. Vida aproveitada. 2. Oportunidade evolutiva. 3. Somatofilia.

Injúria. A injúria contra o soma aparece em diferentes contextos e situações ao longo da existência biológica, muitas vezes camuflada pelo prazer, ação, aventura, coragem, estilo e adrenalina.

Desprezo. O desprezo à própria vida fica evidente quando a conscin busca o perigo e vai contra a fisiologia natural do corpo, podendo comprometer em alguns casos o funcionamento do cérebro.

Consciência. O cérebro é a sede da consciência. Qualquer postura antissomática prejudicial a esta região do soma vai contra a própria pessoa.

Excesso. Todo excesso é capaz de ser nocivo e atuar contra a vida da conscin, até mesmo a despreocupação exagerada na intrafisicalidade pode representar problema.

Menosprezo. Francisco Ortega (1967–), filósofo e pesquisador, discute no livro *O Corpo Incerto* sobre as diferentes formas de intervenção sobre o soma, a exemplo das tatuagens, *piercings,* plásticas e fisiculturismo, a princípio entendidas e defendidas pelas pessoas apenas como a construção da singularidade, porém capazes de revelar menosprezo com o corpo (V. **Zorzanelli,** Rafaela; ***As Ambiguidades do Corpo;*** Revista; *Mente&Cérebro;* São Paulo, SP; Dezembro, 2008; páginas 12 e 13).

Robotização. A antissomática tem condições de ser estudada também sob o enfoque da robotização existencial – robéxis (massa humana impensante) na qual a conscin permanece submissa à condição intrafísica sem considerar as variáveis multidimensionais relacionadas à vida humana.

Imaturidades. Outra abordagem relacionada à antissomática é a tendência da conscin à riscomania, ocorrendo neste caso, a subjugação à matéria com o predomímio das imaturidades instintuais e monopólio dos interesses intrafísicos.

Riscomania. Pela abordagem da Parapercepciologia, as conscins tendentes à riscomania ignoram o parapsiquismo e colocam em risco o corpo no entretenimento desvairado. Porém, muitos fenômenos parapsíquicos permitem experimentar sensações de prazer superiores e muito mais seguros, ao exemplo da volitação durante as projeções.

Volitação. A volitação refere-se à capacidade do psicossoma flutuar ou voar desimpedidamente através das diferentes dimensões energéticas durante a projeção consciencial.

Profilaxia. A profilaxia da antissomática é a autoconscientização sobre a interligação entre o soma e os demais veículos de manifestação da consciência (psicossoma, mentalsoma e energossoma), bem como a aplicação evolutiva dos mesmos.

Dedicatória. Este capítulo é dedicado às conscins com hábitos e tendências riscomaníacas, ainda sem lucidez sobre a *oportunidade de viver* com foco na evolução.

Posturas. Eis, na ordem alfabética, 38 tipos de posturas antagônicas, ilustradas por frases retiradas de jornais e revistas, expressando elevado nível de autocorrupção e falta de valorização somática por parte da conscin, bem como opiniões desta autora, ao final da citação, sobre cada antagonismo somático:

01. **Alargador de orelha.** "Fiz porque sou ligada em cultura indígena" (V. **Veja;** Redação; ***Furo Radical;*** São Paulo, SP; 21.03.01; página 91). A expansão dos lóbulos da orelha gera orifícios de tamanhos variados. Este comportamento é mera repetição em jovens ditos urbaníssimos, de costumes ancestrais dos guerreiros do Quênia e dos índios caiapós brasileiros.

02. **Alcoolismo.** "Eu bebo socialmente". "Com 9 anos eu e minha mãe experimentamos uísque. Ela vomitou e não bebeu mais. Eu achei ruim, mas depois curti a tontura. Passei a beber toda a hora" (V. **César,** Elieser; ***Trajetória de um Abstêmio;*** *Correio da Bahia;* 24.09.2000; página 17). O álcool promove alteração do comportamento e descontrole emocional, atingindo conscins cada vez mais jovens.

03. **Anabolizantes.** "Inflar os músculos: o que Deus não dá a farmácia aplica" (V. **Luz,** Sergio Ruiz; ***O Falso Forte: Enzo Perondini Esculpiu o Corpo à Base de Remédios e Agora Luta Contra o Câncer;*** Revista; *Veja;* São Paulo, SP; 25.11.98; páginas 78 e 79). O uso de anabolizantes com o objetivo de ganhar massa muscular vai contra a fisiologia natural do corpo. Prejudica o sistema cardiovascular, fígado, rim, atividade cerebral e em alguns casos pode levar à morte.

04. **Anorexia.** "Eu olhava no espelho e me achava gorda, tomava laxantes, diuréticos e chás emagrecedores o dia inteiro. Na faculdade, eu tinha uma cadeira especial com almofada, porque não aguentava a dor nos ossos" (V. **Buchalla,** Anna Paula; ***A Vida no Limite;*** Revista; *Veja;* São Paulo, SP; 22.11.06; páginas 84 a 86). *"Enxergo todos mais magros e bonitos"* (V. **Gazeta do Povo;** Redação; ***Transtornos Alimentares;*** Curitiba, PR; 02.10.05; Capa do suplemento; páginas 6 a 10). Camuflado pelo transtorno alimentar, a anorexia esconde a dificuldade de autocrítica relacionada à autoimagem, neste caso, extremamente distorcida da realidade. É comparado ao exemplo hipotético da pessoa ter todos os espelhos da casa quebrados e não conseguir visualizar a própria imagem.

05. **Artes marciais.** "Os reis do Sopapo" (V. **Oyama,** Thais; ***Os Reis do Sopapo;*** Revista; *Veja;* São Paulo, SP; 08.05.02; páginas 67 e 68). Os lutadores de artes marciais se apoiam em filosofias modernas afirmando cultivar o espírito e treinar o corpo, mas na essência essas lutas são formas de treinamento de combate, militar, policial e de autodefesa. Totalmente contrários à paz, tem por finalidade colocar o adversário fora de combate, quando dirigem socos, chutes, joelhadas, cotoveladas (aplicam golpes com as pernas, pés e mãos). Os torneios de luta do tipo *vale tudo* mimetizam os gladiadores do famoso Coliseu em Roma, Itália.

06. **Asa-Delta.** "Embora o ar seja congelante, a visão é estupenda e a solidão é relaxante" (V. **Schelp,** Diogo; ***Prazer e Perigo;*** Revista; *Veja;* São Paulo, SP; 16.07.03; páginas 70 a 78). Este tipo de esporte, chamado radical, representa alto risco de fraturas, distensões, lesões na cabeça e coluna. Quando confrontados com a possibilidade de morte pela prática de esporte radical, só pelo prazer da adrenalina, os esportistas usam a frase: – "é arriscado, mas é um risco calculado". O grande problema desse tipo de risco, além das lesões, é a morte precoce por pura leviandade.

07. **Autoflagelação.** "No início dói, mas depois quando os cravos atravessam a carne, já não se sente nada. Além disso, os ferimentos cicatrizam em uma semana" (V. **O Estado do Paraná;** Redação; ***Filipinos Repetem Modo de Crucificar com Realidade: Pregos de Verdade e Muita Dor, Repetidos na Paixão;*** Curitiba, PR; 19.04.03; página 7). O ato de causar dor em si mesmo pode estar relacionado ao nível de lavagem cerebral, na maioria dos casos, tipicamente religioso, representando o uso do martírio para sustentar o desejo da santificação sob o eufemismo da expressão *dores sublimes.*

08. **Automutilação.** "Comecei a me mutilar todas as vezes que sentia raiva de mim mesma ou culpa de errar". "A automutilação traz um prazer interno enorme" (V. **Neve,** Maria Laura; ***Cortes que Aliviam a Dor da Alma;*** Revista; *Marie Claire;* São Paulo, SP; Março, 2009; páginas 71 a 74). Comportamentos autodestrutivos apresentados pelos jovens evidenciam distúrbio psíquico e necessidade de acompanhamento profissional especializado.

09. ***Body Piercing.*** "Quem põe um *piercing* quer ser diferente". "São pessoas que gostam de inovar" (V. **Ezabella,** Fernanda; ***Amo a Dor, Diz Rainha dos Piercings;*** Jornal; *Zero Hora;* Porto Alegre, RS; 13.11.03; página 34). Não há inovação no *body piercing,* pelo contrário, há repetição de tradição milenar usada nas primeiras tribos e clãs das mais antigas civilizações humanas, como por exemplo, do antigo Egito, existentes há cerca de 5 mil anos.

10. **Boxe.** "Eu me apaixonei pelo boxe, é muita adrenalina. Mas já apanhei muito. O nariz ainda não quebrei" (V. **Superinteressante;** Redação; ***Boxe: A Arte Ancestral de Cacetear a Cabeça Alheia;*** São Paulo, SP; Outubro, 2001; páginas 76 a 77; **Yuri,** Débora; ***Boxe: Elas dão a cara pra bater;*** *Revista da Folha;* São Paulo, SP; 20.02.05; primeira página (chamada) e 1). No boxe, a região mais visada pelos lutadores é o rosto, mesmo sob o risco de afetar a visão, audição, respiração e o funcionamento cerebral, devido aos socos na cabeça.

11. **Bronzeamento.** "Fui uma louca. Fiz bronzeamento artificial por 15 anos e acabei com a minha pele" (V. **Paixão,** Roberta; ***Praia para que?*** Revista; *Veja;* São Paulo, SP; 28.04.99; página 85). Tanto o bronzeamento natural quanto o artificial são capazes de acarretar manchas na pele, envelhecimento precoce e até o câncer. No entanto, os raios UVA utilizados nas câmaras de bronzeamento artificial não deixam a pele vermelha, ou ardendo, sinais evidentes de sofrimento celular. Assim, é possível mascarar os efeitos reais da exposição indevida da pele neste tipo de equipamento e, porém ao mesmo tempo, aumentam sobremaneira os riscos de câncer de pele.

12. **Bulimia.** "Sou um pouco mais racional e não provoco vômito com tanta frequência". "Tenho prazer em ver minha barriga para dentro e pavor que me achem gorda" (V. **Galdino,** Milena; ***A Culpa de Comer;*** Jornal; *Correio Braziliense;* Brasília, DF; 07.07.99; página 4). A insatisfação íntima combinada aos transtornos alimentares, no contexto social da *ditadura da beleza,* na qual a maioria das mulheres sonha em vestir o tamanho *p,* predispõe cada vez mais casos de bulimia. Aos futuros pais, é necessário observação atenta ao comportamento dos filhos, no intuito de garantir a intervenção a tempo evitando possível dessoma prematura.

13. ***Bungee jumping.*** "*É pura adrenalina, meu!*" (V. **Dumke,** Vicente R; ***Inundados em Pura Adrenalina;*** Jornal; *Gazeta do Povo;* Curitiba, PR; 25.04.99; página 12). Além das possíveis lesões, o corpo humano sofre alterações da química interna durante os saltos. O desejo pelo prazer proporcionado pela adrenalina pode ser viciante, ou seja, naturalmente em situações de perigo e luta o corpo produz coquetel de substâncias entorpecentes ou estimulantes. Esse desejo é capaz de conduzir a pessoa a esportes praticamente suicidas.

14. **Celibato.** "O celibato sacerdotal, vivido com maturidade, alegria e dedidação, é uma benção enorme para a igreja e para a própria Sociedade" (V. **Rey,** Valquíria; ***Papa Diz que Celibato é Benção e Segundo Casamento "Praga";*** Disponível em <http://www.bbc.co.uk/portuguese/reporterbbc/story/2007/03/070313_papavetodivorcio.shtml>; Acesso em: 06.02.13, 11h21). A antissexualidade difundida através do celibato priva a conscin de dominar a própria sexualidade de modo sadio.

15. **Cilício.** "A mortificação ajuda-nos a vencer a nossa tendência natural à comodidade [...] que nos impede de amar a Deus" (V. **Barret,** Michael; ***O Opus Dei e a Mortificação Corporal;*** Disponível em <http://www.opusdei.org.br/art.php?p=16478>; Acesso em: 08.10.11, 08h56). O cilício é uma corrente de metal com pontas, colocada ao redor da coxa, causando lesões na pele e dor. Representa o ato anticosmoético das seitas religiosas enaltecerem o sofrimento humano.

16. **Circuncisão.** "Os meninos associam a prática a maiores cuidados higiênicos e alguns pensam que podem ter mais mulheres pelo fato de serem circuncisados." (V. **Estarque,** Marina & **Lopes,** Daniel Pinto; ***Circuncisão masculina continua a causar mortes na África do Sul;*** Jornal; *DW;* Disponível em <http://www.dw.de/circuncis%C3%A3o-masculina-continua-a-causar-mortes-na-%C3%A1frica-do-sul/a-16936678>; Acesso em: 09/07/13, 14h28). O ato cirúrgico para a retirada do prepúcio do órgão masculino tem condições de causar perda da sensibilidade e provocar o endurecimento da glande, além de traumas psicológicos. Culturalmente representa verdadeiro sacrifício, assegura aos jovens imortalidade e os incorpora emblematicamente aos ancestrais. A circuncisão é grande idiotismo cultural.

17. **Drogas.** "Ela aparece como uma querida companheira, dando-lhe forças e poderes jamais experimentados antes". "Minhas irmãs usavam lança perfume e resolvi descobrir outros tipos de droga. Me afundei. Tudo começou de uma forma ingênua, durante o carnaval, quando eu tinha 12 anos" (V. **Carvalho,** Maurício; ***Me Tira Daqui!;*** Jornal; *VS;* São Leopoldo, RS; 26.04.01; páginas 4 e 5). As drogas reduzem as atividades cerebrais, emburrecem o usuário e cegam para a realidade. Com as substâncias viciantes no corpo, a lucidez e o discernimento esvanecem e a conscin caminha para a autodestruição.

18. **Escalada.** "O que interessa é ir lá e fazer o que ninguém faz" (V. **Dumke,** Vicente R; ***Inundados em Pura Adrenalina;*** Jornal; *Gazeta do Povo;* Curitiba, PR; 25.04.99; página 12). Este tipo de esporte apresenta alto risco de lesões na coluna, cabeça, fratura e desidratação. A característica comum dos esportes de risco é a chamada síndrome de super-homem, aquela sensação de grande capacidade, iludindo pessoas com vontade enorme de se exibir para o grupo e resultando, em muitos casos, em acidentes graves.

19. **Hipocondria.** "Como morro de medo de sentir dor, tomo sempre um analgésico pela manhã, só para garantir" (V. **Weinberg,** Monica; ***Hipocondríaca, Eu?;*** Revista; *Veja;* São Paulo, SP; 09.05.07; páginas 128 e 129). O hipocondríaco se expõe à automedicação e a todos os riscos relacionados a este hábito, por exemplo, hiperdosagem, problemas hepáticos, renais, efeitos colaterais e dependência química.

20. **Infibulação.** "A comunidade só legitimiza as uniões e os filhos das mulheres circuncisadas. Não se deixar circuncisar, nesse contexto, é abrir mão da maternidade e da vida conjugal" (V. **Dieguez,** Flávio; ***O Bizarro Ato Cultural das Africanas;*** Jornal; *Gazeta Mercantil;* Rio de Janeiro, RJ; 29 e 30.06 e 01.07.01; página 9). A mutilação do clitóris e até mesmo dos lábios vaginais traz infecções crônicas, dores para urinar, fazer sexo, problemas com parto e menstruação. Este é mais outro exemplo de prática atroz, perpetrada em nome das tradições culturais.

21. **Jiu-Jítsu.** "As orelhas não deformadas são um ponto fraco e a dor pode representar a perda de uma luta" (V. **Vargas, Vagner;** ***Orelhas Marcadas pelo Esporte;*** *Jornal Correio Braziliense;* Brasília, DF; 20.12.09; Caderno Super Esportes; página 4). A deformação na orelha, chamada *orelha de repolho,* em *couve flor* ou de *pit bull,* é símbolo de *status* para o lutador de Jiu-Jítsu. A deformação da orelha (lóbulo auricular, pavilhão auditivo) é capaz de prejudicar a audição e do ponto de vista somático representa o estigma ou marca negativa dos lutadores ao longo desta vida na condição de conscins belicosas.

22. **Maconha.** "Fumei meu primeiro baseado aos 20 anos, cocaína foi com 25" (V. **Carneiro,** Marcelo França Ronaldo & **Lima,** João Gabriel de; ***Drogas e Agonia no Auge da Carreira;*** Revista; *Veja;* São Paulo, SP; 09.01.02; páginas 74 a 81). A maconha aparece entre as drogas ilícitas mais consumidas e representa a *porta de entrada* para outras drogas. A liberação do consumo significa concordar com a banalização do vício. Exemplo disso é a Oaksterdam University nos EUA, especializada em Maconhologia, ensina a plantar, colher e consumir a erva, a primeira escola a surgir após o país adotar regras mais flexíveis em relação à droga (V. **Chartier,** Marcela; ***Universidade da Maconha;*** Revista; *Super Interessante;* São Paulo, SP; Janeiro 2010; página 28). Para agravar a situação ainda existem os flagrantes dos pais, achando-se liberais, ao dividirem o *cigarrinho* de maconha com o filho.

23. **Motocicleta.** "Acho só um pouco mais perigoso do que o carro" (V. **Borsato,** Cíntia; ***Sinal Verde para as Motonetas;*** Revista; *Veja;* São Paulo, SP; 10.05.06; página 73). A batida de moto, mesmo em velocidade baixa, quase sempre causa ferimentos, em alta velocidade, acaba sendo o determinante fatal.

24. **Mutilação.** "A *body modification* extrema é uma parte profunda do ser daquela pessoa. Não é só moda ou fetiche, é o que eles são". "Estamos em busca da máxima individualização" (V. **Marques,** Toni; ***Língua Bifurcada;*** Jornal; *Globo;* Rio de Janeiro, RJ; 26.12.98; página 6). A língua bifurcada é característica dos praticantes de *extreme body modification.* Intencionalmente vão além, usando marcas a ferro

quente na pele, mutilação dos dedos, braços, pernas, retirada de testículos, seccionam o pênis e lixam dentes para deixá-los pontiagudos. Mutilações desse tipo significam a alteração anticosmoética permanente do corpo.

25. **Narguilé.** "O cachimbo da paz" (V. **Folha de Alphaville;** Redação; ***Uma Hora de Narguilé Equivale a 100 Cigarros;*** Jornal; São Paulo, SP; 17.04.2009; primeira página (chamada) e 1 – B4). A sessão de narguilé dura de 20 minutos a 1 hora, tempo suficiente para engolir até 50 litros de fumaça, o equivalente a 100 cigarros. A fumaça, após passar pela água, não purifica as substâncias perigosas do tabaco, e ainda mantém quantidade de nicotina suficiente para viciar os apreciadores, bem como, outros venenos provenientes da queima do fumo, incluindo metais pesados.

26. **Obesidade.** "*Às vezes*, a vontade de comer é mais forte que a melhor das intenções, as recomendações médicas e os ideais de beleza". "Em nome de prazeres efêmeros, colocamos os bons propósitos, a autoestima e até a saúde em risco" (V. **Grimm,** Oliver; ***Armadilhas da Obesidade;*** Revista; *Mente&Cérebro;* São Paulo, SP; Fevereiro, 07; páginas 66 a 71). O sobrepeso predispõe o organismo a várias doenças, ao exemplo de doenças cardiovasculares, sobrecarga na coluna e membros inferiores, degeneração das articulações do quadril, joelhos e tornozelos e limitação de movimento. Apesar dos riscos, a obesidade tem aumentado a cada ano, diminuindo a expectativa de vida das pessoas.

27. **Paraquedismo.** "Nada se compara ao prazer de ver as janelas passando, a queda livre acelerando, você e o chão crescendo na sua frente" (V. **Moherdaui,** Bel; ***Adrenalina: Por que Corremos Riscos?;*** Revista; *Veja;* São Paulo, SP; 07.11.01; páginas 72 a 76). Mesmo os saltadores profissionais na técnica, correm o risco do paraquedas falhar ou não abrir e ocasionar a morte prematura.

28. **Pescoço.** "Não se sabe ao certo a origem da prática de colocar anéis no pescoço, mas acredita-se que essas coleiras funcionam como uma espécie de cinto de castidade" (**Cabral,** Maria Inez; ***Birmânia: A um Passo do Ocidente;*** Revista; *Geográfica Universal;* São Paulo,

SP; Outubro, 1985; página 44). Outro exemplo de antissomática, não menos triste, são as mulheres girafas. Estas usam colares que alongam o pescoço em até 30 centímetros, algumas a partir dos 5 anos de idade. Com o peso de até 20 kg dos aros, a clavícula vai cedendo e dessa maneira, quatro vértebras torácicas passam a integrar a estrutura do pescoço, aparentando ser mais longo.

29. **Plástica.** "Era nova, mas me preocupava em manter o rosto liso. Acabei com um calombo na testa" (V. **Martins,** Elisa & **Castro,** Inês de; ***O Risco da Vaidade;*** Revista; *Época;* São Paulo, SP; 25.10.04; capa e páginas 84 a 91). A obsessão pela aparência é motivo de estresse e ansiedade, além de tornar várias pessoas infelizes e frustradas pelo fato de não conseguirem atingir o padrão de beleza exigido pela Sociedade e principalmente o modelo idealizado pela própria conscin. O cuidado com a aparência é importante para fortalecer a autoestima, força presencial e assistencialidade individual, porém, do ponto de vista do autodiscernimento, é imprescindível observar a ultrapassagem do limite homeostático para o nosográfico.

30. **Prostituição.** "Estou topando tudo por dinheiro. Sem ou com camisinha" (V. **Braga,** Élcio & **Câmara,** Rodrigo; ***Princesas de Copacabana;*** Jornal; *O Dia;* Rio de Janeiro, RJ; 07.04.02; página 3). Por escolha própria ou a mando dos pais, familiares, influência de amigos, condições financeiras ruins ou boas, mulheres e homens usam o corpo patologicamente, para ganhar dinheiro, nesta profissão antissomática.

31. **Rachas.** "O racha de rua é o melhor por ser proibido. Então é só piscar a seta que vou" (V. **Veja;** Redação; ***No Orkut, Comunidades Discutem e Incentivam os Rachas;*** São Paulo, SP; acesso em: 23.04.11). A comunidade do *orkut racha na veia,* possui atualmente (Ano-base: 2011) mais de 100 mil membros, expondo e incentivando através de mensagens a prática criminosa da qual se orgulham.

32. **Rafting.** "Vamos adrenar!" (V. **Bottino,** Karina; ***Vamos Adrenar;*** Jornal; *O Dia;* São Paulo, SP; 16.02.03; primeira página (chamada) e 1 –

8.). A prática de descida de corredeiras utilizando botes infláveis pode machucar seriamente os participantes, com risco de lesões dentárias, escoriações, hipotermia e afogamento.

33. **Rapel.** "Mas adrenalina mesmo, só no rappel" (V. **Dumke,** Vicente R; ***Inundados em Pura Adrenalina;*** Jornal; *Gazeta do Povo;* Curitiba, PR; 25.04.99; página 12). Descer montanhas, prédios ou pontes utilizando cordas, cabos e cadeirinha especial, entre outros acessórios, representa elevado risco e possibilita alta incidência de lesões na coluna, cabeça, fraturas, torções, contusões, distensões e acidentes graves com morte.

34. **Sol.** "Nem me preocupo com isso agora, já descasquei várias vezes. Mas aí tomo mais sol em cima para cobrir a mancha" (V. **Lucrecia,** Mauren; ***Sem se Importar com o Risco do Sol;*** Jornal; *Gazeta do Povo;* Curitiba, PR; 18.01.06; página 13). A sedução do bronzeado perfeito faz os veranistas irem à praia nos horários desaconselhados pelos profissionais da saúde. Paradoxalmente o bronzeado já significa por si só sinal de dano na pele, sem contar os problemas decorrentes da exposição indevida, a exemplo das rugas, manchas, perda de elasticidade, fotoenvelhecimento e câncer de pele.

35. **Tabagismo.** "Meu avô morreu do coração por causa do cigarro, meu pai parou de trabalhar depois das pontes de safena, por causa do cigarro. Eu fico achando que um dia vou ter vontade de parar, e aí vou conseguir" (V. **Biancarelli,** Aureliano; ***"Efeito Marlboro" Não Convence os Jovens;*** Jornal; *Folha de São Paulo;* São Paulo, SP; 28.05.00; página C 5). O fumante não dá valor à vida, defende a liberdade sendo escravo do vício e não enfrenta a fraqueza pessoal diante da incapacidade de parar de fumar.

36. **Tatuagens.** "Não sei se meu pai vai entender que fiz a tatuagem para a minha realização pessoal e não por agressão". "A pessoa faz tatuagem para representar a própria individualidade" (V. **Barreira,** Solange; ***Charme da Tatuagem: Marca Para Sempre;*** Revista; *Galileu;* São Paulo, SP; Setembro de 1998; páginas 56 a 61). O número de pessoas que recorrem às sessões de *laser* para retirada das tatuagens

quando atingem a maturidade é contraditória à realização pessoal, justificada pelo recém-tatuado.

37. **Tricotilomania.** "O arrancar de cabelos é sentido como uma distração, um consolo capaz de minimizar a tensão" (V. **Rufer,** Michael; ***Arrancando os Cabelos;*** Revista; *Mente&Cérebro;* São Paulo, SP; Fevereiro, 2011; páginas 52 a 57). A compulsão de arrancar os cabelos vai além do couro cabeludo, incluindo também sobrancelhas, cílios e púbis. O ato pode ser realizado diariamente e ao longo de várias horas favorecendo o surgimento de outras psicopatologias.

38. ***Workaholism.*** "Aguentar o cansaço para consolidar a carreira e conquistar uma posição de destaque" (V. **Diniz,** Tatiana; ***Falta de Férias Prejudica Corpo e Carreira;*** Jornal; *Folha de São Paulo;* São Paulo, SP; 21.11.04; página F 3). O *workaholic* além de trabalhar sem parar, pensa prolongadamente no trabalho quando se alimenta, nos momentos de lazer, nos finais de semana, ao escovar os dentes e ao descansar, com isso, é capaz de desenvolver problemas de saúde, a exemplo de gastrite, doenças cardiovasculares, ansiedade, estresses e ao longo do tempo diminuir a produtividade.

Aborto. Vale ressaltar também os abortos executados sem condições de segurança representando grave ameaça à saúde e à vida das mulheres (V. **Manchete;** Redação; ***Abortos Matam 68 Mil por Ano;*** São Paulo, SP; 20.07.07; primeira página).

Gestante. Esta autora é favorável ao aborto em situações de risco à vida da gestante, gravidez indesejada decorrente de estupro e má formação cerebral. Contudo, não apoia os abortos por mera falta de profilaxia da gravidez.

Fronteiriço. Todas essas posturas listadas evidenciam a condição do fronteiriço dessomático, ou seja, aquele indivíduo vivendo na fronteira entre a vida e a morte, devido às posturas promotoras do autodesrespeito somático.

Proéxis. Se você, leitor, está interessado em aproveitar a vida evolutivamente, não há espaço para hábitos doentios contra o próprio corpo humano. Ele é instrumento indispensável na proéxis pessoal.

A** DESVALORIZAÇÃO **DA** OPORTUNIDADE DE VIVER **INCONTESTAVELMENTE APARECE NAS EXTRAVAGÂNCIAS, EXCESSOS E** HÁBITOS DOENTIOS **CONTRA A FISIOLOGIA NATURAL DO PRÓPRIO SOMA.

20. DEPRESSÃO

Definição. A *depressão* é transtorno de ordem psíquica, caracterizado pelo estado de desencorajamento e perda de interesse, determinado por problemas imaginários ou experiências reais de sofrimento, estresses físicos e/ou psíquicos, podendo ocorrer em qualquer idade física, em períodos duráveis ou recorrentes.

Etimologia. O vocábulo *depressão* deriva do idioma Latim, *depressio,* "abater, debilitar, enfraquecer". Surgiu no Século XVIII.

Sinonímia: 1. Desânimo. 2. Autodesmotivação. 3. Acídia. 4. Tristeza. 5. Melancolia.

Antonímia: 1. Ânimo. 2. Motivação. 3. Eutimia. 4. Vigor.

Inércia. Em relação à *oportunidade de viver,* a vida é dinamismo e movimento, já a depressão causa inércia e predispõe à dessoma prematura.

Prejuízo. A depressão, muitas vezes, sem causa aparente, tem condições de se tornar recorrente, afetar o funcionamento do cérebro, de órgãos e sistemas do organismo, prejudicando o convívio social, a produtividade e o alcance de objetivos pessoais.

Debilidade. Esse transtorno envelhece a conscin antecipadamente, arruína carreiras, debilita o corpo biológico, afeta a memória e a saúde geral tendo condições de desencadear, desse modo, a dessoma extemporânea.

Estimativa. A Organização Mundial da Saúde (OMS) estima para as próximas duas décadas (Ano-base: 2010) a incidência da depressão a maior número de pessoas em comparação ao câncer e doenças cardíacas (V. **Andrews,** Paul & **Thompson Jr,** J. Anderson; ***O Lado Luminoso da Escuridão;*** Revista; *Mente&Cérebro;* Setembro, 2010; páginas 34 a 41).

Explicações. Algumas explicações para a depressão a relacionam ao estilo da vida moderno, com muitas facilidades e *tudo* *à mão*, quando comparado ao modo de viver dos ancestrais. Esta afirmação considera, por exemplo, o fato de no passado as pessoas destinarem boa parte do tempo a manufaturar produtos, os quais atualmente podem ser adquiridos prontamente no supermercado. Assim, o tempo anteriormente destinado para produzir produtos, mantinha as pessoas ocupadas e sem depressão.

Contraponto. No entanto, contrapondo esta abordagem, observam-se registros de depressão em todas as culturas, a exemplo dos Aché, no Paraguay, e !Kung, no sul da África, sociedades nas quais os participantes repetem hábitos antigos do passado (V. **Andrews,** Paul & **Thompson Jr,** J. Anderson; ***O Lado Luminoso da Escuridão;*** Revista; *Mente&Cérebro;* Setembro, 2010; páginas 34 a 41).

Efeitos. Avaliando a importância da saúde física e mental para o bem-estar humano e a realização da programação de vida, a depressão necessita também ser estudada sob o olhar do paradigma consciencial, analisando, por exemplo, os efeitos da pensenidade com cargas emocionais negativistas e a influência de consciexes.

Pensamentos. Durante os estados depressivos a conscin permanece ruminando pensamentos reforçadores dos sintomas ligados à depressão, tais como, "minha vida não tem valor e eu não posso mudá-la".

Raiz. A atenção voltada à ruminação mental possibilita conduzir ao reconhecimento da verdadeira razão de ser da depressão. Na opinião de alguns especialistas, observar pensamentos ajudaria a descobrir as raízes das emoções dolorosas para enfrentar os problemas de modo mais proveitoso (V. **Andrews,** Paul W.; **Thomson Jr,** J. Anderson; ***The Bright Side of Being Blue: Depression as an Adaptation for Analyzing Complex Problems;*** Revista; *Psychological Review;* Jul.; 2009; páginas 620-654).

Características. O estudo desenvolvido por Beck, *et al* (1997, páginas 25, 32, 69 e 94), apresenta a partir de depoimentos de pacientes a complexidade da depressão envolvendo aspectos físicos e emocionais. Eis, a título de pesquisa, em ordem alfabética, exemplos de 9 características emocionais e respectivas frases evidenciando o padrão da pensenidade:

1. **Autossabotagem.** "Eu não consigo fazer nada".
2. **Crenças.** "Eu jamais poderei ser feliz".
3. **Desânimo.** "Eu tenho um sentimento de tristeza no meu corpo inteiro".
4. **Frustração.** "Eu penso em como perdi o meu emprego".
5. **Incapacitação.** "Eu não consigo lidar com os meus problemas".
6. **Insatisfação.** "Eu tenho tudo o que se poderia desejar, e ainda assim eu sou infeliz e fico irritado e insatisfeito com tudo".
7. **Pessimismo.** "As coisas nunca vão melhorar".
8. **Pressão.** "Até que fosse removido, eu não tinha noção de como estava pesado".
9. **Vitimização.** "A vida não tem sentido".

Emoções. A conscin com depressão representa o reservatório de tristeza, apatia, infelicidade e insatisfação, ficando limitada quanto ao ato de sentir prazer, afeto, alegria e divertir-se. O paradoxo emocional da depressão é explicado no livro Terapia Cognitiva da Depressão (Beck *et al,* 1997, p. 27), no qual embora o depressivo esteja embotado com sentimentos positivos, experimenta extremos de emoções desagradáveis.

Alterações. Eis, na ordem alfabética, 18 alterações emocionais e comportamentais da conscin, considerados ao modo de sintomas para diagnóstico da depressão:

01. **Abatimento.**
02. **Angústia.**
03. **Baixa autoestima.**
04. **Cansaço sem motivo evidente.**
05. **Choro sem motivo aparente.**
06. **Desgosto.**
07. **Falta de prazer ou interesse nas atividades cotidianas.**

08. **Ideação suicida.**
09. **Insônia.**
10. **Melancolia ou vazio quase todos os dias.**
11. **Pensamentos de autodepreciação.**
12. **Perda de apetite.**
13. **Perda de peso.**
14. **Perda do entusiasmo para atividades novas.**
15. **Pessimismo.**
16. **Reclusão social.**
17. **Saudosismo.**
18. **Tristeza indefinida.**

Hipocampo. Estudo realizado pelo pesquisador Kramer (2007, p. 83 a 85) a partir de imagens cerebrais com grupos de mulheres após sofrerem depressão e grupos não depressivos da mesma idade, evidenciou perda de volume do hipocampo nas mulheres com histórico depressivo. A deterioriação foi substancial com perda de 8 a 10% no volume desta estrutura cerebral.

Questionamento. É importante questionar até qual ponto a evidente patologia celular observada no cérebro de conscins com depressão, pode ser desencadeada ou acionada pela própria pensenidade autodesestruturante.

Cérebro. A maioria dos cientistas convencionais ainda estuda a depressão, observando o funcionamento cerebral. Porém, esta patologia envolve variáveis além do corpo físico e dos aspectos materiais. Exemplo desse fato é a instantaneidade do aparecimento ou desaparecimento de sinais similares à depressão em alguns casos.

Consciex. Os pensamentos infelizes promovem a evocação de contextos negativos e afinização com consciexes patológicas intensificando sintomas da depressão. Este contexto multidimensional ainda não é considerado na Ciência Convencional.

Isolamento. Muitas consciexes se afinizam ao padrão pensênico da conscin depressiva possibilitando, em muitos casos, potencializar o quadro nosográfico. Este fato tem condições de ser observado quando a conscin se isola em casa, com as janelas e portas fechadas vivendo na escuridão e evitando ao máximo contato humano.

Vitimização. Importa analisar se existe para o depressivo algum ganho secundário pela manuntenção do distúrbio, por exemplo, a vitimização. Quando a conscin carente se vitimiza consegue em muitos momentos atenção e, consequentemente, passa a repetir o comportamento.

Etiologia. Inúmeros fatores podem ser apontados para explicar a causa da depressão em diferentes conscins. Eis, como exemplos, em ordem alfabética, 18 etiologias da depressão necessitando maior aprofundamento por parte do pesquisador interessado:

01. **Alterações hormonais.**
02. **Anomalias bioquímicas.**
03. **Assédio extrafísico cronicificado.**
04. **Assédio moral.**
05. ***Bullying.***
06. **Conflitos íntimos.**
07. **Crise afetiva.**
08. **Crise financeira.**
09. **Dano cerebral.**
10. **Dessoma de parente próximo.**
11. **Esquemas mentais disfuncionais negativistas.**
12. **Estigmatização.**
13. **Falta de sentido de vida.**
14. **Frustração íntima.**
15. **Inaceitação íntima.**
16. **Insatisfação pessoal.**
17. **Melancolia intrafísica** (melin).
18. **Sensação de solidão.**

Frustração. Vale ressaltar também o fato de toda pessoa deprimida apresentar algum tipo de frustração pessoal, além de viver presa no mundo imaginário do *egão* e se manter contra o *Cosmos.*

Realidade. Quando a conscin precisa enfrentar a realidade, sobrevém a depressão e a falta de ânimo para encarar as situações difíceis (V. capítulo 13).

Religião. Em muitos casos, no auge da depressão, a pessoa sem vitalidade e força para viver se refugia na religião para tentar promover a cura do problema vivenciado.

Paliativo. A religião pode funcionar ao modo de paliativo, mas, não esclarece a consciência com relação à própria responsabilidade sobre o autoestado de desencorajamento e capacidade de autocura. A postura religiosa reforça novamente a ideia do mundo imaginário.

Terapia. O ideal para a conscin em estado depressivo é procurar auxílio terapêutico profissional, seja com psicólogo ou psiquiatra, para evitar o prolongamento do desânimo e autodesmotivação.

Tratamento. O tratamento é necessário e recomendado em função de a depressão prolongada, ou a intensidade da mesma, ter condições de levar a conscin inclusive a cometer suicídio.

Passado. A pessoa presa ao passado sem forças para enfrentar o presente é capaz de desencadear o início da depressão. O mais importante é o presente-futuro evolutivo. *O passado passou.*

Sociabilidade. A sensação de solidão frequentemente associada a depressão, pode ser atenuada quando a conscin investe na sociabilidade sadia na vida humana. Outro recurso terapêutico é a priorização do desenvolvimento do parapsiquismo para fazer o contato parassocial na dimensão extrafísica e eliminar definitivamente qualquer sensação de solidão.

Profilaxia. Eis, como exemplos, na ordem alfabética, 13 atitudes profiláticas, auxiliadoras da conscin predisposta a prevenir a depressão:

01. **Assistencialidade:** pensar mais nos outros e sair do próprio egão.

02. **Autocuroterapia:** persistir na autossuperação, enquanto elemento fundamental na eliminação da depressão.

03. **Convívio:** investir na convivialidade interconsciencial sadia com pessoas, animais e plantas.

04. **Cooperação:** participar de trabalhos comunitários.

05. **EV:** mobilizar as energias, através do estado vibracional, visando o equilíbrio e a homeostase íntima.

06. **Exercícios:** insistir nas atividades físicas e *hobbies* positivos, valorizando o tempo destinado ao lazer pessoal.

07. **Otimismo:** diminuir as evocações negativas.

08. **Pensenidade:** manter pensamentos positivos sobre si próprio e a favor das demais consciências.

09. **Reflexão:** efetuar o recolhimento íntimo, com intuito de burilar atitudes e comportamentos pessoais.

10. **Renovação:** investir na melhoria íntima desejando sair do próprio ego para praticar a assistência aos outros.

11. **Sentido:** sustentar objetivos de vida saudáveis, impulsionadores da autossuperação diária.

12. **Tenepes:** empregar a *técnica de exteriorizar energias positivas* todos os dias, no mesmo horário, durante 50 minutos para consciências carentes (V. capítulo 38).

13. **Terapia:** buscar auxílio através dos profissionais da Psicologia, Psiquiatria e Conscienciaterapia.

A *DEPRESSÃO PSICOLÓGICA* ***ATUA DE MODO POTENTE SOBRE A*** *FORÇA DE VONTADE* ***DA CONSCIN, AFETANDO O*** *ESTADO DE ÂNIMO* ***E CARACTERIZANDO A*** *PERDA DE INTERESSE PELA VIDA.*

21. INTERIOROSE

Definição. A *interiorose* é a qualidade, condição ou estado cronicificado do homem ou mulher, arraigado aos tradicionalismos da área rural, bairro, aldeia, cidade, sem coragem para enfrentar os avanços da vida moderna.

Etimologia. O vocábulo *interior* procede do idioma Latim, *interior,* "íntimo, recôndito". Apareceu no Século XV. O sufixo *ose* vem do idioma Grego, *osis,* designando "doença, patologia, processo". O primeiro registro da palavra *interiorose,* ocorreu em 2003 no livro *Homo sapiens reurbanisatus* (Vieira, 2014, p. 483).

Sinonímia: 1. Mentalidade interiorana. 2. Fechadismo consciencial. 3. Microvisão de vida.

Antonímia: 1. *Front* da batalha. 2. Abertismo consciencial. 3. Cosmovisão da vida.

Hábitos. No contexto da *oportunidade de viver,* o problema da interiorose é a cronicificação de hábitos arraigados antigos, reforçando neofobias variadas.

Neofobia. A interiorose amplia a neofobia ou medo do novo, mantém a consciência presa à *toca de origem* com o egocentrismo potencializado, e limitada devido ao provincianismo típico do interior.

Acanhamento. A vida no campo é capaz de reforçar o acanhamento da conscin com traços de timidez, dificultando assim, a comunicação interconsciencial e conduzindo ao desperdício de oportunidades evolutivas.

Conservantismo. A comunicação suprimida na interiorose concomitantemente diminui a interação entre pessoas com pensamentos discordantes, tendo condições de aumentar, deste modo, o conservantismo e dificultar a renovação pessoal.

Interiorota. Os tradicionalismos do interiorota ficam evidentes na cidade pequena ou na vida rural, mas não estão limitados aos hábitos campestres, podendo também ser diagnosticados na conscin moradora da megalópole quando restrita ao bairro no qual foi criada.

Comodismo. O ambiente rural tem condições de favorecer em muitas situações o comodismo, tornando a conscin mera repetidora, presa às mimeses de outras vidas.

Tendências. Eis, na ordem alfabética, 10 características e tendências relacionadas ao ambiente interiorano ou rural, classificados em temas neutros, homeostáticos e nosográficos:

01. **A cidade enquanto *mundinho* pessoal.** Nosográfico.
02. **A dificuldade para o acesso à educação.** Nosográfico.
03. **A fitoconvivialidade.** Homeostático.
04. **A menor poluição pensênica.** Homeostático.
05. **A restrição ao uso da Tecnologia.** Nosográfico.
06. **A zooconvivialidade.** Homeostático.
07. **As oportunidades de reflexão.** Homeostático.
08. **O contato social restrito.** Neutro.
09. **O distanciamento do acesso à cultura.** Nosográfico.
10. **O isolamento.** Neutro.

Paragenética. É importante lembrar o fato de a Paragenética da conscin, em alguns casos, ser superior a qualquer tendência mesológica negativa e mesmo em ambiente patológico, ser possível vencer os idiotismos culturais típicos do local de nascimento.

Experiência. Esta autora-cobaia vivenciou inúmeras experiências típicas da vida rural ou interiorana, das quais consegue extrair tanto experiências positivas e enriquecedoras, quanto vivências reforçadoras da ansiedade social.

Viagens. A profilaxia da interiorose pode iniciar através das viagens, tanto no país de origem quanto em outros países. Neste caso, a conscin viajante enfrenta e aprende com as diferenças de costumes e culturas diversificadas.

Mundo. Com as viagens o *mundinho* do interiorota deixa de ser tão pequeno, com visível ampliação da visão de mundo e provável diminuição do conservadorismo durante a excursão por diferentes cidades, estados e países.

Dispersão. Comparando-se a vida no campo e na cidade grande, a ressoma, no segundo caso, pode favorecer a dispersão consciencial, devido, por exemplo, a maior diversidade de pessoas, locais e opções de lazer.

Diversidade. Por outro lado, a maioria das cidades *abre as portas* para o universalismo, devido ao convívio com a diversidade de etnias, culturas, classes sociais e a tendência natural de ser necessário falar mais de 1 idioma.

Influências. Eis, como exemplos, na ordem alfabética, 11 influências observadas em grandes centros urbanos ou metrópoles, classificados em temas nosográficos, homeostáticos e neutros:

01. **A contiguidade com as tecnologias da cidade.** Neutro.
02. **A maior intrusão holopensênica.** Nosográfico.
03. **A redução da fito e zooconvivialidade.** Nosográfico.
04. **A superlotação de pessoas, gerando filas e engarrafamentos de carros.** Nosográfico.
05. **As facilidades educacionais.** Homeostático.
06. **As grandes academias de ginástica**. Neutro.
07. **As interações com novidades no *shopping center*.** Neutro.
08. **O acesso à Cultura**. Neutro.
09. **O contato com etnias diversificadas**. Homeostático.
10. **O convívio com a violência dos grandes centros urbanos**. Nosográfico.
11. **O tempo do convívio familiar reduzido.** Nosográfico.

Discernimento. A influência mesológica na cidade grande ou pequena pode ter variáveis benéficas ou prejudiciais. Cabe à conscin aumentar o discernimento para aproveitar o lado positivo e descartar o negativo, em ambos os casos.

Companhias. Saber aproveitar as oportunidades evolutivas em cada local da ressoma é fundamental. Neste contexto, as afinidades entre companhias evolutivas e o tipo de trabalho a ser realizado devem ser consideradas.

Cidade. Segundo Vieira (2003, p. 303), a cidade de porte médio em extensão e densidade populacional favorece a consecução da proéxis, devido à menor intensidade das intrusões holopensênicas ou estímulos sofridos pelas conscins.

Local. A escolha ou definição do local para o renascimento da conscin considera, por exemplo, as necessidades pessoais evolutivas, o grupocarma envolvido, o histórico das vidas pregressas e a preparação para a proéxis.

Intermissão. A consciência com maior lucidez evolutiva analisa durante a intermissão, em conjunto com o evoluciólogo (V. capítulo 4), além das diretrizes básicas da vida humana, também o local de nascimento, seja este no interior ou na megalópole.

Autoenfrentamentos. A escolha lúcida de renascer no interior ou megalópole possibilita autoenfrentamentos necessários para a consciência, a qual deverá inevitavelmente lidar com as influências neutras, homeostáticas e nosográficas características do lugar de nascimento.

Prevenção. Ao pré-serenão vulgar a ressoma no interior tem a possibilidade de estar relacionada à prevenção de várias influências negativas derivadas da vida na megalópole. Este pode ser o isolamento inicial, necessário na vida da conscin. É preciso analisar cada caso.

Desperdício. Porém, há de se pensar na quantidade de gênios desperdiçados em cidades do interior. Para essas mentes brilhantes é preferível o *front* da batalha ao escondimento provinciano.

Critérios. Eis, como exemplos, na ordem alfabética, 13 critérios, possíveis, para análise do local e momento da ressoma da consciência:

01. **Amizades ou afinidades essenciais à proéxis.**
02. **Bases da proéxis pessoal.**
03. **Curso Intermissivo.**
04. **Genética mais adequada à proéxis.**
05. **Grupocarma.**
06. **Holobiografia ou história das vidas pregressas.**
07. **Influência da fôrma holopensênica.**
08. **Interprisões grupocármicas.**
09. **Nível cultural familiar.**
10. **Paragenética.**
11. **Reciclagens intraconscienciais prioritárias.**
12. **Retomada de tarefa não concluída na vida anterior.**
13. **Temperamento pessoal.**

***NO INTERIOR OU NA MEGALÓPOLE, A** INVERSÃO MESOLÓGICA **DAS INFLUÊNCIAS DOENTIAS, VISA SUPRIMIR APRIORISMOS, FECHADISMOS, NEOFOBIAS OU** AUTOCONSERVADORISMOS OBSOLETOS.*

22. ESCRAVIDÃO À OPINIÃO PÚBLICA

Definição. A *escravidão à opinião pública* é a condição de sujeição, dependência, manutenção das aparências, servidão à pessoa, grupo, autoridade, sistema, situação ou atividade, impondo algum tipo de constrangimento e privando a consciência da manifestação autêntica da maneira de ser.

Etimologia. A palavra *escravidão* deriva do idioma Latim, *slavus,* "escravo, cativo". Surgiu no Século XVII. O vocábulo *opinião* deriva do mesmo idioma Latim, *opinio,* "opinião, parecer, aviso, pensamento, conjectura, expectativa, esperança, grande opinião, estima, indício, probabilidade, razão para crer". Apareceu no Século XIV. O termo *público* deriva também do idioma Latim, *publicus,* "concernente ao público, do público, que é de interesse, utilidade do público". Surgiu no Século XIII

Sinonímia: 1. Aprovação dos outros. 2. Dependência opinática. 3. Privação da liberdade. 4. Imaturidade consciencial.

Antonímia: 1. Liberdade de manifestação. 2. Autonomia consciencial. 3. Princípio da opinião pessoal. 4. Autopostura pública.

Essência. Atinente à *oportunidade de viver,* a conscin com dependência opinática não manifesta a real essência pessoal, vive presa às aparências, e desperdiça os ensejos evolutivos de mudança pessoal.

Defesa. Na defesa da autoimagem, a conscin, com medo de errar, deixa de se expor, de executar tarefas e assumir responsabilidades para não macular a visão distorcida da própria realidade consciencial.

Excesso. A preocupação excessiva com a opinião pública caracteriza a abordagem deste capítulo. Por isso, a opção pelo termo escravidão. Sob o prisma dessa abordagem, até mesmo os antagonismos sadios são considerados ofensivos pela conscin escrava da opinião pública.

Posturas. Eis, como exemplos, na ordem alfabética, 8 posturas manifestadas pela conscin, indicadoras de preocupação excessiva com a opinião pública:

1. **Acumpliciamento:** ausência de posicionamentos contrários aos da maioria.
2. **Adiamento:** postergação das situações as quais envolvem autoexposição, por exemplo, a publicação do livro pessoal.
3. **Aparência:** aquisição do carro do *ano,* todo ano.
4. **Fuga:** aversão à *técnica da conscin-cobaia.*
5. **Melindres:** antipatia ao recebimento de *feedback.*
6. **Modismos:** acompanhamento das tendências da moda.
7. **Tacon:** necessidade de colocar *panos quentes* às discussões ao invés de corrigir o problema.
8. **Timidez:** relutância à exposição pública.

Profilaxia. A profilaxia da escravidão à opinião pública inicia pelo investimento na autenticidade lúcida, mostrando quem você é, e pensa, sem máscaras, procurando ao mesmo tempo manter o respeito pelo outro e diplomacia nas interlocuções.

Libertação. O investimento em maior autenticidade permite a libertação gradativa à dependência opiniática, fazendo a conscin se manifestar com naturalidade e despojamento.

Técnica. Outra técnica indicada enquanto profilaxia da escravidão a opinião pública é a do pesquisador independente. Neste caso a conscin é a própria patrocinadora das pesquisas pessoais, sem dependências a órgãos científicos, empresas ou governo, permitindo assim, o debate aberto, com exposição dos posicionamentos pessoais.

Tipos. Eis, na ordem alfabética, 16 tipos de escravidão, aos quais a conscin, homem ou mulher, ainda pode estar sujeita:

01. **Escravidão à autovitimização.**
02. **Escravidão à bebida alcoólica.**
03. **Escravidão à culpa.**
04. **Escravidão ao grupúsculo social.**
05. **Escravidão ao idiotismo cultural** (V. capítulo 12).
06. **Escravidão ao medo da exclusão.**
07. **Escravidão ao sexo.**
08. **Escravidão ao soma: à obesidade; à anorexia.**
09. **Escravidão aos hábitos, rotinas e condicionamentos patológicos.**
10. **Escravidão aos tradicionalismos.**
11. **Escravidão às ideologias.**
12. **Escravidão emocional.**
13. **Escravidão financeira.**
14. **Escravidão hipnótica da mediunidade.**
15. **Escravidão mística.**
16. **Escravidão religiosa:** a conscin genuflexa.

Autoconfiança. É importante ressaltar o fato de quanto mais a conscin viver sob o jugo da opinião pública, menos alcança a autoconfiança, sendo este traço faltante (traf*a*l) na manifestação pessoal.

A *EXISTÊNCIA HUMANA É A OPORTUNIDADE* ***PARA*** *SOBREPAIRAR A OPINIÃO PÚBLICA,* ***COM ABERTISMO E NEOFILIA, LIVRE DAS AMARRAS DO PASSADO E DOS TRADICIONALISMOS FOSSILIZADORES.***

23. SUICÍDIO

Definição. O *suicídio* é o ato ilógico, doentio de a conscin encerrar a própria vida biológica, consciente ou inconscientemente, de modo rápido, ou paulatinamente, ao longo do tempo, através da manutenção de práticas contrárias à saúde somática e bem-estar pessoal.

Etimologia. O vocábulo *suicídio* deriva do idioma Francês, *suicide,* "ação de se matar, de se destruir, suicídio". Apareceu em 1741.

Sinonímia: 1. Autocida. 2. Auto-homicida. 3. Conscin somatofóbica.

Antonímia: 1. Dessoma sadia. 2. Envelhecimento natural. 3. Conscin somatofílica.

Coragem. Sob a ótica da *oportunidade de viver,* manter-se nesta dimensão física, em primeiro lugar é ato de coragem, pois, durante a vida humana toda conscin vivencia inúmeras situações, algumas boas, outras geradoras de maior estresse emocional, nem sempre agradáveis.

Estimativa. A Associação Brasileira de Psiquiatria (ABP), estima 1 suicídio no mundo a cada 35 segundos. No Brasil a cada hora, uma pessoa tira a própria vida (V. **Mente&Cérebro;** Redação; ***Psiquiatras Promovem Campanha de Conscientização e Prevenção do Suicídio;*** São Paulo, SP; Setembro 2010; página 12).

Ilusão. Em função do número de suicídios é importante esclarecer o fato de as conscins, muitas vezes, optarem pelo autocídio com a ilusão de encontrar na dessoma o alívio para problemas íntimos.

Pensamentos. No entanto, para a consciência extrafísica o pensamento se transforma em algo real, tão palpável quanto os momentos vivenciados na dimensão física. Assim, na tentativa de fugir do problema, este pode se tornar ainda mais complexo e perturbador.

Exacerbação. A perturbação do suicida é capaz de ser ampliada após a dessoma, devido principalmente ao desequilíbrio íntimo experienciado durante a vida intrafísica. Em muitos casos, a pensenidade patológica promove na dimensão extrafísica a exacerbação das emoções e o desconforto pessoal sentido na vida humana.

Inadaptabilidade. Neste sentido, ao tentar fugir do problema, o suicida acaba experimentando-o em maior proporção. Para Vieira (2013), o suicídio representa o cúmulo da inadaptabilidade à vida intrafísica tanto do homem quanto da mulher.

Expressões. Eis, na ordem alfabética, 12 expressões, retratadoras do significado e efeitos do autocídio:

01. **Abstinência da Baratrosfera.**
02. **Crença na própria derrota.**
03. **Efeito patológico.**
04. **Fato irremediável.**
05. **Força do atraso pessoal.**
06. **Maxiaberração antifisiológica.**
07. **Maxiabsurdo cosmoético.**
08. **Mega-alienação.**
09. **Megacomorbidade.**
10. **Megaequívoco.**
11. **Megafrustração.**
12. **Megaporta falsa.**

Etiologia. O suicídio pode ter diferentes etiologias, as quais de modo geral, na opinião desta autora é possível agrupar em três tipos: *primeiro,* a opção inconsciente gerada pelos excessos durante a vida, ocasionando a dessoma prematura, *segundo,* a opção consciente pelo autocídio devido a exacerbações emocionais e *terceiro,* os suicídios gerados por lavagens cerebrais (indução ao suicídio).

Excessos. O primeiro tipo de suicídio envolve as escolhas ao longo da vida humana, as quais quando incluem tendências riscomaníacas e vícios variados, tais como, o *workaholism,* o qual é capaz de propiciar excessos geradores do suicídio lento ou acidente inesperado, na maioria dos casos evitáveis.

Fuga. No segundo tipo de suicídio, o autocida deseja, através da dessoma antecipada, fugir aos efeitos de problemas ainda não superados. Também não atua no cerne da causa do desconforto pessoal, buscando a autossuperação, preferindo o ato ilógico da desistência de viver.

Fanatismo. O terceiro tipo de suicídio, considera o fanatismo ou as diferentes formas de lavagem cerebral utilizadas para induzir o suicídio grupal e em vários casos a destruição de outras pessoas, a exemplo dos homens-bomba e mulheres-bomba.

Autoimolação. Diferentes religiões pregam a autoimolação com promessas falsas de recompensa no Paraíso, para atender a vontade de Deus. Este fanatismo, com evidente lavagem cerebral, move milhares de pessoas dispostas ao sacrifício da própria vida.

Autocídio. O autocídio em nome de Deus vem disfarçado de frases do tipo: – "Esta não é uma vida digna, ou uma vida honrada ou o martírio" (V. **Greenberg,** Joel; ***Morte por Martírio Fascina Jovens Palestinos;*** Jornal; *O Estado de S. Paulo;* São Paulo, SP; 29.01.95; página A 26). O ato é considerado heroico e o suicida sente-se representante das divindades.

Internet. Outro exemplo, são os suicídios coletivos ocorridos no Japão, neste caso, as pessoas combinam através da *Internet* em salas de bate-papo, os chamados *pactos de morte,* agendando o local de encontro e o método para o autocídio (V. **Neiva,** Paula; ***Pacto de Morte pela Internet;*** Revista; *Veja;* São Paulo, SP; 22.02.06; páginas 88 e 89).

Interprisão. Na opinião desta autora as 3 causas do suicídio representam megatolices, porém, os suicídios decorrentes das lavagens cerebrais acabam causando prejuízo não só à conscin suicida, mas também aos demais envolvidos na ocorrência, aumentando deste modo, a interprisão grupocármica.

O *SUICÍDIO* **SIGNIFICA A** *MEGAFRUSTRAÇÃO* **PARA A CONSCIÊNCIA, AO DESCARTAR O CORPO FÍSICO ANTES DE COMPLETAR O TEMPO NECESSÁRIO DE APRENDIZAGEM NA ESCOLA DA VIDA.**

SEÇÃO V

PROEXOLOGIA

24. PROÉXIS – PROGRAMAÇÃO EXISTENCIAL

Definição. A *proéxis* é a programação existencial específica da consciência, planejada antes do renascimento somático ou ressoma, quando na condição de consciex, para otimizar a vida na dimensão física.

Etimologia. O termo *programação* procede do idioma Latim, *programma,* "publicação por escrito, edital, cartaz", e este do idioma Grego, *prógramma,* "ordem do dia, inscrição". Surgiu no Século XX. O vocábulo *existencial* deriva do mesmo idioma Latim Tardio, *existentialis,* "existencial", de *existere,* "aparecer, nascer, deixar-se ver, mostrar-se, apresentar-se, existir, ser, ter existência real". Apareceu no Século XIX. O primeiro registro do neologismo *proéxis,* ocorreu em 1994 no livro *700* Experimentos da Conscienciologia (Vieira, 2014, p. 712).

Sinonímia: 1. Mandato pré-intrafísico. 2. Programa da vida intrafísica. 3. Planificação existencial.

Antonímia: 1. Indiferença proexológica. 2. Vida desprogramada.

Sentido. Tendo em vista a *oportunidade de viver,* a programação existencial – proéxis, representa o modo técnico de prover sentido à vida a partir de metas preestabelecidas antes da ressoma.

Tema. O sentido da vida é tema estudado por vários autores da Ciência Convencional, a exemplo de Viktor Emil Frankl (1905–1997), professor e psiquiatra, sobrevivente de 4 campos de concentração nazistas durante a *Segunda Guerra Mundial* (1939–1945).

Contribuição. Para Viktor Frankl (2009, p. 129 e 130), "nada no mundo contribui tão efetivamente para a sobrevivência, mesmo nas piores condições, como saber que a vida tem um sentido".

Otimização. A necessidade de planejar a própria evolução, surge naturalmente na conscin, quando esta busca o sentido da vida e a otimização da existência atual.

Maturidade. Quando a consciex já apresenta maturidade para potencializar a vida humana, bem como, algum histórico assistencial, pode ingressar no Curso Intermissivo (CI) preparando-se para desenvolver a programação existencial.

Planejamento. O evoluciólogo é a consciência especializada e coadjutora da coordenação inteligente da programação existencial, a qual é planificada durante a intermissão no Curso Intermissivo (V. capítulo 5).

Início. O início dos cursos intermissivos ocorreu na Terra de modo intenso a partir da década de 1950. Antes desta fase, a maioria absoluta das pessoas dessomava muito jovem, isso impedia a união das experiências pessoais com a lucidez adquirida na maturidade, geralmente em idade mais avançada, elemento este dificultador da existência de cursos anteriores (Vieira, 2013).

Proéxis. Com o aparecimento dos cursos intermissivos, ocorre a intensificação das programações existenciais planificadas, com metas pessoais traçadas para as diferentes fases da vida humana.

Tra*f*ores. A programação da existência permite à conscin utilizar e aperfeiçoar tra*f*ores, eliminando pouco a pouco a vida instintiva a partir da implementação de desafios, a exemplo da reciclagem intraconsciencial (V. capítulo 16) e da prática diária da tenepes (tarefa energética pessoal) (V. capítulo 38).

Tipos. Sob a ótica da *Proexologia,* eis, na ordem funcional, ao modo de exemplos, 9 tipos de proéxis, para ampliação do universo da pesquisa sobre o tema:

1. **Proéxis deslocada:** da conscin presa a excessivos hábitos intrafísicos sem priorizar as tarefas multidimensionais.

2. **Proéxis primária:** aquela de interesses mais intrafísicos, porém positivos.

3. **Proéxis avançada:** da conscin líder cosmoética, dedicada a policarmalidade.

4. **Proéxis afins:** o trabalho harmônico do casal duplista, a exemplo do díptico evolutivo.

5. **Proéxis atacadista:** a atuação, durante longo período, por exemplo, ao modo do professor de Conscienciologia itinerante.

6. **Miniproéxis:** a dedicação à tarefa da consolação, considerada proéxis de menor expressão.

7. **Maxiproéxis:** a dedicação consciente e com maior amplitude ao bem da coletividade através da tares, universalismo e maxifraternidade.

8. **Moréxis:** a moratória existencial para a reprogramação das metas pessoais visando a realização satisfatória do completismo existencial.

9. **Proéxis múltiplas:** da conscin dentro do autorrevezamento, encadeando a vida física com outra.

Moréxis. O conceito de moréxis está relacionado ao complemento de vida intrafísica, ao modo de acréscimo para a conscin conseguir realizar tarefas ainda não concluídas. Esta condição é facultada a determinadas pessoas, conforme o mérito holocármico.

Tempo. Por exemplo, após a conscin passar por Experiência da Quase Morte (EQM), recebe o adendo no tempo de permanência na dimensão intrafísica e, assim, ter condições de dar prosseguimento aos objetivos da proéxis.

Meta. A proéxis também pode ser ilustrada através do *trinômio pro-pro-pro,* o qual significa proposta-processamento-produto, ou seja, durante a intermissão, no Curso Intermissivo, foi estabelecida a proposta ou meta para a existência intrafísica. Ao ressomar, a conscin inicia o processamento da meta, muitas vezes de modo insconsciente, visando alcançar o produto, chamado no contexto da proéxis de completismo existencial.

Compléxis. O completismo existencial é a condição confortável de consecução satisfatória das tarefas da proéxis planificadas durante o Curso Intermissivo (V. capítulo 46).

Patrocínio. Com o CI, todo intermissivista é candidato ao completismo desde o momento do renascimento, dependendo principalmente do esforço pessoal. Segundo Vieira (1994, p. 349), "você é o patrocinador da sua proéxis".

Compléxis. "O compléxis é o diploma da vida humana" (Vieira, 1994, p. 607). É a confirmação do aproveitamento evolutivo da *oportunidade de viver*, ao utilizar as potencialidades evolutivas do novo soma na consecução da proéxis.

Chave. Para esta autora, a atual vida intrafísica é *chave* no conjunto da longa série de renascimentos e dessomas já experienciados. A conclusão fundamenta-se na análise dos conhecimentos conscienciológicos hoje acessados e / ou rememorados a partir do Curso Intermissivo.

Fatores. Eis, como exemplos, na ordem alfabética, 18 fatores diferentes, predisponentes à realização satisfatória da proéxis pessoal, observados por esta autora no universo de pesquisadores da comunidade conscienciológica:

01. **Autopesquisa:** o investimento na autoconscienciometria para a identificação do megatrafor e das potencialidades pessoais propulsoras da evolução (V. capítulo 17).

02. **Código pessoal de Cosmoética:** a teática dos princípios cosmoéticos vividos no decorrer da existência.

03. **Cognópolis:** a participação na comunidade conscienciológica com miríades de oportunidades para o interessado na consecução da proéxis pessoal.

04. **Coleções:** o envolvimento com a imensa diversidade de artefatos do saber reunidos na Holoteca (V. instituições).

05. **Convivialidade:** o convívio cada vez mais harmônico entre os entes queridos do grupocarma familiar, amigos e pessoas de contato.

06. **Duplismo:** o convívio íntimo da dupla evolutiva, sem sufocar a sexualidade.

07. **Escola de parapsiquismo:** a persistência individual e grupal no desenvolvimento da sensibilidade parapsíquica.

08. **Estudo:** o hábito de estudar para promover a renovação pensênica.

09. **Fitoconvivialidade:** a manutenção dos jardins enquanto réplicas dos cenários da Natureza vivenciados nos Cursos Intermissivos, com evidente conexão com a paraprocedência extrafísica.

10. **Holociclo:** o laboratório especializado na dinamização da elaboração pensênica (V. instituições).

11. **Itinerâncias:** os esclarecimentos realizados pelo professor veterano, com cursos especializados em algum assunto dentro da Conscienciologia.

12. **Laboratórios:** as reflexões motivadoras em ambiente laboratorial de autopesquisa, predispondo maior contato com os amparadores extrafísicos e *insights* valiosos quanto à consecução da proéxis.

13. **Livro:** a produção evolutiva útil (gestações conscienciais) como princípio da auto e heteroassistência expandindo o universo pessoal de atuação.

14. **Megafoco:** a identificação da especialidade pessoal.

15. **Profissão:** o sustento através do trabalho digno sem parasitar outros seres.

16. **Tenepes:** a assistência energética diária, até o fim desta existência, exemplo de autoabnegação.

17. **Traf*o*res:** a aplicação dos traf*o*res na consecução da proéxis.

18. **Voluntariado:** a dedicação à especialidade da conscin com autoesforço na consolidação da instituição conscienciocêntrica (IC).

Fluxo. Nem toda conscin renasce com programação de vida determinada dentro do Curso Intermissivo. Porém, o fluxo evolutivo funcionando através dos renascimentos consecutivos possibilita a renovação a qualquer interessado e posterior ingresso ao CI.

Carência. Infelizmente, o número de consciências carentes de proéxis é representada pela maioria absoluta das consciexes reurbanizadas e ressomadas (Vieira, 2003, p. 64).

Responsabilidade. Se você, leitor(a), concluiu não ter ainda proéxis ajustada no Curso Intermissivo, esta também é a responsabilidade pessoal, pois ninguém renasce para viver constantemente *em férias*.

Proéxis. Por outro lado, se você leitor(a), considera ter planificado a proéxis durante a intermissão, *mãos à obra,* a fim de evitar a melancolia do incompletismo.

Contexto. No atual contexto histórico, quando o sentido da vida se perde para muitos, observa-se a cultura do excesso: a hipervaidade, o hipercapitalismo, o hiperluxo, a hipertecnologia, e a hiperpotência tentando preencher possível vazio existencial. Exemplo desta cultura são as frases: – "... já não basta ser ou ter muito, o que vale é o conceito de hiper". "O homem está desbussolado. A questão é: aonde ir?" (V. **Vannuchi,** Camilo; ***A Sociedade do Excesso;*** Revista; *IstoÉ;* São Paulo, SP; 19.08.04; páginas 61 a 65).

Bússola. A opção pela proéxis na atual Sociedade significa inverter os efeitos da hipermodernidade utilizando ao longo da vida a bússola intraconsciencial (ponteiro da consciência) para conseguir discernir qual caminho seguir.

O *COMPLETISMO EXISTENCIAL* ***É O COROAMENTO DOS*** *AUTOESFORÇOS ININTERRUPTOS****, IMPLEMENTADOS PELA CONSCIN AO ENCARAR A EXISTÊNCIA HUMANA COMO*** *OPORTUNIDADE EVOLUTIVA****.***

25. METAS PESSOAIS

Definição. As *metas pessoais* são o conjunto de objetivos, propósitos ou anseios de ordem material, somática, energética, mentalsomática ou parapsíquica, definidos e almejados por parte da conscin nas diversas fases da vida humana.

Etimologia. O vocábulo *meta* deriva do idioma Grego, *metá,* "no meio de, entre, em seguida, depois, com, de acordo com, segundo, durante". Surgiu no Século XVI. A palavra *pessoal* provém do idioma Latim, *personalis,* "pessoal". Apareceu no Século XIII.

Sinonímia: 1. Objetivos pessoais. 2. Propósito existencial. 3. Metas planificadas. 4. Metas evolutivas.

Antonímia: 1. Despriorização pessoal. 2. Hibernação existencial. 3. Apriorismos pessoais. 4. Ausência de metas.

Interesses. A *meta* é a unidade de medida da proéxis. Representa os interesses e propósitos da conscin ao longo das diferentes fases da existência humana.

Maturidade. Durante o amadurecimento natural do corpo biológico, iniciado desde o nascimento até o período antecedente à dessoma, a conscin passa por períodos diferentes de definição de metas.

Metas. Os objetivos pessoais mudam conforme ocorre o avanço da idade, conhecimento e maturidade. Naturalmente as metas definidas pela criança são diferentes daquelas escolhidas pelo adolescente ou adulto.

Decisão. A meta definida pressupõe a decisão a favor das realizações, as quais impulsionam a conscin à concretização do resultado almejado, por exemplo: "Vou aprender a falar outro idioma ou vou construir uma casa".

Tra*fores*. A definição dos objetivos pessoais promove o aparecimento e fortalecimento de tra*fores* marcantes, tais como a vontade, a decisão, a determinação e a paciência, os quais auxiliam a conscin no alcance dos autopropósitos de vida.

Motivação. A meta está relacionada à motivação pessoal. Viktor Frankl (2009, p. 93 e 94), sobrevivente da Segunda Guerra Mundial, exemplifica bem esta questão: – "... somente sucumbia às influências do ambiente no campo de concentração aquele que entregava os pontos espiritual e humanamente. [ ] ... aquele que não tinha mais em que se segurar interiormente".

Vida. Quando o prisioneiro do campo de concentração dizia "não tenho mais nada a esperar da vida", desanimava interiormente decaindo fisica e psiquicamente. A morte ocorria em questão de dias (Frankl, 2009, p. 102 e 103).

Vazio. Mesmo não vivendo sob condições extremas, chega o momento na vida de muitas conscins, mais cedo ou mais tarde, quando o carro do ano, a casa luxuosa ou a conta bancária abastada, não preenchem o vazio existencial.

Bem-estar. O vazio existencial começa a ser trabalhado quando a consciência define metas pessoais renovadoras, geradoras de bem-estar íntimo, acima de aquisições somente materiais.

Realização. A razão de viver interligada aos preceitos acordados no CI para a programação existencial fortalece decisões, impulsiona e motiva a conscin para buscar realização pessoal e felicidade.

Importância. A citação do escritor Érico Veríssimo (1905-1975) ilustra de modo literário a importância da proéxis: – "Felicidade é ter certeza de que nossa vida não está passando inutilmente".

Escolha. A escolha dos objetivos pessoais passa pela definição das metas primárias, prioritárias, secundárias, intermediárias e as indispensáveis, cabendo à conscin definir a qual categoria pretende dedicar-se.

Tipos. Fundamentada na *Megapriorologia,* eis, por exemplo, na ordem alfabética, 30 tipos de metas pessoais e respectivos detalhamentos para expansão do universo pesquisístico do tema:

01. **Meta afetiva:** a dupla evolutiva, ponte para a megafraternidade.

02. **Meta assistencial:** a realização da *técnica da tenepes* (V. capítulo 38).

03. **Meta científica:** a opção pela produção de artigos científicos.

04. **Meta consciencial:** a autoconscientização sobre a existência de múltiplas dimensões (V. capítulo 36).

05. **Meta cosmoética:** o exercício de não pensar mal dos outros.

06. **Meta diplomática:** o investimento na assertividade comunicativa da tares.

07. **Meta energossomática:** a instalação plena do EV (V. capítulo 34).

08. **Meta evolutiva:** a desperticidade (V. capítulo 32).

09. **Meta existencial:** a intenção de caminhar para o *ciclo da atividade* dentro do autorrevezamento multiexistencial.

10. **Meta extrafísica:** a autoprojetabilidade (V. capítulo 37).

11. **Meta financeira:** a aquisição do *pé-de-meia* (V. capítulo 35).

12. **Meta ideal:** a aceleração da evolução consciencial.

13. **Meta indispensável:** a interassistencialidade, a finalidade da vida humana (V. capítulo 31).

14. **Meta intelectual:** a erudição.

15. **Meta intermissiva:** a aplicação da *técnica da invéxis* (V. capítulo 14).

16. **Meta intrafísica:** a residência funcional e especializada na dinamização da consecução da proéxis.

17. **Meta libertária:** a opção pela tares ao invés da tacon.

18. **Meta mentalsomática:** a escrita do primeiro livro visando o objetivo maior, a obra-prima.

19. **Meta multidimensional:** o desenvolvimento do parapsiquismo.

20. **Meta multimilenar:** o serenismo.

21. **Meta nutricional:** a dieta frutariana.

22. **Meta política:** a implantação de ambiente democrático para tomada de decisões.

23. **Meta prioritária:** a autopesquisa (V. capítulo 13).

24. **Meta proexólogica:** a obtenção do completismo existencial (V. capítulo 46).

25. **Meta profissional:** a aprovação no vestibular enquanto primeiro passo na formação acadêmica.

26. **Meta reciclofílica:** a modificação ao longo do tempo do temperamento pessoal (V. capítulo 17).

27. **Meta renovadora:** a aplicação da *técnica da recéxis*.

28. **Meta retributiva:** a reeducação através da docência esclarecedora.

29. **Meta somática:** a manutenção semanal de exercícios físicos.

30. **Meta vital:** a valorização somática.

Proéxis. As metas exemplificadas na listagem são evolutivas e auxiliam na consecução da proéxis, porém, existem aquelas rudimentares ou egocêntricas, por exemplo, quando a conscin prioriza a gestação humana para não ficar sozinha na velhice.

Labor. No entanto, não se engane: só a definição das metas não garante o cumprimento das mesmas. É preciso partir para a laboração desses objetivos. A realização satisfatória da proéxis envolve a definição de hábitos sadios e a manutenção de rotinas úteis.

AO PRIORIZAR** METAS EVOLUTIVAS **A CONSCIN SE PREDISPÕE À REMEMORAÇÃO DAS** AÇÕES PLANEJADAS **NO** CURSO INTERMISSIVO **PARA CUMPRIR A PROÉXIS COM MÉRITO E LOUVOR.

26. HÁBITOS SADIOS

Definição. Os *hábitos sadios* são o conjunto de atos ou procedimentos homeostáticos, evolutivos e cosmoéticos utilizados prioritariamente pela conscin interessada na consecução da programação existencial de modo satisfatório.

Etimologia. O vocábulo *hábitos* deriva do idioma Latim, *habitus,* "estado (do corpo), modo de ser". Surgiu no Século XIII. A palavra *sadio* provém também do idioma Latim, *sanativus,* "próprio para curar", radical de *sanatum,* supino de *sanare,* "curar, sanar, sarar, mitigar os cuidados, os pesares, as mágoas". Apareceu no Século XV.

Sinonímia: 1. Auto-organização proveitosa. 2. Costume adequado. 3. Prática sadia.

Antonímia: 1. Hábito doentio. 2. Autodesorganização. 3. Autoindisciplina. 4. Inatividade.

Metas. Os hábitos sadios começam a ser priorizados inicialmente a partir da definição das metas pessoais. Assim, é importante enfatizar o fato de, sem práticas homeostáticas, não existir propósito de vida ou priorização evolutiva.

Sucesso. Muitas histórias de sucesso são ilustradas por hábitos sadios envolvendo, por exemplo, estudo, treinamento repetitivo e / ou leituras sempre no sentido de alcançar a meta previamente estabelecida.

Proéxis. Para a consecução da proéxis não é diferente, sendo imprescindível a opção por hábitos sadios, sabendo conciliar na dosagem correta, as necessidades de ações com resultado imediato e de longo prazo.

Rotina. A inserção de hábitos sadios na rotina da vida humana pode parecer para muitos o abandono do lazer, contudo, na prática, geram prazer e bem-estar íntimo.

Homeostase. O binômio *ocupação pessoal–alegria de viver* é capaz de exemplificar comparativamente a necessidade de hábitos sadios na condição de coadjuvante para a conquista da homeostase pessoal.

Prazer. É natural, coerente, oportuno e saudável a conscin buscar a alegria de viver. Porém, este raciocínio tem condições de levar erroneamente muitas pessoas a escolherem a bebida, a droga, a riscomania e a aventura, devido à sensação de prazer momentâneo.

Pseudofelicidade. No universo da *oportunidade de viver,* todo prazer momentâneo é pseudofelicidade. Se a conscin dependente desse tipo de prazer conseguir olhar para si mesma, perceberá a existência de enorme vazio. Assim, os vários copos de cerveja, o cigarro, o excesso de comida e outros abusos contra a vida, não podem preencher este vazio.

Bússola. Na experiência desta autora, o hábito sadio de querer melhorar-se para estar qualificado a ajudar outras consciências é a bússola da felicidade.

Hábitos. Dentro do ponto de vista da *Profilaxia,* eis, na ordem alfabética, 20 hábitos sadios, voltados para a conquista da alegria de viver, fundamentados na realização da programação existencial:

01. **Hábito da autopesquisa.**
02. **Hábito da autossuperação de traf*a*res.**
03. **Hábito da autovalorização.**
04. **Hábito da escrita e posterior publicação.**
05. **Hábito da instalação do EV** (V. capítulo 34).
06. **Hábito da interassistência.**
07. **Hábito da leitura.**
08. **Hábito da orientação.**
09. **Hábito da reflexão.**
10. **Hábito das anotações e registro de informações.**
11. **Hábito das viagens culturais.**
12. **Hábito de acolher.**
13. **Hábito de ajudar.**
14. **Hábito de assistir a bons filmes.**

15. **Hábito de debater.**
16. **Hábito de doar energias.**
17. **Hábito de estudar.**
18. **Hábito de pensar a favor das conscins.**
19. **Hábito de realizar exercícios físicos.**
20. **Hábito de voluntariar.**

Questionamento. Ao ler esta listagem de hábitos, você, leitor(a), pode questionar-se, sobre a inexistência do hábito de ficar de *papo para o ar*, da cerveja no final do dia ou da noitada no fim de semana, tão comum à maioria dos cidadãos.

Excessos. Porém, na opinião desta autora, em algum *momento na vida* ou durante a evolução de qualquer conscin os desejos fugazes passam e, quando isto ocorre, os excessos da modernidade não são suficientes para preencher a sensação de incompletude, tempo perdido e insatisfação íntima.

Renovação. Se você, leitor(a), já chegou neste nível de saturação, tome providências o mais rápido possível. Renove hábitos decadentes, invista na reciclagem íntima e autossuperação, use do autoesforço pessoal para manter rotina útil com conotações evolutivas (V. capítulo 17).

***PARA A CONSCIN INTERESSADA NO** COMPLETISMO EXISTENCIAL **É FUNDAMENTAL DEFINIR** METAS EVOLUTIVAS, **FIXAR** HÁBITOS SADIOS **E PROMOVER A** MANUTENÇÃO DE ROTINAS ÚTEIS.*

27. ROTINA ÚTIL

Definição. A *rotina útil* é a manutenção diária, constante e repetitiva de hábitos, atos ou procedimentos sadios, evolutivos e cosmoéticos capazes de potencializar a consecução da programação existencial da conscin (Vieira, 2013).

Etimologia. O termo *rotina* vem do idioma Francês, *routine,* "rotina" e este de *route,* "caminho muito frequentado". Surgiu no Século XVIII. O vocábulo *útil* deriva do idioma Latim, *utilis,* "que serve, bom, salutar, eficaz, vantajoso, válido, útil". Apareceu no Século XV.

Sinonímia: 1. Rotina vantajosa. 2. Ramerrame profícuo. 3. Vida rotineira dinâmica.

Antonímia: 1. Rotina inútil. 2. Vida monótona. 3. Rotina patológica. 4. Autoindisciplina.

Organização. No universo da auto-organização, ao longo da vida humana o primeiro passo a ser implementado por parte da conscin para chegar na rotina útil é desenvolver hábitos sadios.

Hábitos. A rotina implica na repetição de hábitos e pode parecer para muitas pessoas algo monótono, no entanto, o qualificativo útil preconiza a priorização contínua dos objetivos sadios.

Condicionamento. A rotina útil envolve o condicionamento das ações, atitudes, comportamentos e manias positivas da conscin, com o objetivo claro de alcançar metas evolutivas.

Lucidez. O importante na manutenção de rotinas sadias é ampliar a lucidez e discernimento a respeito dos hábitos evolutivos priorizados, objetivando manter a motivação e continuísmo das atividades.

Flexibilidade. A rotina deixa de ser útil quando a conscin faz opções pela manutenção de maus hábitos ou tem dificuldade em flexibilizar atividades em decorrência de outras mais prioritárias em determinados contextos.

Binômios. Eis, por exemplo, na ordem alfabética, 7 binômios exemplificadores da importância da manutenção da rotina útil:

1. **Binômio casa organizada–vida organizada.**
2. **Binômio começo fácil–manutenção difícil.**
3. **Binômio empenho-saldo.**
4. **Binômio esforço-sucesso.**
5. **Binômio hábitos sadios–rotinas úteis.**
6. **Binômio repetição-aprimoramento.**
7. **Binômio rotina-saldo.**

União. Congruente à *oportunidade de viver*, a união das metas pessoais, hábitos sadios e rotinas úteis levam a conscin à vivência frequente e consecutiva de dias matemáticos.

Dia. O dia matemático ocorre quando fatos positivos da vida confluem sincronicamente e tudo tende a dar mais certo (Vieira, 2013).

Potencialização. A determinação diária em manter a rotina útil e consequentemente vivenciar lucidamente os dias matemáticos, potencializa os traf*o*res da conscin decidida a cumprir as metas pessoais existenciais.

Vida. A experimentação autoconsciente, constante e bem aproveitada dos dias matemáticos, conduz a pessoa à vivência da vida matemática.

Definição. A vida matemática representa a existência humana da conscin lúcida, organizada pouco a pouco, de maneira técnica, utilizando cada vez mais hábitos sadios e rotinas úteis, objetivando a consecução da programação existencial (Vieira, 2013).

Assistência. O desejo desta autora é manter, com persistência, rotina útil assistencial de modo a conquistar a oportunidade evolutiva lúcida de continuar fazendo assistência após a dessoma ou período da intermissão, resgatando, desse modo, consciências do passado pessoal deixadas para trás.

A MANUTENÇÃO DE *ROTINAS ÚTEIS* ***PELA CONSCIÊNCIA LÚCIDA PREDISPÕE A*** *VIDA MATEMÁTICA,* **CONDIÇÃO OTIMIZADORA DO** *SALDO POSITIVO DA FICHA EVOLUTIVA* ***E COMPLETISMO EXISTENCIAL.***

28. AUTOMOTIVAÇÃO

Definição. A *automotivação* é o estado pessoal íntimo de ânimo, entusiasmo, interesse ou disposição favorável, da conscin homem ou mulher, inclinada a enfrentar com vigor, persistência e paciência as diversas fases e adversidades da vida humana.

Etimologia. O elemento de composição *auto,* procede do idioma Grego, *autós,* "eu mesmo, por si próprio". O vocábulo motivação vem do idioma Francês, *motivation,* "motivação". Apareceu em 1899.

Sinonímia: 1. Ânimo. 2. Disposição. 3. Garra. 4. Neomotivação.

Antonímia: 1. Autodesmotivação. 2. Desinteresse. 3. Acídia.

Disposição. A disposição advinda da automotivação funciona enquanto *motor* da vontade pessoal proporcionando vigor e puxando o autoesforço no intuito de alcançar a meta pré-estabelecida.

Potencialização. Na Conscienciologia, existe a *técnica da motivação-trabalho-lazer,* com o propósito de potencializar os autodesempenhos de modo prazeroso e eficaz.

Interesse. O ideal nessa técnica é a pessoa descobrir quais atividades evolutivas manifesta maior interesse para conseguir conjugar *o gostar* com a motivação de realização contínua, e assim, permitir a interfusão do trabalho com o lazer.

Motivação. Para Vieira (2013), existem 2 tipos de motivação: aquela nascida do entusiasmo e, portanto, transitória; e a motivação nascida da maturidade, mais duradoura.

Reflexão. A motivação advinda da maturidade é a condição ideal, pelo fato de estar embasada na reflexão e permitir a manutenção do trabalho garantindo produtividade e autorrealização constante.

Condições. Sob a ótica da *oportunidade de viver,* eis, na ordem alfabética, 10 condições favoráveis à manutenção da motivação pessoal, durante a consecução da programação de vida:

01. **Autoenfrentamentos.** Efetuar soerguimentos pessoais visando corrigir erros, equívocos, distorções e omissões cometidas.

02. **Crescimento.** Refletir sobre os benefícios evolutivos ao realizar determinadas ações positivas.

03. **Cronologia.** Saber discernir o tempo de "plantar e o tempo de colher".

04. **Descanso.** Avaliar a carga horária de sono pessoal no intuito de priorizar períodos de descanso e refazimento pessoal.

05. **Extrapolacionismo.** Pesquisar as vivências de extrapolações dentro das metas estabelecidas.

06. **Gargalo.** Ultrapassar as dificuldades pessoais e renovar a motivação para novas conquistas.

07. **Inventário.** Realizar o balanço anual das conquistas pessoais.

08. **Modelo.** Observar os bons exemplos oriundos da *personalidade inspiradora de reciclagens* ao modo de espelho evolutivo.

09. **Otimismo.** Manter o pensamento positivo no firme propósito planificado.

10. **Valorização.** Valorizar resultados decorrentes do investimento em alguma área.

Dificuldade. Manter a motivação nos momentos de dificuldade não é tarefa fácil para a maioria das consciências. Nas situações difíceis ouve-se frases autovitimizadoras do tipo: *Por que comigo? Eu não mereço isso. Onde eu errei?*

Maturidade. A motivação madura desenvolve-se quando a conscin assume a parcela de responsabilidade pessoal por algum processo negativo durante a vida humana, minimizando qualquer postura de autovitimização. A rigor, não existe vítima.

Escolhas. Para a conscin motivada sorte ou azar não existem. Ela mesma define a direção dos acontecimentos a partir de escolhas, decisões, interesses, investimentos e intencionalidade positiva.

Ricochete. Para diminuir a vitimização e aumentar a automotivação é necessário compreensão, por parte da conscin, sobre o fato de a resposta, o reflexo ou a repercussão positiva ou negativa, retornarem à própria pessoa na forma de ricochete.

Responsabilidade. A corresponsabilidade pelos diferentes problemas enfrentados existe, mas o ideal é não se martirizar, vitimizar ou *carregar sobre os ombros,* o peso da culpa destruidora por algum insucesso ou dificuldade (V. capítulo 18).

Aprendizagem. As dificuldades, insucessos, falhas e mudanças de planos fazem parte do processo de reaprendizagem. Para esta autora, nos contextos difíceis da vida humana existem 3 escolhas: continuar, paralisar momentaneamente ou desistir.

Decisão. A decisão de prosseguir ou não, é escolha pessoal, pois as opções podem ter características neutras. Tudo vai depender do problema, da conscin envolvida, do grupocarma afetado, do local, do contexto e do momento evolutivo.

Ônus. Qualquer das decisões escolhidas pela conscin implica em assumir o ônus do presente-futuro imediato, bem como, avaliar o limite assistencial pessoal.

A *AUTOMOTIVAÇÃO* ***PERMANENTE NA SUPERAÇÃO DOS RESTRINGIMENTOS CONSCIENCIAIS NA VIDA HUMANA, POTENCIALIZA O*** *AUTODESEMPENHO EVOLUTIVO* ***DA CONSCIN, HOMEM OU MULHER.***

SEÇÃO VI

PRIORIZAÇÕES EVOLUTIVAS

29. PRIORIDADE EVOLUTIVA

Definição. A *prioridade evolutiva* é a condição a ser colocada com discernimento, em primeiro lugar, quanto ao tempo, ordem, importância, necessidade ou premência considerando a diretriz da evolução da consciência (Vieira, 2007, p. 1.015).

Etimologia. O vocábulo *prioridade* deriva do idioma Latim, *prioritas,* "que está mais avançado". Surgiu no Século XVII. O termo *evolutivo* procede do idioma Francês, *evolutif,* de *évolution,* e este do idioma Latim, *evolutio,* "ação de percorrer, de desenvolver". Apareceu em 1873.

Sinonímia: 1. Primazia evolutiva. 2. Urgência evolutiva. 3. Necessidade evolutiva.

Antonímia: 1. Antipriorização evolutiva. 2. Hibernação Existencial. 3. Postergação antievolutiva.

Intensidade. Congruente à *oportunidade de viver,* o ideal é aproveitar a vida intensamente, porém com discernimento, a partir da priorização de práticas realmente evolutivas.

Evolução. Na vida intrafísica importa à conscin com inteligência evolutiva priorizar atividades e / ou ações de relevância e contribuição para maior número de consciências.

Correção. No universo da *Interassistenciologia,* a prioridade para quem agiu de modo anticosmoético é atuar na correção de tais erros, mesmo com atitudes e hábitos parecendo antipáticos para a maioria das pessoas.

Vítimas. Por exemplo, a pessoa com o passado marcado pelas doutrinações e lavagens cerebrais, pode hoje, priorizar esclarecer os ensinamentos errados para as próprias vítimas de vidas anteriores.

Prioridades. Definir prioridades evolutivas não é tarefa fácil, pois cada escolha, por parte da conscin, envolve bônus e ônus ao longo do tempo. Para facilitar a resolução quanto às autoprioridades, eis, como exemplos, na ordem alfabética, 20 variáveis evolutivas:

01. **Amizades evolutivas.**
02. **Assistencialidade tarística.**
03. **Autoconsciencioterapia.**
04. **Autodiscernimento.**
05. **Autopesquisa.**
06. **Coerência pessoal.**
07. **Cognição evolutiva.**
08. **Companhia dos amparadores extrafísicos.**
09. **Desenvolvimento do parapsiquismo.**
10. **Desperticidade.**
11. **Docência conscienciológica.**
12. **Domínio do estado vibracional.**
13. **Dupla evolutiva.**
14. **Exercícios físicos sem excessos.**
15. **Gestação consciencial.**
16. **Independência financeira.**
17. **Obra-prima.**
18. **Reconciliação grupocármica.**
19. **Tenepes.**
20. **Voluntariado assistencial.**

Megafoco. O ideal é a conscin descobrir, através da autoinvestigação pró-evolução, qual a principal prioridade pessoal para poder se manter neste megafoco e alcançar resultados evolutivos sem autodispersões.

Capítulos. Nos próximos capítulos foram listadas algumas prioridades evolutivas, identificadas por esta autora como relevantes ou prementes, no atual momento evolutivo desta vida intrafísica (Ano-base: 2013).

Priorizar *oportunidades evolutivas* ***significa aplicar a lei do*** *maior esforço,* ***como*** *princípio existencial,* ***e praticar o trinômio: discernimento-organização-exemplarismo.***

30. AMIZADE EVOLUTIVA

Definição. A *amizade evolutiva* é o sentimento fiel de grande afeição, simpatia, apreço, aliança, solidariedade, entendimento, compreensão e heterocrítica entre conscins interessadas em viver evolutivamente sob o *princípio da admiração-discordância.*

Etimologia. O termo amizade procede do idioma Latim, *amicitas,* "amizade, afeição, simpatia, aliança, pacto". Apareceu no Século XII. O vocábulo *evolutivo* procede do idioma Francês, *evolutif,* de *évolution,* e este do idioma Latim, *evolutio,* "ação de percorrer, de desenvolver". Apareceu em 1873.

Sinonímia: 1. Amizade construtiva. 2. Amizade raríssima. 3. Amizade interassistencial.

Antonímia: 1. Amizade ociosa. 2. Amizade prejudicial. 3. Amizade regressiva. 4. Amizade patológica. 5. Amizade anticosmoética.

Laços. Concernente à *oportunidade de viver,* as amizades evolutivas fortalecem laços de interconfiança cada vez maiores entre as consciências, necessários ao aprendizado grupal.

Antiguidade. Já na antiguidade, Aristóteles (384–322 a.e.c.), menciona o valor da amizade: – "... sem amigos ninguém escolheria viver, mesmo que possuísse todos os demais bens".

Afinidades. As amizades inicialmente são determinadas pelas afinidades pessoais de maneira consciente ou inconsciente.

Interesses. Quando as afinidades envolvem interesses evolutivos, assistenciais, cosmoéticos, universalistas, pacifistas e proexológicos denotam a existência da amizade evolutiva.

Evitação. Porém, quando o grupo de contato apresenta interesses anticosmoéticos, caracteriza a amizade patológica ou evitável, e viver junto a estas consciências significa grandes chances de acumpliciamento.

Prejuízo. A amizade evitável é aquela na qual inexiste a possibilidade de renovação pessoal, somada ao agravante da possibilidade de acumpliciamento com ilicitudes. Neste sentido, o convívio se torna negativo e prejudicial, necessitando ser evitado (Vieira, 2013).

Botequim. Exemplo de amizade evitável é aquela existente com o amigo de botequim, a qual já pode ser descartada, pois as conversas giram em torno de sexo, novela, futebol e fofocas, todas movidas a boa quantidade de bebida alcoólica e cigarro.

Rompimento. O rompimento das amizades prejudiciais significa a decisão lúcida de não compactuar com ilegalidades e autocorrupções da conscin considerada amiga.

Características. Eis, como exemplos, dispostos em ordem alfabética, 18 características e confrontos didáticos entre perfis conscienciais visando auxiliar na definição das amizades evolutivas:

Quadro 2 – Características / Perfil Imaturo / Perfil Evolutivo

	Características	Perfil Imaturo	Perfil Evolutivo
01.	**Abertismo**	Introvertido	Extrovertico
02.	**Acolhimento**	Refratário	Atrator
03.	**Cognição**	Analfabeto	Erudito
04.	**Comunicação**	Aliciador	Informador
05.	**Coragem**	Covarde	Corajoso
06.	**Cosmoeticidade**	Anticosmoético	Cosmoético
07.	**Criticidade**	Crédulo-acrítico	Questionador
08.	**Dinamismo**	Acomodado	Dinâmico
09.	**Ego**	Egoísta	Doador
10.	**Expressão**	Falastrão	Comedido
11.	**Humor**	Mal-humorado	Bem-humorado
12.	**Intencionalidade**	Manipulador	Libertador
13.	**Organização**	Desleixado	Auto-organizado
14.	**Ponderabilidade**	Fanático	Sensato
15.	**Prudência**	Riscomaníaco	Calculista cosmoético
16.	**Sociabilidade**	Fechado	Aberto
17.	**Trato**	Hostil	Cordial
18.	**Universalidade**	Sectarista	Universalista

Refratariedade. Quando a conscin apresenta perfil refratário a qualquer possibilidade de mudança do ponto de vista evolutivo, podemos considerar, infelizmente, como sendo amizade evitável.

Perfil. O ideal é optar lucidamente pela união a grupos com pretensões evolutivas, ao invés de escolher os objetivos puramente materiais.

Relações. Optar em conviver com amizades evolutivas, não é sinônimo de distanciamento social ou isolamento. É preciso manter boas relações sociais mesmo com pessoas de interesses divergentes.

Reeducação. A convivência entre pessoas com objetivos e valores diferentes pode, por exemplo, permitir reeducações recíprocas e gerar bem-estar mútuo.

Longevidade. O estudo conduzido por Lynnes Giles da Universidade de Flinders, Austrália, evidenciou o fato das redes de amizades aumentarem a expectativa de vida dos participantes da pesquisa em pelo menos 10 anos, tempo de duração do estudo (Giles, *et al.;* 2005).

Ajuda. Sob a ótica da evolução em grupo, importa ressaltar o fato de a desvinculação cotidiana com as amizades ociosas não significar negar ajuda, quando necessária.

União. Esta autora optou, lucidamente, unir-se a consciências com objetivos evolutivos comuns, fortalecendo a amizade multiexistencial e colocando em prática a *oportunidade de viver* evolutivamente.

A *VIDA* ***É A*** *OPORTUNIDADE* ***DE FORTALECER AMIZADES EVOLUTIVAS, FORMANDO*** *VÍNCULOS* ***ASSISTENCIAIS, RUMO À*** *PARAPROCEDÊNCIA* ***MAIS*** *EVOLUÍDA,* ***LOGO APÓS A DESSOMA.***

31. ASSISTENCIALIDADE TARÍSTICA

Definição. A *assistencialidade tarística* é a condição, capacidade ou predisposição da conscin, em auxiliar outras consciências, fundamentada principalmente na reeducação por intermédio da tarefa do esclarecimento, fraternidade, Cosmoética e policarmalidade.

Etimologia. A palavra *assistência* procede do idioma Latim, *assistentia,* "ajuda, socorro". Surgiu no Século XVI. O vocábulo *tarefa* vem do idioma Árabe, *tariha,* "quantidade de trabalho que se impõe a alguém", derivado de *tarah,* "lançar, arrojar, impor a aquisição de alguma mercadoria a determinado preço". Surgiu no Século XVI.

Sinonímia: 1. Auxílio tarístico. 2. Amparo. 3. Arrimo cosmoético.

Antonímia: 1. Catequese. 2. Populismo. 3. Malevolência. 4. Malquerença.

Princípio. No contexto da *oportunidade de viver,* a existência humana bem aproveitada é aquela embasada na Assistenciologia como princípio prioritário para a vida.

Alegria. Na experiência desta autora a dedicação à assistencialidade aumenta a alegria de viver, tendo percebido em inúmeras ocasiões, felicidade e bem-estar da atuação correta e assistencial, ao contrário das repercussões negativas e sensação de insatisfação íntima, oriundas de posicionamentos errados e egoicos.

Doação. O estudo realizado por William Harbaugh, professor de Economia Comportamental e Experimental da Universidade de Oregon, EUA, evidenciou ser a generosidade ou o exercício da doação, fonte de prazer similar a sexo, receber presentes e comer alimentos saborosos (V. **Ovadia,** Daniela; ***O Prazer de Doar;*** Revista; *Mente&Cérebro;* São Paulo, SP; Dezembro, 2010; páginas 20 a 25).

Profissão. A conscin interessada em fazer assistência pode ampliar a forma de atuação através da escolha da profissão, voltada preferencialmente, ao atendimento e auxílio a outras consciências ao longo da vida humana.

Tacon. A assistência a outras consciências tem condições de ocorrer inicialmente através da tarefa da consolação (tacon), ainda o estágio primário, posteriormente caminhando para a tares.

Lenitivos. A tacon é a tarefa mais simpática, oferece lenitivos e *faz média* com todos, diz mais *sim* e evita o *não* em todos os empreendimentos. *Ainda é egoica.*

Tares. A tarefa do esclarecimento (tares) é trabalho mais avançado e difícil, exige lucidez, discernimento, abertismo, amadurecimento e independência da opinião pública (V. capítulo 22).

Valor. A compreensão real do valor da assistência tarística ocorre quando a conscin se capacita a assumir o ônus e o bônus deste trabalho, libertando-se gradualmente da necessidade de reconhecimento ou qualquer forma de compensação pela assistência realizada.

Profissionalização. Quando a conscin torna-se profissional da assistência sabe discernir durante a interlocução, em contextos específicos, qual técnica utilizar, ou seja, tacon ou tares, diante de algum impasse evolutivo. *Não existe tares sem tacon.*

Benefícios. Eis, em ordem alfabética, 8 benefícios, possíveis de serem adquiridos pela consciência, quando dedicada ao trabalho assistencial tarístico e cosmoético ao longo da vida intrafísica:

1. **Amizade:** a conquista da amizade raríssima de amparador extrafísico.
2. **Autorreeducação:** o reforço de sentimentos e pensenes positivos a favor do maior número possível de consciências.
3. **Bem-estar:** a alegria de viver.
4. **Evolução:** a dinamização autoevolutiva.
5. **Felicidade:** a constância da sensação de bem-estar íntimo.
6. **Ficha:** o *superavit* na Ficha Evolutiva Pessoal (FEP).

7. **Recomposição:** a oportunidade de superação das interprisões grupocármicas.

8. **Universalismo:** a qualificação das intercessões a favor da Humanidade.

Opção. A opção inteligente pela prática assistencial no cotidiano da vida humana pode ser ilustrada através da citação do publicitário Meyer Michael Greenberg (1928–1995), – "Não se prive da alegria de doar".

***A EFICÁCIA DA** ASSISTENCIALIDADE TARÍSTICA* **ENVOLVE AUMENTAR A** *EMPATIA* **COM A CONSCIÊNCIA ASSISTIDA E APRIMORAR O ENTROSAMENTO COM O AMPARADOR EXTRAFÍSICO.**

32. AUTODESASSEDIALIDADE

Definição. A *autodesassedialidade* é a condição pessoal de vivência teática da autodefesa intra e extrafísica, promovendo a manutenção do equilíbrio pessoal íntimo, livre o tempo todo de influências negativas e interferências espúrias e intrusivas de pensenes patológicos, seja de quem for.

Etimologia. O elemento de composição *auto* procede do idioma Grego, *autós,* "eu mesmo, por si próprio". O prefixo *des* vem do idioma Latim, *dis* ou de *ex,* "oposição, negação, falta". O vocábulo *assédio* deriva do idioma Italiano, *assedio,* e este do idioma Latim, *absedius* ou *obsidium,* "cerco, cilada, assédio". Apareceu no Século XVI. O primeiro registro do neologismo *autodesassedialidade,* ocorreu em 1997, no livro Manual da Proéxis (Vieira, 2014, p. 99).

Sinonímia: 1. Autodesassédio. 2. Desperticidade. 3. Desassediologia.

Antonímia: 1. Autoassedialidade. 2. Heteroassedialidade. 3. Autopensenidade doentia.

Libertação. Em face da *oportunidade de viver,* o autodessassédio representa a libertação da conscin à subjugação de influências negativas intra e extrafísicas de maneira consciente.

Autodesassédio. O autodesassédio promove na conscin o desenvolvimento da desperticidade. A desperticidade é a qualidade do ser desperto (des + per + to), ou seja, o ser intrafísico ou humano *des*assediado, *per*manente, *to*tal.

Homeostase. Para entender a homeostase da conscin desassediada permanente total é preciso conhecer o lado patológico, o autoassédio.

Autoassédio. O autoassédio é a condição da conscin emocional, intelectual e energeticamente predisposta a se molestar autopensenicamente, com insistência patológica sobre si mesma.

Raiz. A raiz do heteroassédio é o autoassédio, gerado principalmente através de pensenes patológicos da própria pessoa, os quais promovem a ligação ou *rapport* com as consciências extrafísicas assediadoras. Fica evidente a conexão autoassédio-heteroassédio.

Doença. O assédio pode ser considerado a maior doença da Humanidade, atingindo mais de 90% dos componentes adultos da Sociedade (Vieira, 2013).

Fragilidade. O assédio mantém as consciências frágeis e sujeitas a vários tipos de manipulação, por exemplo, acidentes, doenças, brigas, violências, roubos, desequilíbrios emocionais e até dessomas prematuras.

Tipos. Eis, como exemplos, na ordem alfabética, 8 tipos de assédios, objetivando a demonstração prática da necessidade e priorização da autodesassedialidade:

1. **Assédio bioquímico:** o provocado por droga, bebida, alimento, gás ou fumaça.
2. **Assédio coletivo:** a *onda* de arrastões comuns nas grandes cidades.
3. **Assédio direto:** a consciex promovendo o ataque energético sobre a conscin podendo provocar vários danos a mesma.
4. **Assédio efêmero:** o resfriado provocado pelo microassediador invisível (vírus).
5. **Assédio extrafísico:** as abordagens intimidadoras de consciexes durante a projeção lúcida.
6. **Assédio mentalsomático:** a indu*ção* mental negativa.
7. **Assédio moral:** a violência psicológica, causando danos à saúde física e mental.
8. **Assédio parapsíquico:** as assimilações energéticas (Assim) negativas (V. capítulo 36).

Desperticidade. O verdadeiro ser desperto vive no *front* da batalha com ininterrupta autodefesa do microuniverso pessoal sem padecer de assédios eventuais.

Defesa. Ao defender-se dos efeitos nosográficos de consciências patológicas, paradoxalmente a conscin se movimenta a favor da assistência, tornando-se mais gabaritada para esta tarefa.

Fraternismo. Mesmo com autodefesa evidente, o ser desperto procura harmonizar os ambientes e consciências patológicas através da presença energética fraterna.

Condições. Eis, na ordem alfabética, 10 condições promotoras do autodesassédio enquanto prioridade para a vida humana:

01. **Antiemocionalidade:** o acolhimento fraterno com discernimento de conscins e consciexes sem acumpliciamentos.
02. **Atividades:** a participação dos cursos otimizadores do desassédio grupal, para os candidatos à desperticidade.
03. **Autopensenidade:** o discernimento autopensênico objetivando distinguir o pensene pessoal do de outra consciência.
04. **Cosmoética:** a fixação de bases cosmoéticas objetivando a interassistencialidade.
05. **EV:** o investimento no estado vibracional profilático enquanto chave do desenvolvimento parapsíquico e defesa energética (V. capítulo 34).
06. **Paraperceptibilidade:** a priorização do desenvolvimento sadio do parapsiquismo.
07. **Ponderação:** o assentamento consciencial gerado pela maturidade física, mental e psicológica.
08. **Sinalética:** o mapeamento da sinalética parapsíquica pessoal amplificadora do alerta energético.
09. **Tenepes:** a prática energética pessoal diária enquanto recurso de autocura dos assédios inconscientes.
10. **Tertúlias:** o confronto e debate de ideias evolutivas promovendo a libertação das imaturidades instintuais.

O EV *É* ***A*** *CHAVE* ***PARA O*** *AUTODESASSÉDIO,* ***PRIORIDADE EVOLUTIVA A QUALQUER CONSCIN INTERESSADA NA*** *CONQUISTA LÚCIDA* ***DA*** *DESPERTICIDADE,* ***AINDA NESTA EXISTÊNCIA FÍSICA.***

33. AUTOCOGNIÇÃO EVOLUTIVA

Definição. A *autocognição evolutiva* é a faculdade da consciência de adquirir, acumular e ampliar o conjunto ou acervo de conhecimento, sabedoria ou erudição sobre determinado assunto, tema ou objeto, adquiridos através da aplicação da inteligência evolutiva, discernimento e raciocínio lógico.

Etimologia. O elemento de composição *auto* procede do idioma Grego, *autós,* "eu mesmo; por si próprio". O vocábulo *cognição* deriva do idioma Latim, *cognitio,* "ação de conhecer". Surgiu no Século XIX. A palavra *evolutivo* procede do idioma Francês, *evolutif,* de *évolution,* e este do idioma Latim, *evolutio,* "ação de percorrer, de desenrolar". Apareceu em 1873.

Sinonímia: 1. Sapiência evolutiva pessoal. 2. Conhecimento evolutivo. 3. Autoampliação do discernimento.

Antonímia: 1. Ignorância evolutiva. 2. Apedeutismo evolutivo.

Estudo. Diante da *oportunidade de viver,* ao efetuar o investimento na intelectualidade a partir da dedicação ao estudo priorizando o desenvolvimento do mentalsoma, a conscin apresenta maior rendimento evolutivo na existência humana.

Cérebro. O avanço na escala evolutiva das consciências depende também da capacidade cerebral em captar, compreender e processar informações da dimensão física e extrafísica, minimizando os emocionalismos do psicossoma.

Circuitos. A maioria das projeções da conscin, por exemplo, não pode ser registrada com clareza, por insuficiência dos circuitos neuropsíquicos da rememoração (Vieira, 1999, p. 927).

Neurônios. O aquecimento neuronial promovido pela dedicação ao estudo desencadeia a criação de neossinapses sendo o primeiro passo no universo da cognição (Vieira, 2013).

Cognição. Comparativamente, o estado vibracional representa a proteção energética para a conscin, enquanto a autocognição evolutiva constitui por si só a defesa do mentalsoma.

Investimento. O investimento na cognição evolutiva começa a partir de questões básicas, a exemplo do uso da caneta, papel e *laptop,* o tempo todo.

Memória. O uso dos artefatos do saber para anotação, funciona como extensão da memória no sentido de ampliar a captação de ideias e acompanhar a renovação cerebral cognitiva.

Década. Herbert A. Simon (1916–2001), criou a lei psicológica própria, chamada *regra dos dez anos,* segundo a qual é preciso, pelo menos, uma década de trabalho duro para dominar qualquer campo de atuação ou conhecimento. Então, mãos à obra.

Genialidade. O experimento realizado por Lázló Polgár (1946–) educador húngaro, efetuando treinamento de até 6 horas diárias de xadrez com as três filhas, evidenciou a possibilidade de grandes mestres serem criados, sugerindo ser a genialidade adquirida e não inata (**Ross,** Philip; ***Mentes Brilhantes;*** *Mente&Cérebro; Seção especial Inteligência;* **São Paulo, SP; Maio, 2008, páginas 56 a 63**).

Hábito. Aristóteles (384–322 a.e.c.), também ilustra o fato de a cognição ser desenvolvida: – "Somos aquilo que fazemos dia após dia. De modo que a excelência não é um ato, mas um hábito".

Limitações. Quando a conscin negligencia o desenvolvimento da intelectualidade, fica restrita à psicomotricidade e apresenta limitações cognitivas em função da dificuldade de priorizar o estudo. Centraliza, em muitos casos, os esforços mais no cerebelo (aprendizagem motora) ao invés do córtex (funções cognitivas).

Mentalsoma. Entre o psicossoma e o mentalsoma, mais inteligente é deixar o segundo predominar através do cérebro racional na vida humana. Desse modo, é possível ao longo do tempo dominar pouco a pouco a emocionalidade característica do psicossoma deixando os sentimentos elevados, provenientes do mentalsoma, prevalecerem.

Racionalidade. Quanto maior for o investimento na cognição, maiores as chances de a conscin ampliar a racionalidade, diminuindo a força emocional do psicossoma.

Valor. Do ponto de vista do conhecimento evolutivo, o valor da vida humana se encontra principalmente na autocognição fixada no paracérebro da própria conscin através da opção pelo desenvolvimento do mentalsoma, por meio de inúmeras atividades, tais como: leitura diversificada, escrita do artigo, verbete e livro.

Exemplos. Eis, como exemplos, 7 conquistas ligadas à cognição humana, dispostas na ordem alfabética:

1. **Cosmovisão.**
2. **Enciclopedismo.**
3. **Erudição.**
4. **Heurística.**
5. **Neofilia.**
6. **Polimatia**
7. **Taquipsiquismo.**

O *FOCO NO* ***INVESTIMENTO DOS*** *ATRIBUTOS CEREBRAIS,* ***COM*** *OBSTINAÇÃO* ***DURANTE A VIDA HUMANA, PREDISPÕE O PROGRESSO*** *DA COGNIÇÃO* ***E AUMENTA A COSMOVISÃO PESSOAL.***

34. Estado Vibracional (EV)

Definição. O *estado vibracional* é a técnica da dinamização máxima das energias do energossoma através da vontade objetivando a profilaxia e homeostase holossomática da conscin.

Etimologia. O termo *estado* deriva do idioma Latim, *status,* "modo de estar, posição, situação, condição". Surgiu no Século XIII. O vocábulo *vibracional* procede também do idioma Latim, *vibrare,* "vibrar, agitar". A palavra *vibrar* apareceu no Século XVI.

Sinonímia: 1. *Técnica energética pessoal.* 2. *Técnica da autovibração das energias.* 3. *Técnica de profilaxia energética.*

Antonímia: 1. Condição antienergética pessoal. 2. Inércia energética. 3. *Técnica da meditação.*

EV. No estudo da *oportunidade de viver,* a movimentação das energias pessoais através da *técnica do EV* promove a limpeza das energias gravitantes negativas da conscin melhorando o bem-estar íntimo e ao mesmo tempo dinamizando as autopotencialidades.

Proposição. A *técnica de autodefesa através do estado vibracional,* foi proposta pelo pesquisador Waldo Vieira em 1979 (Vieira, 1999, p. 80).

Desafio. Desde o momento da sugestão da *técnica do EV,* esta tem representado o desafio diário e contínuo para a conscin, homem ou mulher, interessada no domínio das energias pessoais.

Mega-aquisição. O domínio do estado vibracional significa a primeira mega-aquisição ou conquista da conscin motivada na dinâmica da própria evolução (Vieira, 2003, p. 801).

Autolimpeza. É importante lembrar o fato de a conscin receber e trocar energias no meio em que vive, principalmente durante os contatos interpessoais, porém, nem sempre a qualidade dessa troca é a ideal, sendo necessário efetuar a autolimpeza energética. A técnica indicada neste caso é o EV.

Movimentação. O estado vibracional envolve a movimentação rápida das energias do energossoma além das vibrações lentas do corpo físico.

Vibracall. Para compreender o fluxo das energias através do EV, imagine o aparelho celular empoeirado tocando no modo *vibracall*, a poeira se solta e espalha durante a vibração.

Desacoplamento. Ao vibrar o energossoma de modo técnico, a conscin promove o desacoplamento de energias negativas e consciências patológicas da psicosfera melhorando o padrão energético pessoal.

Recurso. O estado vibracional é recurso indispensável para a consciência na vida humana, mas depende do *saber fazer, poder fazer* e *querer fazer* o EV (Vieira, 1997b, p. 151).

Técnica. No início, a *técnica do EV* consiste em mobilizar as energias do alto da cabeça em direção aos pés, e depois trazer novamente essas energias para a cabeça, de modo lento e contínuo, com o objetivo de sentir e discriminar o fluxo das energias varrendo cada parte ou órgão do soma.

Posição. O estado vibracional pode ser realizado em qualquer posição corporal, porém, o modo ereto do soma, com os braços estendidos ao longo do corpo e os pés separados, otimiza a direção do fluxo das energias.

Velocidade. A partir da vontade firme, a conscin vai aumentando a velocidade da movimentação do fluxo das energias pessoais.

Sensação. Quando o EV se instala completamente, é possível perceber a sensação intensa de vibração interna e externa ao corpo.

Repetição. A repetição da circulação das energias, inicialmente de modo lento, amplia a percepção acurada da conscin sobre a movimentação e repercussão das mesmas ao longo do soma, até ocorrer a instalação do estado vibracional.

Persistência. Com o passar do tempo, insistindo na *técnica do EV* com persistência, o praticante consegue instalar o estado vibracional de modo instantâneo através da impulsão das energias pela vontade e com o corpo em qualquer posição.

Quantidade. Recomenda-se a realização da quantidade mínima de 20 EVs diários, em diferentes horários e situações, com o intuito de promover a autodefesa energética ao longo do dia (Vieira, 2003, p. 802).

Rapidez. Na experiência desta autora, quando a conscin ainda é jejuna quanto ao EV, a movimentação das energias até o completo estabelecimento do estado vibracional, pode levar de 1 até 5 minutos, mas com prática esta instalação torna-se cada vez mais rápida.

Instantaneidade. Para o veterano, em poucos segundos, já é possivel instalar o EV e perceber a instantaneidade da melhoria da qualidade das energias pessoais.

Tempo. Pela vivência desta autora, a conscin empenhada em dominar o estado vibracional, deve sustentá-lo no mínimo durante o tempo de 1 minuto, para ser possível perceber os efeitos benéficos da mobilização das energias através dessa técnica.

Individualidade. Importante enfatizar o fato de o EV ser experimento individual, embasado na força de vontade da conscin ao insistir na mobilização das próprias energias.

Vontade. Portanto, a mobilização das energias não pode ser terceirizada e depende exclusivamente da vontade inquebrantável da conscin na realização da técnica.

Indicação. O estado vibracional é indicado para qualquer pessoa interessada, independente de gênero ou idade, como medida profilática e autodefesa energética. *Ninguém perde por dominar o EV.*

Desperticidade. O estado vibracional oportuniza a autodefesa energética e profilaxia de influências negativas de outras consciências sobre a autopensenidade. Nesse sentido, *abre as portas* da consciência para o universo do ser desperto (V. capítulo 32).

Força. O investimento no EV diário, melhora a qualidade das energias e amplia a força presencial da conscin. Vive melhor quem está preparado e alerta bionergeticamente 24 horas por dia, o ano inteiro (Vieira, 2003, p. 801).

Benefícios. Pela abordagem da Paraprofilaxia, eis, por exemplo, na ordem alfabética, 10 benefícios pessoais possíveis de serem conquistados pela manutenção do EV diário e fundamentais à conscin interessada em aproveitar a *oportunidade de viver* para evoluir:

01. **Catálise:** a dinamização da força presencial.
02. **Desbloqueio:** o autodesbloqueio energossomático.
03. **Homeostasia:** a depuração gradativa das autopensenizações.
04. **Limpeza:** as desassimilações das energias patológicas.
05. **Lucidez:** a ampliação da autolucidez.
06. **Parapsiquismo:** a ampliação das autoparapercepções.
07. **Proteção:** a autodefesa energética.
08. **Remissão:** as autocuras com efeitos na saúde somática.
09. **Revitalização:** as compensações energéticas.
10. **Sensações:** o desenvolvimento da sinalética parapsíquica.

Banalização. Os benefícios da aplicação do estado vibracional são evidentes, porém muitas conscins ao conhecer a técnica banalizam os efeitos positivos da mesma.

Cérebro. Entre os efeitos do EV, o artigo de Alegretti (2008, p. 217 e 246), também detalha possíveis modificações no sistema nervoso central a partir do estado vibracional após correlacionar a movimentação das energias com a atividade cerebral.

Facilitadores. Eis, por exemplo, na ordem alfabética, 5 facilitadores ou instrumentos funcionando ao modo de alerta para o leitor(a) interessado(a) em implementar na rotina pessoal a instalação de 20 EVs diários:

1. **Cartazes:** lembretes escritos com a sigla "EV" espalhados pela casa.

2. **Registro:** anotação diária do número de EVs instalados em planilha específica.

3. **Relógio:** utilização de relógio de pulso com alarme vibratório.

4. **Sinal:** som de alerta específico e tela de descanso no computador lembrando sobre o EV.

5. **Tarefa:** hábito de fazer o EV a cada mudança de atividade e local.

Autopriorização. Esta autora, na condição de conscin-cobaia somente priorizou a aplicação da *técnica do estado vibracional,* após ter utilizado planilha específica para anotação da quantidade de EVs realizados diariamente. Durante 3 meses anotou somente a média de 6 EVs diários. Quando as planilhas grafadas demonstraram tal autocorrupção, *arregaçou as mangas* e passou a realizar os 20 EVs diários.

O *ESTADO VIBRACIONAL* ***É A CHAVE PARA AUMENTAR A*** *AUTOLUCIDEZ E AUTODEFESA ENERGÉTICA,* ***VISANDO APROVEITAR A*** *OPORTUNIDADE DE VIVER* ***DE MANEIRA EVOLUTIVA.***

35. INDEPENDÊNCIA FINANCEIRA

Definição. A *independência financeira* é o estado de autonomia ou liberdade da conscin com relação ao manejo do dinheiro ou finanças pessoais para garantir o atendimento das necessidades da vida humana.

Etimologia. A palavra independência vem do idioma Francês, *indépendance.* Apareceu no Século XVII. O vocábulo *financeiro* deriva de finança, do idioma Francês, *Finance,* "pagamento". Surgiu no Século XVI.

Sinonímia: 1. Autonomia financeira. 2. *Pé-de-meia.* 3. Inteligência financeira.

Antonímia: 1. Dependência financeira. 2. Voto de pobreza. 3. Perdularismo. 4. Antieconomia.

Independência. Sob a abordagem da *oportunidade de viver,* a independência econômico-financeira visa propiciar a acalmia e pacificação do microuniverso da consciência, liberando-a das preocupações materiais para priorizar o desenvolvimento integral do Ser Humano.

Finalidade. No contexto da vida evolutiva, a independência financeira tem o objetivo de garantir o orçamento pessoal fundamental à consecução da proéxis. Em outras palavras, a finalidade é interassistencial.

Gestão. A priorização da independência financeira, também está relacionada ao desenvolvimento da autonomia econômica, ou seja, a capacidade de gestão do próprio dinheiro sem parasitar financeiramente outras pessoas.

Imperturbabilidade. Porém, importa reforçar o fato de mesmo a conscin dispondo de grande quantidade de dinheiro ou conservando significativa independência financeira, nem sempre consegue manter-se imperturbável e predisposta a aplicar estas finanças de maneira interassistencial.

Perfis. Assim, sob o prisma da independência econômico-financeira, existem dois perfis de personalidade interessantes de serem analisados: a conscin economicamente *large* e a economicamente *miserê*.

Large. A conscin *large* mantém razoável estabilidade financeira e mesmo sem ser milionária ou bilionária sabe dispor do cifrão para se manter dignamente e também ajudar outras consciências, defendendo neste caso, a interassistencialidade.

Miserê. A conscin *miserê* pode dispor de dinheiro suficiente para ficar livre de preocupações econômico-financeiras, porém quando existe a necessidade de doação ou alguma perda efetiva, o desequilíbrio toma conta da pessoa. Exemplo dessa abordagem é o suicídio ocorrido em 2009, do bilionário Adolf Merckle, empresário de 74 anos e ainda 1 dos homens mais ricos do mundo (V. **Cilo,** Hugo; ***O Que Leva um Bilionário ao Suicídio?;*** Disponível em <http://www.istoedinheiro.com.br/noticias/42_O+QUE+LEVA+UM+BILIONARIO+AO+SUICIDIO>; Acesso em: 05.02.13, 11h15).

Diferença. A diferença evidente entre o large e o miserê é o nível de imperturbabilidade pessoal frente às movimentações financeiras envolvendo ganhos e perdas.

Dificuldades. O *miserê* é consciência subserviente ao poder econômico, apresentando grandes dificuldades para doar, defendendo em primeiro lugar o interesse financeiro pessoal.

Escravidão. A escravidão ao *cifrão* torna a conscin egoica, defensiva nos momentos evolutivos decisivos quando é preciso colocar a *mão no bolso*.

Dependência. Outra abordagem associada a falta de independência financeira é o voto de probreza imposto pela demagogia religiosa. Esta opção representa condição limitadora da proéxis, causadora de transtornos e dependências humanas futuras, principalmente durante o envelhecimento da conscin.

Doação. Em contrapartida, exemplo de manifestação prática do desapego, independência e descarte cosmoético do *cifrão* é a edição gratuita do livro publicado, doado pelo próprio autor.

Intenção. A doação dos direitos patrimoniais à instituição especializada na editoração e publicação de livros de conteúdo tarísticos e assistenciais, sem fins de lucro, já demonstra a intenção da conscin em libertar-se da escravidão financeira.

Autonomia. A condição ideal para a realização das pesquisas de ponta na Conscienciologia é a do *pesquisador independente,* com autonomia econômico-financeira e consequentemente maior liberdade para posicionamentos heterocríticos a favor da Humanidade.

Tranquilidade. A profilaxia dos adiamentos assistenciais evitáveis por motivos econômico-financeiros é priorizar o mais cedo possível o *pé-de-meia,* para garantir relativa tranquilidade pessoal para por a *mão no bolso* e desfazer-se, com discernimento, sem medo, de grandes somas em favor das consciências.

Benefícios. Eis, por exemplo, organizados em ordem alfabética, 3 benefícios marcantes capazes de ilustrar a importância da independência financeira:

1. **Autonomia:** liberdade para escrever, debater e publicar informações sem medo de retaliações empregatícias.
2. **Disponibilidade:** independência para voluntariar *full time,* bem como, desimpedimentos financeiros para voluntariar em itinerâncias locais e internacionais por temporadas mais longas.
3. **Doação:** contribuições financeiras para auxiliar pessoas ou Instituições.

***A** GESTÃO ECONÔMICO-FINANCEIRA, **EVOLUTIVA E ASSISTENCIAL, LIBERTA A CONSCIN DA ESCRAVIDÃO AO CIFRÃO, E REFORÇA TRAFORES DE AUTONOMIA E** IMPERTURBABILIDADE ÍNTIMA.*

36. PARAPSIQUISMO LÚCIDO

Definição. O *parapsiquismo lúcido* é a condição ou autovivência da conscin de fenômenos parapsíquicos ou parapercepções, além dos sentidos do corpo físico (soma), de modo autoconsciente, considerando os parafatos relacionados e consequências geradas a partir da experiência.

Etimologia. O elemento de composição *para* vem do idioma Grego, *pará,* "por intermédio de, para além de". O termo *psiquismo* procede do idioma Francês, *psychisme,* e este do idioma Grego, *psykhé,* "alma, como princípio de vida e sede dos desejos, sopro de vida". Surgiu no Século XIX. O vocábulo *lucidez* deriva do idioma Latim, *lucidus,* "luminoso, luzente, radioso, nítido, claro, evidente, manifesto". Apareceu no Século XIX.

Sinonímia: 1. Parapsiquismo consciente. 2. Sensibilidade parapsíquica racional. 3. Parapsiquismo racional.

Antonímia: 1. Parapsiquismo inconsciente. 2. Insensibilidade parapsíquica. 3. Sensibilidade somática. 4. Parapsiquismo despercebido.

Seriéxis. No campo da Seriexologia, o parapsiquismo lúcido priorizado durante esta vida humana, amplia o discernimento, consolida as escolhas pessoais e predispõe à consecução da proéxis com reflexos positivos ao longo das demais existências.

Autoconscientização. O investimento no parapsiquismo lúcido conduz a conscin, passo a passo, a experimentar a vida multidimensional com expansão da autoconscientização sobre as diferentes dimensões e realidades existenciais.

Visão. A comunicação interdimensional propiciada pelo parapsiquismo lúcido amplia a visão tacanha a respeito da dimensão intrafísica e a interação com diferentes consciências.

Intermissão. O domínio parapsíquico durante a vida humana conduz à ampliação e entendimento do papel das consciência na intrafisicalidade, e o real valor existencial. Neste sentido, as práticas do parapsiquismo assistencial foram disciplinas estudadas durante o *Curso Intermissivo* (Vieira, 1994, p. 603).

Discernimento. As pararrealidades multidimensionais percebidas através do parapsiquismo lúcido aumentam o discernimento da conscin e minimizam ao longo do tempo as mimeses materiológicas da vida humana.

Complexidade. A vida multidimensional da conscin lúcida, transforma, reequilibra, revitaliza, muda o pensamento materialista arraigado e conduz à cosmovisão a respeito da existência humana. Assim, pequenas trivialidades, como, por exemplo, ir ao supermercado podem se tornar complexas ao se considerar assimilações energéticas e contatos interpessoais.

Liberdade. Ao interagir de modo autoconsciente com as dimensões extrafísicas a compreensão e o nível de entendimento das reações e condutas humanas se revelam. Nesse momento é possível compreender o sentido da frase: – "O parapsiquismo representa a chave da megaliberdade" (Vieira, 2013).

Retrocognições. O desenvolvimento do parapsiquismo lúcido promove a abertura dos canais de comunicação extrafísicos e prepara a conscin para as diversas retrocognições.

Comunicologia. O parapsiquismo se insere dentro da especialidade *Comunicologia* e representa a comunicação ou intercâmbio multidimensional. A linguagem é a primeira manifestação parapsíquica da conscin.

Percepções. Eis, na ordem alfabética, 3 tipos de percepções relacionadas ao parapsiquismo, adaptados de Vieira (2013):

1. **Parapercepções energéticas:** as relacionadas à animicidade e Bioenergética.

2. **Parapercepções paranormais:** as percepções de consciexes.

3. **Parapercepções projetivas:** as sensações durante a projetabilidade lúcida.

Responsabilidade. O autoparapsiquismo elimina as dependências das percepções de outro sensitivo e a conscin assume a responsabilidade pelas próprias parapercepções.

Ações. Eis, como exemplos, na ordem alfabética, 6 ações envolvendo o parapsiquismo relacionadas à expansão da vida multidimensional:

1. **Aplicação:** o uso lúcido da clarividência facial ampliadora da visão humana.
2. **Assistência:** a aplicação altruísta dos traf*o*res pessoais em benefício de outras conscins.
3. **Autodefesa:** o investimento no EV, enquanto chave para o desenvolvimento parapsíquico.
4. **Parafenômenos:** os banhos energéticos promovidos pelo amparador extrafísico.
5. **Projeção:** a abertura da multidimensionalidade através da aplicação de *técnicas projetivas*.
6. **Tenepes:** a doação diária de energias revitalizantes às consciências assistidas.

Soma. O restringimento das capacidades parapsíquicas após o renascimento requer investimento por parte da conscin no desenvolvimento das parapercepções e adaptação a partir do novo corpo, para poder reconquistar os *cons* referentes ao parapsiquismo.

Assistência. Fundamentado na especialidade *Assistenciologia,* o desenvolvimento do parapsiquismo é dinamizado quando o pensamento está focado em ajudar outras consciências.

Taxologia. Concernente à *Parapercepciologia,* eis 16 tipos ou categorias de parapsiquismo, para ampliação do universo das pesquisas sobre o tema, listados em ordem alfabética:

01. **Parapsiquismo amador.**
02. **Parapsiquismo avançado.**
03. **Parapsiquismo bloqueado.**

04. **Parapsiquismo centrífugo.**
05. **Parapsiquismo centrípeto.**
06. **Parapsiquismo científico.**
07. **Parapsiquismo cosmoético.**
08. **Parapsiquismo despercebido.**
09. **Parapsiquismo esboçante.**
10. **Parapsiquismo espontâneo.**
11. **Parapsiquismo intelectual.**
12. **Parapsiquismo interassistencial.**
13. **Parapsiquismo místico.**
14. **Parapsiquismo profissional.**
15. **Parapsiquismo teático.**
16. **Pseudoparapsiquismo.**

O INVESTIMENTO OBSTINADO NO *AUTOPARAPSIQUISMO LÚCIDO,* ***PROMOVE A*** *AUTOCONSCIENTIZAÇÃO MULTIDIMENSIONAL* ***E CONSEQUENTE COSMOVISÃO SOBRE A VIDA INTRAFÍSICA.***

37. PROJETABILIDADE LÚCIDA (PL)

Definição. A *projetabilidade lúcida* é a capacidade parafisiológica da conscin em descoincidir de modo autoconsciente, através da vontade, os veículos de manifestação – psicossoma ou mentalsoma –, estando os mesmos acoplados ao soma, e desencadear a saída da consciência para fora do corpo físico.

Etimologia. O vocábulo *projeção* procede do idioma Latim, *projectio,* "jato para diante, lanço, esguicho de água, ação de alongar, de estender, alongamento, prolongamento, construção em projetura", de *projicere,* "lançar para diante". Apareceu no Século XVIII. O termo *lúcido* provém também do idioma Latim, *lucidus,* "luminoso, luzente, radioso, nítido, claro, evidente, manifesto". Surgiu no Século XVI. O primeiro registro do neologismo *projetabilidade lúcida,* ocorreu em 1986, no livro Projeciologia (Vieira, 2014, p. 725).

Sinonímia: 1. Projetabilidade autoconsciente. 2. Autoprojeção lúcida. 3. Capacidade projetiva. 4. Saída do corpo autoconsciente.

Antonímia: 1. Vida trancada. 2. Sonambulismo existencial. 3. Paracomatose evolutiva.

Consciência. Frente à *oportunidade de viver,* a projeção consciente prova, somente para o experimentador, a continuação da existência da consciência após descarte do corpo biológico, e confirma definitivamente o fato de a consciência ser superior ao corpo físico.

Veículos. Pela abordagem da *Intrafisicologia,* a experiência fora do corpo ou projeção lúcida, comprova para a conscin experimentadora a existência de outros veículos de manifestação (psicossoma, energossoma e mentalsoma).

Coexistência. Os veículos de manifestação da consciência no estado da vigília física ordinária se encaixam e coexistem no mesmo espaço, contudo, cada qual vibra em frequência própria ou dimensão de existência individualíssima. Durante a projeção ocorre a dissociação desses veículos.

Tipologia. Eis, na ordem funcional, 3 tipos de projeção, considerando os veículos de manifestação da consciência:

1. **Projeção energossomática.** O energossoma é o veículo mais descoincidente. Não porta a consciência, mas forma geralmente simulacros da aparência humana.
2. **Projeção de psicossoma.** O psicossoma possui aparência humanoide, representando o molde do corpo humano. Porta a consciência e na dimensão extrafísica é tão objetivo para a conscin projetada, quanto o corpo físico é na intrafisicalidade.
3. **Projeção de mentalsoma.** Através do mentalsoma a consciência atua na dimensão mental, livre do corpo físico, psicossoma e energossoma. Ao olhar-se, a consciência não reconhece forma humana definida.

Fenômeno. Apesar dos relatos projetivos serem antigos, a maioria das conscins ainda reprime, bloqueia e não admite o fenômeno, mesmo tendo passado pela experiência.

Sonho. Em muitos casos, a pessoa associa a projeção ao sonho. Porém, é um equívoco considerar a mesma como sendo um sonho, pois são fenômenos diferentes.

Ativo. O sonho apresenta conotação passiva, enquanto na projeção o processo é ativo envolvendo, por exemplo, o raciocínio e o exame direto do próprio soma (autobilocação).

Robotização. Infelizmente, ainda existem milhões de conscins *trancadas* na vida material, sem a vivência das projeções conscientes e subordinadas às imaturidades instintuais e robotização existencial.

Fisiologia. Concernente à Fisiologia humana e a Parafisiologia, qualquer pessoa tem a capacidade de se projetar. Basta dedicar-se na aplicação das *técnicas projetivas* com auto-organização e persistência.

Queda. Curiosamente esta autora, quando criança, por diversas vezes perguntou o significado da sensação de queda pouco antes de acordar. A explicação bem engraçada, fazia referência aos efeitos advindos do crescimento do corpo. Hoje o conhecimento adquirido permite compreender tal percepção enquanto encaixe do psicossoma no soma, após o retorno da projeção.

Cronologia. Pela *Cronologia da Projeciologia,* existem narrações de projeção há mais de 2 milênios. Platão (347 a.e.c.) escreve o primeiro relato de projeção consciente considerando o personagem fictício Er, o Armênio (Vieira, 2013).

Emprego. Porém, na historiografia da Humanidade, a projetabilidade lúcida demorou a ser considerada e empregada com lucidez. Foi ignorada pelo grande público praticamente até por volta de 1950 (Século XX) (Vieira, 1999, p. 108).

Pesquisa. A projetabilidade lúcida permite ao interessado, a pesquisa da hipótese do corpo objetivo, proposto pelo pesquisador Waldo Vieira, em 1986, no tratado *Projeciologia: Panorama das Experiências da Consciência Fora do Corpo Humano.*

Hipótese. A hipótese do corpo objetivo apresenta a explicação parapsíquica para as projeções da consciência lúcida, fundamentada na premissa de o segundo corpo da consciência (psicossoma) ser real, embora não físico.

Explicação. A partir desta hipótese, inúmeras ocorrências parapsíquicas são possíveis de serem explicadas, a exemplo das projeções da consciência, experiências de clarividência, EQM (Experiência da Quase Morte), materializações, psicometria, aparições e fenômenos de *poltergeist* (Vieira, 1999, p. 973).

Seriéxis. A vivência plena da projeção autoconsciente também retira a dúvida sobre a seriéxis ou renascimentos em série e, assim, a vida atual e os renascimentos sucessivos podem ser estudados e compreendidos através da autoprojetabilidade lúcida.

Autodiscernimento. A projetabilidade lúcida (PL) é a *unidade de medida* da autoconsciencialidade. Neste sentido, o investimento na projeção lúcida durante a vida humana amplia o autodiscernimento da conscin disposta a rever os valores pessoais.

Chave. O EV é a gazua energética, a projetabilidade lúcida é a chave geral ou profilaxia das *coleiras do ego,* as quais são responsáveis pela restrição da conscin na intrafisicalidade e na Socin (Vieira, 1997b, p. 182).

Benefícios. Pela ótica da *oportunidade de viver,* eis, como exemplos, na ordem alfabética, 7 benefícios da projetabilidade autoconsciente:

1. **Experiência:** a vivência dos fenômenos ligados à projetabilidade.
2. **Libertação:** a ampliação da liberdade, através da saída do corpo.
3. **Prospectiva:** a reperspectivação da vida humana.
4. **Recomposição:** a volitação reparadora das energias.
5. **Reeducação:** a projeção lúcida esclarecedora, visando a priorização da reciclagem intraconsciencial.
6. **Retrocognição:** a projeção retrocognitiva.
7. **Tanatologia:** a perda definitiva do medo da morte.

A *VIVÊNCIA DA PROJEÇÃO LÚCIDA É* ***CONDIÇÃO PARAFISIOLÓGICA NATURAL E FACULTA A*** *COMPREENSÃO AUTOPERSUASIVA* ***SOBRE O FATO DE A CONSCIÊNCIA NÃO SER O CORPO FÍSICO.***

38. TENEPES

Definição. A *tenepes* é a *técnica da tarefa energética pessoal,* caracterizada pela transmissão de energias pela conscin, diretamente às consciências carentes intra e extrafísicas, realizada diariamente, no mesmo horário e local, com assistência permanente de amparador extrafísico, a longo prazo ou para o restante da vida intrafísica.

Etimologia. A palavra *tarefa* provém do idioma Árabe, *tarîha,* "qualidade de trabalho que se impõe a alguém", derivado de *tarah,* "lançar, arrojar, impor a aquisição de mercadoria a determinado preço". Apareceu no Século XVI. O vocábulo *energético* deriva do idioma Grego, *energêtikós,* "ativo, eficaz". Surgiu no Século XX. O termo *pessoal* procede do idioma Latim, *personalis,* "pessoal". Apareceu no Século XIII.

Sinonímia: 1. Passes para o escuro. 2. Serviço de transmissão energética gratuita e frequente.

Antonímia: 1. Autorreflexão. 2. Relaxação na poltrona.

Reorganização. No universo da *oportunidade de viver,* a tenepes reorganiza a vida humana, considerando a manutenção disciplinada da própria técnica em si e as exigências autopensênicas ao longo do dia, para melhor otimização do trabalho de transmissão das energias.

Lançamento. Segundo Vieira (1996b, p. 13), a tenepes realizada de modo fetal e instintivo existiu entre as consciências abertas e lúcidas para a multidimensionalidade. No entanto, o lançamento enquanto metodologia técnica para o grande público ocorreu somente em 1966.

Técnica. A técnica consiste em destinar 50 minutos do dia, preferencialmente no mesmo horário para doar energias a conscins e consciexes carentes.

Isolamento. A tenepes deve ser realizada isoladamente, em sala ou quarto específico às escuras, com portas e janelas fechadas, de preferência sempre no mesmo local, escolhendo cômodo da casa com maior privacidade possível.

Vida. Importante ressaltar o fato de a tarefa energética pessoal ser técnica assistencial opcional para a conscin e, quando adotada, constituir trabalho para toda a existência. Enquanto a conscin ainda tiver condições somáticas e neurológicas de realizar a técnica, a prática ocorre de modo ininterrupto ao longo da vida humana, sendo encerrada com a dessoma da conscin.

Hospital. A tenepes funciona ao modo de clínica hospitalar, muitas vezes lotada. Comparativamente, todos os dias, no mesmo horário, consciências necessitadas e carentes de assistência esperam pelo *profissional da saúde,* neste caso, o tenepessista doador das energias.

Tenepessista. O tenepessista lúcido trabalha lado a lado com o amparador extrafísico no atendimento das consciências carentes de modo sério e comprometido.

Consequências. No exemplo da clínica, quando o atendimento atrasa, existe a tendência de ocorrer perturbação no local. A tenepes também funciona assim. Os amparadores extrafísicos contam com praticantes comprometidos com o trabalho assistencial diário.

Melhorias. A prática da tarefa energética pessoal promove a possibilidade de mudança para melhor da pessoa, em função da característica assistencial pragmática e contínua ao longo de várias décadas, de modo ininterrupto.

Holopensene. O exercício diário de doação das energias, através da tenepes possibilita a melhoria do holopensene pessoal, devido à convivência íntima com o amparador de função, ao longo da vida intrafísica.

Exigência. Entre as exigências da tarefa energética pessoal está a necessidade de *não pensar mal de ninguém.* Este exercício por si só promove a melhoria do holopensene pessoal.

Fraternismo. A tarefa energética pessoal praticada ao longo de vários anos faz aumentar a afeição pelas plantas, subumanos, humanos e consciências extrafísicas. É o início da tendência ao fraternismo.

Benefícios. Eis, na ordem alfabética, 10 benefícios, decorrentes da prática da tenepes, para a conscin interessada em aproveitar a *oportunidade de viver:*

01. **Amparabilidade:** a conquista de amparo extrafísico prolongado.

02. **Conexão:** a ligação à paraprocedência pessoal.

03. **Desbloqueio:** o desbloqueio diário dos chacras.

04. **Empregabilidade:** o emprego útil das energias pessoais.

05. **Energossoma:** a dinamização energética.

06. **Mentalsomática:** a expansão do mentalsoma, decorrente da acalmia psicossomática.

07. **Organização:** a irradiação de ECs pessoais, periódicas e regulares.

08. **Recin:** a renovação íntima da conscin.

09. **Remissão:** as autocuras promovidas através das exteriorizações diárias.

10. **Renovação:** a eliminação de qualquer tipo de adoração instintiva, mística ou religiosa.

Doação. A tarefa energética pessoal representa a megadoação anônima, com finalidades evolutiva e libertária.

Parâmetros. Eis, na ordem alfabética, por exemplo, 8 parâmetros para a conscin interessada na avaliação dos resultados da tenepes:

1. **Bem-estar:** o estado de humor após a realização da técnica.

2. **Falhas:** as interrupções na realização da tenepes.

3. **Parapsiquismo:** os fenômenos vivenciados e posteriormente registrados ao longo da prática.

4. **Produção:** a elaboração de artigos, livros ou implementa-

ção de ideias surgidas durante a técnica.

5. **Quantidade:** a lotação de consciexes durante a prática diária.

6. **Recins:** as mudanças pessoais efetuadas a partir da tenepes.

7. **Solicitações:** o registro do número de pedidos de auxílio.

8. **Veteranismo:** o tempo de dedicação à técnica.

Reciclagem. Para esta autora, o crescimento pessoal representa a maior evidência do funcionamento homeostático da técnica.

Manual. Porém, a decisão de iniciar a tenepes é de foro íntimo e, nesse sentido, recomenda-se a leitura do livro *Manual da Tenepes,* de autoria do professor Waldo Vieira, lançado em 1996, o qual apresenta mais detalhes da tarefa energética diária.

***A** TENEPES, **ENQUANTO** MEGADESAFIO **DA PROÉXIS, É ESCOLHA EVOLUTIVA E ASSISTENCIAL PARA TODA A** VIDA HUMANA, **COM REPERCUSSÕES EVOLUTIVAS** MULTIEXISTENCIAIS.*

39. VOLUNTARIADO ASSISTENCIAL

Definição. O *voluntariado assistencial* é a qualidade ou condição da conscin, homem ou mulher, isoladamente ou em conjunto, dedicar-se por vontade própria à realização de atividades não remuneradas no intuito de contribuir com uma ou mais instituições assistenciais.

Etimologia. O termo *voluntário* provém do idioma Latim, *voluntarius,* "quem age por vontade própria". Surgiu no Século XV. O vocábulo *voluntariado* apareceu em 1899. A palavra *assistencial* vem do mesmo idioma Latim, *assistentia,* "ajuda, socorro". Surgiu no Século XVI.

Sinonímia: 1. Atividade assistencial sem fins lucrativos. 2. Voluntários pacifistas. 3. Vínculo consciencial. 4. Voluntários dedicados às causas humanitárias.

Antonímia: 1. Trabalhador remunerado. 2. Trabalho forçado. 3. Voluntários da guerra.

Assistência. Fundamentado na *oportunidade de viver,* o voluntariado em instituição cosmoética possibilita a prática cotidiana da assistência na vida intrafísica, indispensável à conscin interessada em alcançar resultados positivos para a ficha evolutiva pessoal.

Aprendizagem. As tarefas e atividades nas instituições assistenciais representam oportunidades para a consciência interagir, aprender com o exemplo alheio, com os erros e descobrir talentos inatos ainda escondidos.

Intercooperação. As oportunidades assistenciais e de autossuperações por intermédio do trabalho voluntário são muitas, basta a conscin se predispor à intercooperação nas atividades desenvolvidas pelas diversas instituições.

ONG. Exemplo interessante de oportunidade assistencial é o desenvolvido pela voluntária Alcione de Albanesi, coordenadora da ONG Amigos do Bem, Instituição Nacional contra a fome e a miséria no sertão nordestino, com aproximadamente 5 mil voluntários, sem vínculo governamental (Ano-base: 2012). O projeto construiu, na Serra do Catimbau, a 285 quilômetros de Recife, a Vila Agrícola do Bem, para 600 pessoas com 60 casas de alvenaria e infraestrutura completa, levando alegria ao sertão semiárido nordestino.

Educação. Os voluntários desta ONG decidiram transformar a abordagem puramente assistencialista em educacional, ao conhecerem a sertaneja dona Geralda: – "... ela nos deu a receita da fome: bebia a água do feijão para economizar o grão. Foi quando concluímos que não bastava dar comida, como vínhamos fazendo há 13 anos. Bancar Papai-Noel não é suficiente, era preciso gerar renda, criar projetos auto-sustentáveis" (**Bezerra,** Augusto José; ***Amigos do Bem;*** *Época; São Paulo, SP; 23.07.07; páginas 102 a 105*).

Valores. Modelos semelhantes aos da ONG Amigos do Bem, ocorrem em função de existirem pessoas comprometidas com valores assistenciais, ao exemplo da solidariedade, honestidade e assistencialidade.

Esforço. Para ser eficiente o voluntariado assistencial depende de conscins dispostas a ceder parte do tempo pessoal, trabalho e esforço para ajudar os outros.

Benefícios. Outro estudo de caso, é a ONG Parceiros Voluntários, criada em 1997, por iniciativa do empresariado do Rio Grande do Sul, a qual destaca entre os benefícios do trabalho voluntário, o *bem-estar ao fazer o bem,* a partir do simples fato de realizar algo pelo outro e na satisfação com ações voluntárias. Assim o voluntariado além de favorecer a autoestima, desenvolver valores éticos, alegria e generosidade também ensina a compartilhar (Dreyer & Johannpeter, 2008, p. 58 a 60).

Escola. Esta autora tem utilizado o voluntariado em Instituição assistencial conscienciocêntrica (IC), ao modo de escola, para desenvolver auto e heteropesquisas, com o objetivo de estudar e superar traf*a*res, descobrir e utilizar os traf*o*res pessoais para exercer com maior profissionalismo a assistencialidade.

Oportunidades. Eis, como exemplos, na ordem alfabética, 13 oportunidades vivenciadas por esta autora, resultantes do voluntariado assistencial em Instituições Conscienciocêntricas:

01. **Administração:** o treinamento da capacidade de auto e heterodesassédio nas atividades de manutenção da Instituição.

02. **Autopesquisa:** a reflexão e o balanço da vida em diferentes contextos do voluntariado.

03. **Companhias:** a consolidação das amizades evolutivas a partir do convívio constante.

04. **Conscienciometria:** o reconhecimento dos perfis das diferentes conscins a partir do voluntariado.

05. **Convivialidade:** a prática do binômio admiração-discordância.

06. **Coordenação:** o exercício da liderança a partir de princípios cosmoéticos.

07. **Criação:** a participação em atividades inovadoras geradas nas reuniões técnico-científicas.

08. **Docência:** a autoexposição sadia do exemplo pessoal enriquecedor.

09. **Gescon:** a doação dos direitos patrimoniais do próprio livro em benefício da Instituição dedicada à assistencialidade.

10. **Paraperceptibilidade:** o desenvolvimento parapsíquico aliado à assistência e à autossuperação durante as atividades do voluntariado.

11. **Projetos:** o amparo de função na realização de atividades tarísticas assistenciais.

12. **Receptivo:** o acolhimento fraterno e o treinamento do autodesassédio na recepção das diferentes consciências.

13. **Reuniões:** o treinamento de posicionamentos pessoais nos debates administrativos.

O *VOLUNTARIADO ASSISTENCIAL* ***PERMITE DESENVOLVER*** *TRAÇOS FORTES,* ***ESTIMULA O CONVÍVIO DE*** *INTERMISSIVISTAS E AMPLIA A SATISFAÇÃO ÍNTIMA POR* ***AJUDAR OUTRAS CONSCIÊNCIAS.***

SEÇÃO VII

DESSOMÁTICA

40. ENVELHECIMENTO BIOLÓGICO

Definição. O *envelhecimento biológico* é o efeito natural do desgaste e senescência celular, provocando alterações nas características morfofuncionais do corpo físico, vivenciado pela conscin, homem ou mulher, durante o avanço da idade física.

Etimologia. O vocábulo envelhecer vem do Latim, *vetulus, de vetus,* "remoto, antigo, idoso, velho". Apareceu no Século XIII. O sufixo *mento* deriva do mesmo idioma Latim, *mentu,* formador de substantivos derivados de verbos. A palavra envelhecimento surgiu no Século XIV. O termo *biológico* provém do idioma Alemão *Biologie,* "estudo da vida" Apareceu no Século XIX.

Sinonímia: 1. Veteranismo da vida humana. 2. Velhice. 3. Gerontologia.

Antonímia: 1. Juventude. 2. Mocidade. 3. Antienvelhecimento.

Manutenção. Atinente à *oportunidade de viver,* o estudo do envelhecimento biológico é pertinente a toda conscin interessada na manutenção do soma visando chegar à quarta idade com saúde e diposição física para realizar os empreendimentos autoevolutivos.

Fases. Ao longo do *continuum* da existência humana, iniciado na concepção e terminando com a dessoma, é possível observar fases de desenvolvimento biológico, tais como, a infância, adolescência e adultidade.

Marcadores. Algumas fases podem ser identificadas através de marcadores biofisiológicos ilustradores dos limites de transição entre cada etapa. A menstruação, por exemplo, demarca o início da puberdade nas mulheres.

Envelhecimento. Ao contrário do observado em outras etapas do desenvolvimento humano, o envelhecimento não possui marcador biofisiológico do início exato. Existem abordagens considerando o ato de envelhecer a partir da concepção. Outras, na terceira década de vida e até mesmo somente próximo do final da existência do indivíduo (Netto, 2006, p. 9).

Velocidade. O consenso existente para o envelhecimento é o fato de o corpo começar a apresentar sintomas de velhice inicialmente de modo lento e depois mais rápido com o avançar do tempo, culminando com a dessoma.

Cronologia. Para fins de organização, o limite de idade entre a conscin adulta e a idosa é 65 anos para as nações desenvolvidas, e 60 anos para os países em desenvolvimento (Netto, 2006, p. 9). Na ausência de marcadores biofisiológicos e dificuldade para se definir a idade biológica, esta autora, adotou o critério cronológico detalhado logo abaixo.

Etapas. Para abordar de modo melhor o tema, eis dispostas em ordem lógica, as 4 fases ou etapas relacionadas ao envelhecimento humano (V. capítulo 10):

1. **Adultidade:** dos 26 anos e 1 dia até aos 40 anos.
2. **Meia-idade:** dos 40 anos e 1 dia até aos 65 anos.
3. **Terceira idade:** dos 65 anos e 1 dia até aos 80 anos.
4. **Quarta idade:** dos 80 anos e 1 dia até a dessoma.

Meia-idade. Destas etapas do envelhecimento, a meia-idade é considerada a melhor idade da vida humana, pois, representa a fase na qual a conscin pode atingir o auge da produtividade humana e evolutiva.

Qualidade. Mesmo frente às debilidades somáticas, as pessoas têm vivido mais e com satisfatória qualidade de vida. A figura do idoso enquanto indivíduo com problemas graves de saúde, cansado e dependente, vem sendo modificada conforme aumenta o exemplarismo por parte da pessoa longeva se mantendo saudável, ativa e produtiva.

Longevidade. A longevidade produtiva é fato cada vez mais constante na Sociedade. O lema da Sociedade Americana de Gerontologia, por exemplo é, "Acrescentar vida aos anos, não apenas anos à vida", ou seja, valorizar a prevenção e desenvolver pesquisas no intuito de promover o adiamento de doenças relacionadas com a idade (Papalia, *et al.*, 2006, p. 657).

Modelo. Interessante modelo de longevidade produtiva é a da autora Ella May Stumpe (1895–2005), quando aos 98 anos de idade após aprender a usar o computador, passou a escrever vários livros e, aos 103 anos de idade biológica, publicou *Minha Vida aos 100 anos* (Papalia, *et al.*, 2006, p. 648).

Fatores. Alguns fatores externos e internos da conscin influenciam o envelhecimento biológico desacelerando este processo natural. Eis, 10 exemplos dispostos na ordem alfabética:

01. **Anticonflitividade.**
02. **Atividade física constante.**
03. **Bom-humor.**
04. **Contexto socioeconômico favorável à manutenção da saúde somática e mental.**
05. **Dieta adequada.**
06. **Domínio de energia.**
07. **Estilo de vida saudável.**
08. **Genética favorável.**
09. **Geopolítica da moradia física com qualidade ambiental.**
10. **Otimismo pessoal.**

Estiolamento. Durante o envelhecimento a pessoa irá lidar com o estiolamento somático, caracterizado pelo definhamento dos tecidos, órgãos e consequente debilitação. Os músculos já não são os mesmos.

Paradoxo. O paradoxo interessante do envelhecimento é vivenciar o definhamento do corpo biológico frente à possibilidade de conquistar maior lucidez, decorrente da experiência adquirida ao longo da vida.

Profilaxia. A preparação para o envelhecimento começa na juventude com a evitação dos excessos prejudiciais ao corpo ao longo do tempo. O conhecimento sobre os acontecimentos inerentes às etapas do envelhecimento são capazes de contribuir para a formação de visão profilática deste futuro, podendo atenuar problemas mais graves na terceira e quarta idades.

Modificações. Eis, como exemplos, na ordem alfabética, 10 modificações sistêmicas observadas no corpo físico, decorrentes do envelhecimento biológico:

01. **Articulações:** a perda da cartilagem articular promovendo o enrijecimento das conexões entre dois ou mais ossos e diminuindo a mobilidade.

02. **Audição:** a perda auditiva gradual tornando mais difícil ouvir sons de intensidade alta e frequência aguda, dificultando entender a fala de outras pessoas.

03. **Cérebro:** a redução das células nervosas e produção de neurotransmissores, podendo afetar a memória e o funcionamento cognitivo.

04. **Derme:** a redução das fibras elásticas, colágenas e reticulares, aumento da palidez, manchas e enrugamento da pele.

05. **Hormônios:** a redução nas taxas hormonais, principalmente no caso da mulher, exigindo em alguns casos a reposição.

06. **Imunidade:** a perda da resistência a agentes estressores exógenos e endógenos.

07. **Musculatura:** o enfraquecimento e encurtamento dos músculos, diminuindo a força somática.

08. **Pelos:** a menor espessura dos fios de cabelos, perda da pigmentação e queda capilar, especialmente no homem, gerando em alguns casos a calvície.

09. **Visão:** a ligeira perda na acuidade ou nitidez visual acarretando problemas para ler sinais em movimento, sensibilidade à luz, busca visual e velocidade de processamento de informações visuais.

10. **Vitalidade:** as modificações no funcionamento e atrofia de órgãos e sistemas, ao exemplo dos sistemas cardiovascular, digestório, endócrino, respiratório e urinário.

Postura. Dentre as alterações musculares visíveis durante o envelhecimento, evidencia-se a postura curvada do idoso, provocada por exemplo, pelo encurtamento dos músculos adutores escapulares, falta de exercícios físicos regulares e osteoporose, quando há desabamento de vértebras.

No *ENVELHECIMENTO* ***O DESGASTE E SENESCÊNCIA CELULAR, OCORRÊNCIAS NATURAIS DA*** *EXISTÊNCIA FÍSICA,* ***REPRESENTAM OPORTUNIDADES E DESAFIOS PARA A CONSCIÊNCIA MADURA.***

41. DESSOMÁTICA

Definição. A *dessomática* é a especialidade da Conscienciologia dedicada aos estudos relativos à dessoma ou morte biológica e dos contextos variados relacionados à desativação do corpo humano e respectivas consequências evolutivas.

Etimologia. O vocábulo *descartar* é composto pela preposição *des,* do idioma Latim, *de,* "de cima de, de fora de, procedente de, depois de, do meio de, à custa de, em vez de, em função de, acerca de, contra", e pelo elemento de composição *cart,* derivado do mesmo idioma Latim, *charta,* e este do idioma Grego, *khártés,* "folha de papel, folha escrita, livro, registro público, documentos escritos". Surgiu no Século XVI. A palavra *somática* provém do idioma Francês, *somatique,* e esta do idioma Grego, *somatikós,* "do corpo, material, corporal". Apareceu no Século XIX. O primeiro registro do neologismo *dessomática,* ocorreu em 1997, no livro 200 Teáticas da Conscienciologia (Vieira, 2014, p. 320).

Sinonímia: 1. Ciência da dessoma. 2. Estudo da desativação do soma.

Antonímia: 1. Ciência da ressoma. 2. Estudo do renascimento intrafísico.

Estudo. Na análise da *oportunidade de viver,* o estudo da Dessomática é pertinente a toda conscin interessada em conhecer e compreender os efeitos da desativação do corpo físico.

Oportunidade. Tendo em vista a evolução consciencial, a dessoma representa oportunidade de continuar o trabalho realizado pela conscin lúcida durante o trânsito na dimensão intrafísica.

Ciclo. Sem banalizar a morte é importante considerar o *ciclo evolutivo ressoma-dessoma* necessário ao processo evolutivo das consciências deste planeta.

Passagem. A *transição* ou *passagem* da vida física para a vida extrafísica pode ocorrer de maneira mais tranquila, principalmente quando existe compreensão por parte do pré-dessomante e familiares (O'Kelly, 2006, p. 145).

Tempo. Dentro deste contexto evolutivo, o tempo no qual a conscin permanece na dimensão intrafísica é variado. Algumas possuem vida longa, outras, curta.

Choque. Quando a dessoma ocorre de modo inesperado, violento, com pessoas ativas, jovens e crianças saudáveis, o choque do enfrentamento real da morte é maior.

Paragenética. "A maioria das conscins dessoma sem saber a causa real da desativação do próprio corpo. Contudo, em geral, esta causa pode ser antevista e, não raro, tem raiz na Paragenética" (Vieira, 2013).

Pergunta. Nestes momentos difíceis, naturais da vida humana, sobrevém a pergunta: por que as pessoas morrem?

Explicação. A explicação não é única, é imenso o universo de possibilidades, fatos, parafatos, contextos grupais, interprisões grupocármicas, programação de vida, afinizações homeostáticas e patológicas as quais dirigem tanto o momento da dessoma quanto o da ressoma.

Hipóteses. Considerando a Dessomática, eis como exemplos, na ordem alfabética, 5 hipóteses utilizadas ao modo de explicação para a ocorrência da dessoma:

1. **Afinidades:** a predisposição da conscin a acidentes de percurso físicos e parapsíquicos.
2. **Autocídio:** o desapego patológico à própria vida humana.
3. **Idade:** o descarte inevitável do corpo biológico, quando se considera o *ciclo natural de envelhecimento celular*.
4. **Interprisões:** as relações patológicas existentes entre consciências, acarretando dessomas trágicas.
5. **Vítima:** as fatalidades deste planeta em evolução, ainda hospital, gerando dessomas variadas.

Imortalidade. A possibilidade da existência das vidas sucessivas é discutida desde as civilizações mais antigas, por exemplo, entre os egípcios. Estes acreditavam na imortalidade da alma, na reencarnação, nas recompensas e castigos em outra vida (Lorenz, 1946, p. 60).

Arqueologia. Descobertas arqueológicas provam o cuidado do homem com os mortos, desde o Paleolítico Médio – 100 mil até 35 mil anos a.e.c. – as mais antigas sepulturas datam de 90 mil anos (Tager, 2001, p. 117).

Modos. As informações extraídas da História das Civilizações e Arqueologia evidenciam modos diferentes de compreender e lidar com o descarte somático.

Opiniões. Eis, como exemplos, na ordem alfabética, 4 opiniões sobre a dessoma no contexto evolutivo das vidas sucessivas:

1. **Alma.** "A morte é a desagregação do invólucro carnal, aquele que a alma abandona ao deixar a Terra" (Delanne, 1987, p. 208).

2. **Lucidez.** "A dessoma é a substituição de pequena morte pela vida imensa, a troca de 20 atributos conscienciais por 200 atributos paraconscienciais. O número exato desses atributos depende do nível de lucidez da consciência do pré-serenão ao Serenão" (Vieira, 2013).

3. **Morte.** "Não morrerei de todo *(Non omnis moriar)*" (Horácio (65–8 a.e.c.), Odes, III, 30, citado em Rónai, 1985, p. 636).

4. **Recordação.** "O homem retorna à vida várias vezes, mas não recorda de suas prévias existências, exceto algumas vezes em um sonho ou como um pensamento ligado a algum acontecimento de uma vida precedente. Ele não pode precisar a data ou o lugar desse acontecimento, apenas nota ser-lhe algo familiar. No fim, todas essas vidas ser-lhe-ão reveladas" (Manethon, sacerdote sebenita, Papiro Anana – 1320 a.e.c. citado em Andrade, 2003, p. 134).

Consequências. As consequências evolutivas da dessoma ainda não são compreendidas pela maioria das pessoas, as quais encaram a morte com a conotação dolorosa.

Visão. A visão triste da morte, geralmente está associada à pensamentos do tipo: não reencontrar mais o ente querido, não ser possível ver o desenvolvimento do mesmo, não ver os filhos crescerem, não concretizar alguma obra iniciada, a vida não ter sentido sem a personalidade recém-dessomada e do fim da felicidade completa.

Emoções. Na perspectiva da dessoma, de parente ou amigo próximo, eis, como exemplos, na ordem alfabética, 10 manifestações emocionais, observadas na conscin, homem ou mulher:

01. **Abalo:** o choque frente à dessoma inesperada ou vindoura.

02. **Angústia:** o estado de ansiedade, inquietude e sensação de vazio existencial face ao falecimento do ente querido.

03. **Apatia:** a falta de energia, ânimo e interesse na compreensão da dessoma do compassageiro evolutivo.

04. **Castigo:** o recebimento da notícia do descarte do soma com interpretação de punição.

05. **Confusão:** o desentendimento interconsciencial em função de não conseguir raciocinar normalmente, após a notícia do falecimento.

06. **Desespero:** a desesperança explícita frente ao contexto da morte.

07. **Isolamento:** a manutenção das emoções relacionadas ao luto pela dessoma do ente querido.

08. **Raiva:** a incompreensão multidimensional da circunstância dessomática.

09. **Ressentimento:** a mágoa desencadeada a partir da morte.

10. **Tristeza:** o desânimo, decorrente da visão tacanha sobre a dessoma, ainda embasada tão somente na vida intrafísica.

Tipos. No estudo da Dessomática é possível dividi-la em 2 tipos: a *homeostática,* quando relacionada, por exemplo, à dessoma natural da conscin, principalmente quando completista, e a *patológica,* relativa ao suicida ou a conscin desistente da vida na dimensão intrafísica.

Homeostasia. A homeostase completa na fase dessomática, advém do somatório de vários fatores, tais como, a sensação de missão cumprida, característica do completismo existencial, a autolucidez quanto à continuação da vida, a inexistência de grandes débitos cármicos, a superação de traf*a*res e o trabalho *ombro a ombro* junto aos amparadores extrafísicos ao longo da existência humana.

Pararrecepção. Quando a morte biológica tem conotação homeostática, a conscin recém-dessomada tem condições de ser recebida extrafisicamente por junta ou delegação de consciexes positivas durante o período inicial da intermissão pós-dessomática.

Assistência. A conscin dedicada à assistência ao longo da vida humana tem a chance de ser recebida por amparadores extrafísicos. Por outro lado, a conscin anticosmoética pode ser recepcionada pela comitiva de assediadores e consciências energívoras (conseneres).

Dessomas. Eis, como exemplos, dispostos cronologicamente, 3 categorias de dessoma, envolvendo os veículos de manifestação da consciência:

1. **Primeira:** quando ocorre inicialmente o descarte do soma.

2. **Segunda:** caracteriza-se pelo descarte do energossoma ou corpo das energias. Neste caso, a consciex permanece na dimensão extrafísica somente com o psicossoma e mentalsoma. Esta condição não ocorre com todas as consciexes.

3. **Terceira:** nesta etapa, o psicossoma ou paracorpo emocional é desativado e a consciex permanece somente com o mentalsoma, quando atinge a condição de Consciex Livre (CL).

Ciclo. O ciclo relacionado à dessoma, não envolve somente o corpo biológico, atinge também os demais veículos de manifestação da consciência.

Paradoxo. O verbete *Paradoxo Holossomático* (Vieira, 2013) apresenta a sutilização dos veículos de manifestação no decorrer do processo evolutivo. Ou seja, quanto mais evoluída é a consciência menos veículos de manifestação possui.

Prova. Pela abordagem da Ressomática, enquanto não ocorrer o descarte definitivo do psicossoma, a partir da terceira dessoma, a conscin retornará a viver períodos na dimensão física. Prova disso é a personalidade consecutiva.

Definição. A personalidade consecutiva representa a conscin com a qual se convive em duas etapas, a primeira ainda nesta vida humana, porém, com existência curta, permanecendo também breve período na intermissão após a dessoma. A segunda etapa, ocorre quando a consciência renasce sendo possível reencontrar a mesma e retomar o convívio interrompido (Vieira, 2013).

Casuística. Para estudo casuístico da personalidade consecutiva, eis 4 exemplos, dispostos em ordem alfabética:

1. **Menina.** A indiana Shanti Devi, de apenas 3 anos, teve o fenômeno de rememoração da vida passada investigado e comprovado, após relatar a existência de suposto marido, filhos e o fato de ter dessomado durante o parto (Digest, 1983, p. 151 e 152).

2. **Reencarnação.** O livro clássico *Reencarnação* expõe 20 casos sugestivos de ressoma, analisados pelo psiquiatra e pesquisador renomado, Ian Stevenson, destacando-se por viver metade da carreira pesquisando fenômenos paranormais (Stevenson, 2010).

3. **Rememoração.** O pesquisador Hernani Guimarães Andrade (1986) apresenta 8 casos, no Brasil, para estudo da ressoma, com pesquisas, entrevistas e análises de hipóteses variadas sobre a possibilidade das lembranças rememoradas de vidas pretéritas.

4. **Ressoma.** O estudioso Karl. E. Muller (1983) expõe com riqueza e variedade mais de 100 casos de ressoma, subdivididos em categorias diferentes.

A *Dessomática* ***constitui*** *estudo técnico-científico* ***essencial à conscin, homem ou mulher, interessada em conhecer as*** *implicações evolutivas* ***do ciclo multiexistencial.***

42. TANATOFOBIA

Definição. A *tanatofobia* é o medo exagerado ou mórbido sentido pela conscin, homem ou mulher, em relação a algum processo relacionado à dessoma ou morte biológica.

Etimologia. O primeiro elemento de composição *tanat(o)* deriva do idioma Grego, *thánatos,* "morte". Surgiu em cultismos da Terminologia Científica no Século XIX. O segundo elemento *fobia* deriva também do idioma Grego, *phóbos,* "ação de horrorizar, amedrontar, dar medo", através do idioma Francês, *phobie,* "medo exagerado". A palavra *tanatofobia* apareceu em 1899.

Sinonímia: 1. Temor relacionado à morte. 2. Intranquilidade sobre a morte. 3. Inquietação relativa à dessoma. 4. Medo da Morte.

Antonímia: 1. Tanatologia. 2. Desassombro relativo à dessoma. 3. Projeção lúcida.

Medo. Sob análise da *oportunidade de viver,* o medo de morrer ou a tanatofobia, considerado a *mãe e o pai* de todos os medos, predispõe o aparecimento de neofobias ao longo da existência.

Apedeutismo. Pela Evoluciologia, o medo doentio relacionado à morte reflete o real apedeutismo quanto ao *ciclo evolutivo multiexistencial* formado por sucessivas ressomas e dessomas.

Reações. Eis, como exemplos, na ordem alfabética, 7 reações, observadas na conscin *escrava* da tanatofobia:

1. **Angústia.** Terror de ser enterrado após a dessoma.
2. **Calafrios.** Pavor de ir a funerais.
3. **Coimetrofobia.** Medo de visitar cemitérios.
4. **Emocionalismo.** Assombro frente ao fenômeno da catalepsia projetiva.

5. **Inquietação.** Receio de conversar sobre temas relacionados a morte.

6. **Neofobia.** Temor de enfrentar a projetabilidade lúcida.

7. **Pânico.** Pavor de dormir e não acordar.

Projecão. O fenômeno da projeção consciente prova através da autoexperimentação, o fato de a dessoma ser somente o descarte somático. *A consciência não morre* (V. capítulo 37).

Cura. Por isso, a projeção lúcida, sadia pode significar a cura e eliminação definitiva da tanatofobia para a conscin projetora, homem ou mulher (V. Vieira, 1999, p. 857).

Profilaxia. Eis, como exemplos, dispostos na ordem alfabética, 5 atividades profiláticas para a conscin interessada no domínio lúcido da tanatofobia:

1. **Acoplamentos:** as experiências de clarividência individuais e grupais observadas no laboratório *Acoplamentarium*.

2. **Enfrentamento:** a dessensibilização dos medos e pavores relacionados à morte, por exemplo, através da visita a funeral e cemitério.

3. **Parapsiquismo:** o investimento na autoexperimentação extrafísica através do desenvolvimento paraperceptivo.

4. **Pesquisa:** a investigação de casos sobre a Experiência da Quase Morte (EQM), analisada em crianças e adultos.

5. **Projeção:** a aplicação das diferentes *técnicas de projetabilidade,* objetivando experiências extrafísicas sadias.

Mitos. A conscin com tanatofobia, em muitos casos, cerca-se de crenças e mitos para aliviar a tensão frente ao medo exagerado da morte. Para muitos cristãos, por exemplo, a morte é o momento no qual a alma se separa do corpo para entrar na vida eterna (Tager, 2001, p. 61).

Paraíso. Para o fanático religioso, a alma segue para o paraíso, local no qual possivelmente se encontram os entes queridos e para onde prossegue toda conscin positiva após a dessoma.

Crença. Estas crenças podem servir momentaneamente para acalmar a angústia frente ao medo da morte, mas mantém a conscin em estado de ignorância quanto à evolução através de vidas sucessivas.

A *TANATOFOBIA* ***OU MEDO EXAGERADO DA MORTE PELA CONSCIN DIFICULTA A COMPREENSÃO DOS*** *CICLOS* ***SUCESSIVOS*** *RESSOMA-DESSOMA,* ***VERDADEIROS*** *DINAMIZADORES DA EVOLUÇÃO.*

43. APEGO CONSANGUÍNEO

Definição. O *apego consanguíneo* é a ligação afetuosa entre parentes do grupo familiar, com sentimento de carinho e apreço quando sadio, podendo no entanto, apresentar elevado nível de possessividade, neste caso, se tornando condição patológica.

Etimologia. O vocábulo *apego* deriva do idioma Latim, *apeegar,* "apegar". Surgiu no Século XVII. O termo *consanguíneo* provém igualmente do idioma Latim, *consanguineus,* "nascido do mesmo sangue, fraternal". Apareceu no Século XVI.

Sinonímia: 1. Ligação afetiva. 2. Estima parental. 3. Afeição consanguínea intensa.

Antonímia: 1. Desprezo parental. 2. Malquerença consanguínea. 3. Indiferença parental.

Apego. No campo da *oportunidade de viver,* o apego consanguíneo patológico dificulta a dessoma tranquila da conscin e a recuperação extrafísica pós-dessoma em função, por exemplo, das evocações excessivas por parte da família.

Convívio. A dessoma do parente querido é principalmente sentida no convívio diário da dimensão intrafísica. Porém, o grande problema é o apego parental possessivo, o qual gera emocionalismos tais como, revolta, lamentações, desavenças e vingança.

Egoísmo. O egoísmo familiar fica explícito quando o grupo familiar reivindica a conscin junto dele, desconsiderando as necessidades evolutivas desse ente querido.

Dificuldade. A exacerbação emocional dificulta o entendimento e compreensão do *ciclo ressoma-dessoma* da consciência envolvida.

Luto. Pela análise da *Biologia,* a emoção é resposta rápida, dura segundos. No caso do luto, por exemplo, para desencadear a emoção da tristeza, a pessoa precisa ficar constantemente evocando determinada situação para iniciar a resposta emocional (Goleman, 1995, p. 311 a 314).

Racionalidade. Quando a abordagem sobre a dessoma deixa de ser emocional e tende para a racionalidade, é possível analisá-la de modo diferente.

Lucidez. Após a dessoma, a consciex, quando lúcida, deseja observar a família tão querida, continuar as atividades da vida intrafísica e não ajoelhadas aos prantos no túmulo, questionando ou lamentando a morte durante anos consecutivos.

Respeito. O ideal, por parte da conscin, seria também, ao exemplo da consciex lúcida, transformar o apego consanguíneo patológico pelo ente familiar em amor puro, sabendo respeitar a história e tarefa evolutiva dessa consciência.

Evolução. Para compreender a dessoma é importante estudar o conceito dos *ciclos multiexistenciais,* nos quais a morte é encarada enquanto etapa evolutiva. *Ninguém perde ninguém* (V. capítulo 2).

Superação. A conscin supera a dessoma do ente querido quando compreende, na *oportunidade de viver,* os desafios inerentes à própria vida e os deveres evolutivos da proéxis.

Preparação. Muitas conscins passam por fases de preparação no período anterior à dessoma. Conseguem conversar com a família, amigos e se organizar para poder deixar com tranquilidade a dimensão intrafísica.

Livro. A importância da compreensão e preparação do grupo consanguíneo para a dessoma é ilustrada no livro *Claro como o Dia* (O'Kelly, 2006, p. 154), no qual o autor relata os últimos 100 dias de vida após receber a notícia de ter câncer cerebral em fase terminal.

Fases. Segundo a pesquisadora Kübler-Ross (2008, p. 43 a 117), o paciente em estado terminal passa por 5 fases diferentes: negação ou isolamento, raiva, barganha, depressão e por último a aceitação.

Doença. No contexto de doença terminal, o apego consanguíneo sadio oportuniza conscins a atuarem de modo afetuoso com o parente, assumindo o papel de amparadores intrafísicos. Eis 4 exemplos dispostos em ordem alfabética:

1. **Apoio.** Dar suporte energético e afetivo ao paciente terminal, familiares e profissionais da saúde.
2. **Ausculta.** Destinar tempo para ouvir e conversar livremente sobre qualquer assunto com o paciente ou familiar em estado terminal.
3. **Cuidados pessoais.** Efetuar o atendimento material através do remédio na hora certa, arrumar o travesseiro, aplicar a injeção ou fazer a visita de rotina.
4. **Desassédio.** Realizar a limpeza energética do local no qual o pré-dessomante se encontra, no intuito de promover desassédios extrafísicos e melhorar o holopensene.

Cremação. Outra dificuldade relacionada ao apego consanguíneo patológico é a cremação, ato considerado para muitas pessoas como tabu, enquanto para outros, profilaxia de processos energéticos negativos e das evocações desnecessárias, por exemplo, no feriado de finados.

Cemitério. Algumas conscins já começaram a rever os posicionamento sobre a cremação, na maior parte culturais e religiosos, afirmando: – "... não querer deixar para os filhos o trabalho de ficar cuidando de jazigo e ir ao cemitério no dia de finados" (**Westin,** Ricardo; ***Novo Jeito de Partir;*** *Veja;* São Paulo, SP; 18.05.11; páginas 122 a 124).

Posicionamento. Esta autora é a favor da cremação, tanto em função de aspectos ecológicos, tais como, a mitigação da contaminação do solo e do lençol freático devido a redução do número de cadáveres enterrados, quanto por processos extrafísicos, ao exemplo da diminuição das evocações e criação de novas áreas estigmatizadas pela presença de cemitérios, bem como, a profilaxia contra a manutenção de energias patológicas.

***A CONSCIN COM** APEGO CONSANGUÍNEO **PATOLÓGICO TEM DIFICULDADE EM ATINAR PARA O FATO DO CONVÍVIO ATUAL COM AMIGOS E FAMILIARES RESULTAR DE** INTERAÇÕES MULTIMILENARES.*

SEÇÃO VIII

EVOLUTIVIDADE

44. EVOLUÇÃO CONSCIENCIAL

Definição. A *evolução consciencial* é o processo gradual e progressivo de transformação da consciência, ao longo do tempo, envolvendo o aperfeiçoamento do conjunto de manifestações do pensamento, temperamento, valores pessoais, emocionalidade e racionalidade permitindo o deslocamento da consciência pré-serenona na direção do megadiscernimento lúcido da Serenologia.

Etimologia. O termo *evolução* vem do idioma Francês, *évolution,* e este do idioma Latim, *evolutio,* "ação de percorrer, de desenrolar", de *evolvere,* "rolar de cima, arrojar, despenhar, precipitar, desdobrar, fazer sair, desenvolver". Surgiu no Século XVIII. A palavra *consciência* provém igualmente do idioma Latim, *conscientia,* "conhecimento de alguma coisa comum a muitas pessoas, conhecimento, consciência, senso íntimo", e este do verbo *conscire,* "ter conhecimento de". Apareceu no Século XIII.

Sinonímia: 1. Autossuperação intraconsciencial. 2. Desenvolvimento da autolucidez. 3. Transformação consciencial. 4. Esquema evolutivo. 5. Amadurecimento consciencial.

Antonímia: 1. Estagnação consciencial. 2. Antievolução consciencial. 3. Mimeses existenciais nocivas.

Vida. Sob o enfoque da *oportunidade de viver,* a evolução consciencial está de modo inteligente apoiada no restringimento biológico ao longo de vidas sucessivas, para permitir experiências intrafísicas fixadoras de mudanças pessoais e autossuperações.

Livro. Na abordagem do livro, esta autora optou em apresentar a lógica da aplicação de diferentes técnicas e instrumentos utilizados na Ciência Conscienciologia para predispor a evolução consciencial a qualquer pessoa interessada (V. seções III, V e VI).

Evolução. As vidas intrafísicas sucessivas, quando bem aproveitadas, oportunizam a descoberta, aplicação e construção de traços positivos, bem como, a superação dos traf*a*res impeditivos da evolução da consciência.

Transformação. A afirmação de Vieira (1997a, p. 28), ilustra a necessidade de *ciclos multiexistenciais* para garantir a transformação consciencial: – *"Evolução não é prêmio de loteria. É serviço de pouco a pouco, repetição de sol a sol, remédio de gota a gota"*.

Modelo. O desejo desta autora considera a possibilidade de as consciências também optarem ao longo da seriéxis pela maneira técnica de viver e, assim, intensificarem a autoevolução com base no modelo evolutivo do ser Serenão (V. capítulo 4).

Ápice. A maturidade do ser Serenão, a aplicação de variados traf*o*res e o domínio dos veículos conscienciais, atinge o ápice evolutivo após inúmeras existências intrafísicas, com ressomas e dessomas sucessivas.

Técnicas. As técnicas conscienciológicas visam promover a reeducação da consciência considerando-a de modo integral, com o foco na emancipação consciencial ao impulsionar a autopesquisa, valorizar traf*o*res, descobrir traf*a*res, efetuar autodiagnósticos e investir nas autossuperações.

Resgates. Para a pessoa lúcida, conseguir aproveitar a *oportunidade de viver*, também é fundamental realizar o trabalho de resgate de consciências afinizadas e interessadas na evolução pessoal.

Assistencialidade. No entanto, o trabalho de resgate não está restrito a dimensão física, pode ocorrer também na dimensão extrafísica. Assim, é possível colocar o traf*o*r da assistencialidade em prática nos dois contextos.

Pré-intermissiologia. O conceito da Pré-intermissiologia proposto pelo médico e pesquisador Waldo Vieira aborda esta temática, ou seja, a condição da pessoa se dedicar ou se preparar ao longo da vida humana, para atuar durante o período intermissivo, logo após passar pela segunda dessoma, no resgate das pessoas deixadas para trás, mas afinizadas com você.

Variáveis. Consoante a *oportunidade de viver*, importa lembrar o fato de essa preparação ao longo da vida humana ser pragmática e envolver variáveis com diferentes níveis de complexidade, tais como, autoenfrentamento, recins, autossuperações existenciais, autodesassedialidade, parapsiquismo lúcido, domínio energético, assistência tarística, rotinas úteis e o completismo existencial (V. capítulo 29).

Prospectiva. A evolução pessoal também depende da evolução do compassageiro evolutivo, em função disto, eis a prospectiva da oportunidade da intermissão, quando a consciência, na condição de consciex, auxilia outras consciências do grupocarma evolutivo atuando no acolhimento, orientação e encaminhamento das mesmas.

***A** evolução consciencial* **envolve a aplicação do ciclo a*utoconscienciométrico* ava*liação*-diagnóstico-reciclagem-reavaliação, em** *etapas sucessivas de dessoma-ressoma.*

45. AUTOESFORÇO EVOLUTIVO

Definição. O *autoesforço evolutivo* é a intensificação pessoal das forças físicas, emocionais, energéticas e intelectuais com empenho, persistência e paciência para a realização das tarefas evolutivas cotidianas assumidas pela consciência ao longo da vida humana.

Etimologia. O elemento de composição *auto,* procede do idioma Grego, *autós,* "eu mesmo, por si próprio". O prefixo *es* procede do idioma Latim, *ex,* siginificando "movimento para fora, privação, transformação, redução a fragmentos". A palavra *força* vem do idioma Latim, *fortia,* "força". Os termos força e esforço surgiram no Século XIII. O vocábulo *evolutivo* procede do idioma Francês, *evolutif,* de *évolution,* e este do idioma Latim, *evolutio,* "ação de percorrer, de desenvolver". Apareceu em 1873.

Sinonímia: 1. Perseverança evolutiva. 2. Lei do maior esforço. 3. Aplicação da vontade evolutiva.

Antonímia: 1. *Boavidismo.* 2. Autoacomodação. 3. *Lei do menor esforço.* 4. Preguiça.

Balizador. Dentro do universo da *oportunidade de viver e evoluir,* o autoesforço evolutivo é o balizador dos resultados adquiridos ao longo da vida. Não existem conquistas evolutivas sem esforço.

Responsabilidade. O autoesforço contínuo por parte da conscin, funciona profilaticamente contra a autonegligência, em relação aos compromissos e responsabilidades evolutivas assumidas durante o Curso Intermissivo.

Resultados. Mesmo tendo participado do Curso Intermissivo, o sucesso do renascimento intrafísico depende de quanto a consciência estará disposta a investir forças na obtenção de resultados positivos.

Potencialidades. No intuito de evitar o arrependimento e frases do tipo: *Poderia ter me esforçado mais!* Dê o máximo das potencialidades pessoais hoje.

Autoesforços. Eis, dispostos em ordem alfabética, 3 exemplos de autoesforço comuns na Sociedade:

1. **Autodedicação.** Estudo realizado com 90 enxadristas, demostrou ser a prática e experiência mais importantes para a mestria em comparação à inteligência geral (V. **Hoppe,** Christian; & **Stojanovic,** Jelena; ***A Ciência da Genialidade;*** Revista; *Mente&Cérebro;* Outubro 2008; páginas 32 a 41).

2. **Autodesafio.** Pesquisas realizadas com crianças evidenciaram a importância de incentivar e valorizar o esforço ao invés de enfatizar especificamente a inteligência ou talento, conforme a citação: – "As crianças que foram cumprimentadas pela inteligência se esquivavam de tarefas desafiadoras e buscavam as mais fáceis, que não as ameaçavam. A maior parte das que foram elogiadas por trabalhar duro queria resolver questões complexas, com as quais pudesse aprender mais" (V. **Dweck,** Carol; ***Crianças esforçadas, crianças espertas;*** Revista; *Mente&Cérebro;* Julho 2008; páginas 70 a 77).

3. **Autodisciplina.** Pesquisa realizada pelos psicólogos Angela Duckworth e Martin Seligman sobre o rendimento acadêmico, evidenciou ser o QI não tão importante quanto à autodisciplina e a disposição de trabalhar com afinco na obtenção de boas notas (V. **Duckworth,** Angela L. & **Seligman,** Martin E.P.; ***Self-Discipline Outdoes IQ in Predicting Academic Performance of Adolescents;*** *Psychological Science;* Vol. 16; N. 12; 2005; páginas 939 a 944).

Poder. O autoesforço é a manifestação consistente do maior poder da consciência: a vontade. É totalmente oposto aos traf*a*res da preguiça, acomodação e procrastinação.

Exemplos. Eis, dispostos na ordem funcional, 4 exemplos positivos, relacionados ao esforço necessário para a manutenção da homeostase dos veículos de manifestação da consciência:

1. **Soma.** A manutenção da vitalidade através da sexualidade ativa, exercícios físicos constantes, observação da carga horária de sono, boa alimentação e cuidados somáticos.

2. **Energossoma.** A prática do EV profilático, as técnicas de assimilação, desassimilação energética e desbloqueio encefálico através do arco voltaico.

3. **Psicossoma.** A sustentação das boas práticas de elevação da estima pessoal, autoconfiança e estabilidade emocional.

4. **Mentalsoma.** O investimento na intelectualidade, racionalidade e reciclagem intraconsciencial através das priorizações evolutivas.

Aperfeiçoamento. A evolução representa o contínuo esforço no investimento e aperfeiçoamento pessoal, no intuito de transformar o doente no assistente, ou seja, na consciência mais capacitada e sadia, para desempenhar tarefas interassistenciais.

A EVOLUTIVIDADE CONSCIENCIAL DEPENDE DO *AUTOESFORÇO EVOLUTIVO* ***APLICADO NOS EMPREENDIMENTOS VOLTADOS À ASSISTÊNCIA EGO, GRUPO E POLICÁRMICA.***

46. COMPLETUDE EXISTENCIAL

Definição. A *completude existencial* é a condição vantajosa da conclusão satisfatória ou integral das tarefas evolutivas planejadas para a vida intrafísica, durante o Curso Intermissivo.

Etimologia. A palavra *completo* deriva do idioma Latim, *completus,* de *complere,* "aquilo que não falta parte". Surgiu no Século XVI. O vocábulo *existencial* procede também do idioma Latim Tardio, *existentialis,* "existencial", de *existere,* "aparecer, nascer, deixar-se ver, mostrar-se, apresentar-se, existir, ser, ter existência real". Apareceu no Século XIX. O primeiro registro do neologismo *completude existencial,* ocorreu em 1994, no livro 700 Experimentos da Conscienciologia (Vieira, 2014, p. 196).

Sinonímia: 1. Completismo existencial (compléxis). 2. Completude proexológica. 3. Autodesempenho competente. 4. Resultado integral.

Antonímia: 1. Incompletude existencial. 2. Incompletismo proexológico. 3. Autodesempenho insuficiente. 4. Resultado insatisfatório.

Medida. Em face da *oportunidade de viver,* o completismo existencial chancela o aproveitamento integral da vida humana. Sustentando esta abordagem importa enfatizar o fato de a *unidade de medida da Intrafisicologia* ser o compléxis.

Bem-estar. A completude existencial propicia à conscin vivenciar elevado bem-estar íntimo, adquirido a partir dos esforços pessoais ininterruptos ao longo da vida biológica. Para Vieira (1998, p. 118), o completismo diário compõe pouco a pouco o completismo da vida inteira.

Persistência. Renascer não significa *férias* no planeta Terra. O cumprimento do propósito de vida (proéxis) exige rotinas úteis, renúncias pessoais, comprometimento, motivação, persistência, autossuperações e responsabilidade.

Percentuais. Existem percentuais diferentes em relação à completude proexológica alcançada pelas pessoas ao longo da vida humana. Estes podem ficar abaixo de 50%, insatisfatórios, porém não descartáveis, ou acima de 51%, com resultados mais evidentes.

Cláusula. O alcance do completismo existencial envolve, por exemplo, o cumprimento da cláusula pétrea da proéxis, ou seja, realizar o ato ou a incumbência específica, insubstituível, preparada pelo próprio intermissivista, para não deixar dúvida quanto à consecução integral da proéxis.

Áreas. A obtenção meritória da completude existencial envolve também a manifestação superavitária em pelo menos três áreas de atuação: intelectual, parapsíquica e comunicativa.

Sensações. Eis, a título ilustrativo, na ordem alfabética, 6 sensações decorrentes do *dever cumprido* em alguma atividade, área ou especialidade pessoal:

1. **Acalmia mental.**
2. **Autoconfiança.**
3. **Motivação.**
4. **Primener (primavera energética).**
5. **Satisfação íntima.**
6. **Sensação de plenitude.**

Contraponto. Estas sensações positivas servem de contraponto ao padrão de melancolia (melin) observadas em conscins, acomodadas ao subnível evolutivo e desinteressadas quanto à consecução das tarefas da proéxis.

Autossatisfação. Para esta autora, o elemento indicador do completismo é a satisfação íntima, a qual aumenta conforme ocorre maior investimento da pessoa em autossuperações visando a conclusão integral das metas e cláusulas combinadas na dimensão extrafísica, durante o período intermissivo.

Euforia. A euforia ou estado íntimo de satisfação e alegria durante a fase conclusiva do completismo existencial, ainda na vida humana, se estendem para a dimensão extrafísica após a dessoma.

Personalidades. Eis, dispostas em ordem alfabética, 6 áreas de atuação e as respectivas personalidades, apresentando realizações significativas ao longo da vida em favor de várias consciências e passíveis de serem estudadas no universo do completismo existencial:

1. **Biologia.** Crodoaldo Pavan (1919–2009), biólogo, geneticista considerado das figuras mais importantes da Biologia no Brasil. Esteve entre os principais responsáveis pela organização e expansão do Sistema Brasileiro de Ciência e Tecnologia. Liderou instituições científicas e formou gerações de pesquisadores (V. **Escobar,** Herton; ***Morre Crodoaldo Pavan, um Pioneiro da Genética no Brasil;*** Jornal; *O Estado de São Paulo;* São Paulo, SP; 04.04.09; página A 30).

2. **Cidadania.** Francisco Cunha Pereira Filho (1926–2009), advogado, jornalista e empresário, empenhou esforços na defesa do Estado do Paraná mais sustentável, defendendo desde a década de 1940 a escola pública de qualidade e liderando mais de 30 campanhas no jornal Gazeta do Povo, com temas em prol da educação, combate à miséria, desemprego, desenvolvimento econômico, industrialização, representação política no estado e valorização cultural de artistas sob o *slogan Bicho do Paraná.* Auxiliou instituições de caridade e não se negava a prestar ajuda a pedintes e mendigos à porta do jornal (V. **Camargo,** Francisco. ***Um Paranaense de Nome Francisco;*** Jornal; *Gazeta do Povo;* Curitiba, PR; 20.03.09; página 1 a 3).

3. **Imprensa.** Elsie Dubugras (1904–2006), jornalista, escritora, artista plástica e investigadora da vida espiritual e fenômenos paranormais. Ativa até os 102 anos de idade biológica, mantendo-se no trabalho na revista *Planeta* até semanas antes da dessoma. Na mesa de trabalho recebia funcionários diariamente, solicitando conselhos e passes energéticos. Preparou a si mesma e familiares para a dessoma, mantendo o bom humor e o pensamento otimista sobre a morte. Escreveu livros, conquistou prêmios, vindo a se tornar mito da Imprensa Brasileira (V. **Planeta;** Redação; ***Elsie, Obrigado;*** São Paulo, SP; Abril, 2006; páginas 64 a 69).

4. **Jornalismo.** Manoel Francisco do Nascimento Brito (1922–2003), advogado e jornalista, esteve a frente do Jornal do Brasil durante 5 décadas pautando a linha editorial, inovando técnicas gráficas, traçando diretrizes com tino, denodo e responsabilidade na defesa da democracia ao denunciar principalmente arbitrariedades do regime militar (V. **Neto,** Borges; ***O Inovador do Jornal do Brasil;*** *Jornal do Brasil;* Rio de Janeiro, RJ; 09.02.03; página D 1e D 2).

5. **Lexicologia.** Antônio Houaiss (1915–1999), filólogo, escritor, crítico literário, tradutor, diplomata e Ministro da Cultura, deixa o maior legado da vida (megagescon), o dicionário com informações etimológicas, locuções e mais de 300 mil verbetes. Foi considerado o maior estudioso das palavras da língua portuguesa nos tempos modernos (V. **Lopes,** Denise; ***Houaiss Vira Dicionário;*** *Jornal do Brasil;* Rio de Janeiro, RJ; 09.03.99; página 2).

6. **Medicina.** Arnaldo Dellivenneri (1912–2005), ginecologista, obstetra e professor universitário. Ainda na adolescência manteve na própria casa breve curso de administração para ensinar os interessados do bairro no qual residia. Após formado ficou conhecido pelo modo gentil de tratar os pacientes e trabalho solidário com as classes sociais mais humildes (V. **Diário do Comércio;** Redação; ***Arnaldo Dellivenneri: uma Vida Dedicada a Outras Vidas;*** Belo Horizonte, MG; 23, 24 e 25 de setembro de 2005; página 2).

A *COMPLETUDE EXISTENCIAL* **REPRESENTA EFICIÊNCIA EVOLUTIVA POR PARTE DA CONSCIN DURANTE A** *VIDA INTRAFÍSICA* **AO FINALIZAR COM EXCELÊNCIA O PLANO DELINEADO NO** *CI.*

Balanço. Ao realizar o balanço desta vida humana, você leitor ou leitora, considera estar aproveitando a *oportunidade de viver,* de modo realmente evolutivo, no intuito de experimentar a completude existencial?

47. SERIÉXIS

Definição. A *seriéxis* é o conjunto de ressomas sucessivas ou renascimentos em série na condição de alternância continuada, multissomática e multimilenar.

Etimologia. O vocábulo *série* provém do mesmo idioma Latim, *series,* "enlaçamento, encadeamento, fieira, fiada, série de objetos". Surgiu no Século XVII. A palavra *existencial* procede do idioma Latim Tardio, *existentialis,* "existencial". Apareceu no Século XIX. O primeiro registro do neologismo *seriéxis,* ocorreu em 1992, no livro Projeções da Consciência (Vieira, 2014, p. 802).

Sinonímia: 1. Serialidade existencial. 2. Múltiplas existências intrafísicas. 3. Vidas intrafísicas sucessivas. 4. Evolução ininterrupta. 5. Renascimentos intrafísicos em série.

Antonímia: 1. Vida humana. 2. Vida intermissiva. 3. Ciclo Multiexistencial.

Lógica. Sob o ângulo da *oportunidade de viver,* na lógica da evolução consciencial, a seriéxis é imposta e evolutiva.

Imposta. É imposta para as consciências ainda não libertas da série de dessomas e ressomas consecutivas.

Evolutiva. É evolutiva, pois a cada renascimento, muda-se a mesologia, o contexto histórico, surgem novas oportunidades e adquirem-se novas experiências.

Libertação. A partir da abordagem da escala evolutiva das consciências, a seriéxis utilizando corpo físico e renascimentos em série não é eterna. A Consciex Livre já se libertou das ressomas e dessomas sucessivas após vários séculos nesta condição (V. capítulo 4).

Recins. A libertação da necessidade de renascimentos em série está associada às reciclagens intraconscienciais efetuadas durante a vida intrafísica, as quais repercutem de modo marcante nas seriéxis da consciência.

Autoconsciência. O pesquisador Waldo Vieira (1999, p. 925) propõe a escala do *Estado de Autoconsciência Contínua* também apresentando outras sinonímias, tais como, fluxograma consciencial projetivo, escala consciencial ou modelo de evolução consciencial.

Escala. O Estado de Autoconsciência Contínua é o modelo de evolução elaborado a partir de *escala do projetor (a) lúcido (a),* o qual considera o padrão de medida do progresso intraconsciencial ao longo do tempo, ao abranger, demarcar, e aferir 1 período evolutivo específico do princípio consciencial.

Etapas. A escala apresenta 7 etapas: *Provas, Impacto, Admissão,* Ética, *Filiação, Sutilização* e *Purificação,* as quais envolvem a saída da consciência da indiferença e da improvisação até alcançar a condição de Consciex Livre. Para a concretização de todas estas fases são necessárias inúmeras vidas sucessivas dentro do mecanismo seriexológico.

Taxologia. Fudamentado na *escala do Estado de Autoconsciência Contínua,* eis, na ordem cronológica, 10 abordagens envolvendo a reciclagem intraconsciencial, observadas no contexto da *oportunidade de viver,* podendo conduzir a conscin à evolução:

01. **Ressoma:** a vida traz a compulsoriedade da aprendizagem.

02. **Autoexperimentação:** o aprimoramento do conhecimento conduz, em alguma vida, a conscin a se tornar aprendiz da multidimensionalidade com a descoberta e implicações do psicossoma.

03. **Chave:** nas múltiplas vidas na condição de pré-serenão vulgar, sobrevém a megadecisão, a definição do destino da vida humana: a decisão de adiar ou enfrentar a autoconscientização multidimensional.

04. **Interassistência:** a vida dedicada à assistência estreita cada vez mais a ligação entre a conscin e o amparador extrafísico. Nesta fase, surgem os tenepessistas, projetores conscientes, epicons e ofiexistas.

05. **Estabilidade:** a dedicação à assistencialidade e o trabalho com as energias ampliam a sinalética tornando-a inconfundível, assim a consciência conquista a condição de dessassediado permanentemente total, o ser desperto.

06. **Continuísmo:** a desperticidade alcançada durante a vida precisa ser reconquistada em outras, e novas reciclagens intraconscienciais são necessárias.

07. **Racionalidade:** a supressão do emocionalismo permite aparecer o serenismo e as manifestações parapsíquicas tornam-se apuradas, fazendo surgir a condição do evoluciólogo.

08. **Serenologia:** o mentalsoma se amplia de modo incompreensível para as percepções de entendimento atual, e a Serenologia desperta nesta fase.

09. **Harmonia:** surge a condição de usina bioenergética, através da consciência Serenão, com maior nível de fraternismo para todos a quem possa alcançar, sem estupros evolutivos.

10. **Libertação:** o último estágio conhecido (Ano-base: 2013) é o da Consciex Livre, no qual a consciência ocupa-se dos processos extrafísicos intergaláticos após libertação dos veículos soma e psicossoma (terceira dessoma).

Mito. Estas 10 implicações lógicas acabam com o *mito do paraíso* dentro de existência humana única.

Complexidade. A autoconscientização conquistada ao longo de etapas evolutivas, impulsiona o alcance de maior nível de autossuperação em vidas intrafísicas cada vez mais complexas.

Decisão. A decisão *aqui, agora, já,* de prosseguir ou desistir ao longo do caminho evolutivo, deve considerar o investimento maior na assistência às demais consciências ligadas ao próprio grupocarma.

Rendimento. O rendimento evolutivo maior ocorre quando a vida humana é encarada de modo técnico, visando a recuperação das unidades de lucidez (cons), as autossuperações e o trabalho interassistencial da proéxis.

Vida. O coloquialismo *nem toda semente germina* retrata o fato de, a rigor, a vida humana não caracterizar qualquer tipo de sucesso. Vitória maior é saber empregá-la de modo sadio e homeostático.

A *AUTOCONSCIENTIZAÇÃO* **SOBRE A** *RAZÃO DE VIVER* ***ACIMA DE INTERESSES SOMENTE MATERIAIS*** **É** *PONTO DE VIRAGEM,* **FRENTE AOS AUTOAVANÇOS** ***NA ESCALA EVOLUTIVA*** **DAS CONSCIÊNCIAS.**

Intenção. Esta autora deseja aos ressomados e aos ressomantes futuros, lucidez e discernimento para saberem viver evolutivamente de modo técnico nesta dimensão intrafísica, com megafoco na evolução pessoal a partir da interassistencialidade.

Vida. Viva as oportunidades evolutivas da existência intrafísica. Viva a vida.

BIBLIOGRAFIA ESPECÍFICA

VIDA INTRAFÍSICA:

01.**Andrade,** Hernani Guimarães; ***Morte, Renascimento e Evolução: uma Biologia Transcedental;*** pref. Osmard Andrade Faria; 180 p.; 11 caps.; 87 refs.; 23 x 16 cm; br.; *Ed. Espírita Pierre-Paul Didier;* Votuporanga, SP; 2003; página 155.

02.**Aristóteles;** ***Da Alma*** *(De Anima);* trad. Carlos Humberto Gomes; *Edições 70;* Lisboa, Portugal; 2001.

03.**Corrêa,** André Luis; **Silva,** Paloma Rodrigues da; **Meglhioratti,** Fernanda Aparecida; & **Caldeira,** Ana Maria de Andrade; ***Aspectos Históricos e Filosóficos do Conceito de Vida: Contribuições para o ensino de Biologia;*** Artigo; Filosofia e História da Biologia; Revista; Quadrimestral; Vol. 3; 2 enus.; 27 refs.; São Paulo, SP; 2008; páginas 21 a 40.

04.**Curtis,** Helena; ***Biologia*** *(Biology);* trad. Heni Sauaia; 964 p.; 50 caps.; 694 ilus.; glos. 660 termos; 102 refs.; alf.; 25,5 x 16 cm; br.; 2ª Ed.; Rio de Janeiro, RJ; *Guanabara Koogan;* Rio de Janeiro, RJ; 1977; página 23.

05.**Eigen,** Manfred; ***O que Restará da Biologia do Século XX?*** In: *O que é Vida: 50 anos Depois;* Orgs. Michael P. Murphy; & O'neill, Luke, A. J.; 222 p.; 13 caps.; 21 x 14 cm; br.; *UNESP;* São Paulo, SP; 1997; página 14.

06.**Fadel,** Maria Maura; ***O Inferno são os Outros. Será Mesmo?;*** *Mente-&Cérebro;* Revista; Mensário; Ano XVIII; N. 215; Seção: *Relacionamento;* São Paulo, SP; Dezembro, 2010; páginas 50 e 51.

07.**Frankl,** Viktor Emil; ***Em Busca de Sentido;*** 186 p.; 3 caps.; 134 refs.; 21 x 14 cm; br.; 28ª Ed.; *Editora Sinodal;* & *Vozes;* **São Leopoldo, RS;** 1985; página 102.

08.**Lahróz,** André; ***Seremos 9 Bilhões;*** *Exame CEO;* Revista; Mensal; Ed. 8; Seção: *Apresentação;* 1 cronologia; 2 fotos; São Paulo, SP; Abril, 2011; página 11.

09.**Schrodinger,** Erwin; ***O que é Vida? O Aspecto Físico da Célula Viva Seguido de Mente e Matéria e Fragmentos Autobiográficos*** (*What is life? With Mind and Matter with Autobiographical Sketches);* trad. Jesus de Paula Assis; & Vera Yukie Kuwajima de Paula Assis; 192 p.; 13 caps.; 21 x 14 cm; br.; *UNESP;* São Paulo, SP; 1997; página 81.

10.**Vieira,** Waldo; ***Cristo Espera por Ti***; Romance psicografado; Honoré de Balzac; 328 p.; 76 caps.; 18,5 x 14 cm; br.; 9ª Ed.; *IDE;* Uberaba, MG; 1995; página 11.

11.**Idem;** ***Técnica de Viver;*** Obra psicografada; 186 p.; 60 caps.; 60 ilus.; 18,5 x 13,5 cm; br.; 10ª Ed.; *CEC;* Uberaba, MG; 1997a; páginas 16 e 53.

OPORTUNIDADE DE VIVER:

12. **Purves,** William, K.; **Sadava,** David; **Orians,** Gordon H.; & **Heller,** Craing H.; ***Vida: A Ciência da Biologia;*** trad. Anapaula Somer Vinagre; 1044 p.; glos. 1.463 termos; 28 x 21 cm; br.; 6ª Ed.; 2ª imp.; Editora Artmed; Porto Alegre, RS; 2005; páginas 597 e 598.

REEDUCAÇÃO RECÍPROCA:

13. **Azevedo,** Antonio Carlos do Amaral; ***Dicionário de Nomes, Termos e Conceitos Históricos;*** pref. Arno Wehling; colab. Rodrigo Lacerda; 428 p.; glos. 1.350 termos; 23 x 16 cm; br.; 2ª Ed. rev. e aum.; 2ª imp.; *Editora Nova Fronteira;* Rio de Janeiro, RJ; 1997; página 105.

14. **Loyn,** Henry R.; Organizador; ***Dicionário da Idade Média*** *(The Middle Ages: A Concise Encyclopedia);* trad. Álvaro Cabral; revisor Hilário Franco Junior; apres. Franklin de Oliveira; XIV + 372 p.; 250 ilus.; glos. 922 termos; 14 mapas; 2 tabs.; 21 refs.; 25,5 x 18 cm; br.; 2ª Ed.; 2ª imp.; *Jorge Zahar Editor;* Rio de Janeiro, RJ; 1997; página 67.

15. **Manhart,** Klaus; ***Nada Como um Bom Amigo;*** Reportagem; *Mente-&Cérebro;* Revista; Mensário; Ano XIV; N. 159; Seção: *Viver;* 2 fotos; 1 ref.; Abril, 2006; páginas 80 a 82.

16. **Ramos, Fábio Pestana;** ***No Tempo das Especiarias: O Império da Pimenta e do Açúcar;*** 288 p.; 15 caps.; 126 ilus.; 260 refs.; 23 x 16 cm; enc.; 2ª Ed.; *Contexto;* São Paulo, SP; 2004; páginas 137, 156 e 157.

17. **Willians,** Paul. L. ***O Guia Completo das Cruzadas*** *(The Complete Idiot´s Guide to the Crusades);* pref. Melissa Snell; revisores Arlete Souza; *et al.;* trad. Caroline Kazue Ramos Furukawa; 326 p.; 29 caps.; 35 ilus.; glos. 89 termos; 17 refs.; 23 x 16 cm; br.; 2ª Ed.; *Madras;* São Paulo, SP; 2007; página 129.

18. **Vieira,** Waldo; ***Projeciologia: Panorama das Experiências da Consciência Fora do Corpo Humano;*** 1.248 p.; 525 caps.; 150 abrevs.; 43 ilus.; 5 índices; 1 sinopse; glos. 300 termos; 2.041 refs.; alf.; geo.; ono.; 28 x 21 x 7 cm; enc.; 4ª Ed. Revisada e ampliada; *Instituto Internacional de Projeciologia e Conscienciologia* (IIPC); Rio de Janeiro, RJ; 1999; página 39.

BIODIVERSIDADE:

19. **Papalia,** Diane E.; & **Olds,** Sally Wendkos; ***Desenvolvimento Humano;*** 888 p.; 18 caps.; 52 tabs.; glos. 497 termos; ono.; 28 x 21 x 4,5 cm; br.; 8ª Ed.; *Artes Médicas Sul;* Porto Alegre, RS; 2006; página 97.

20. **Rizzini,** Carlos Toledo; ***A Reencarnação em Face a Biologia;*** Artigo; *Anais do Instituto de Cultura Espírita do Brasil;* Revista; Quadrimestral; Vol. V; 1 enus.; 17 refs.; Rio de Janeiro, RJ; 1983; páginas 189 a 201.

21. **Vieira,** Waldo; ***Enciclopédia da Conscienciologia Digital;*** 11.034 p.; glos. 2.498 termos (verbetes); 192 microbiografias; 147 tabs.; 191 verbetógrafos; 8ª Ed. Digital; Versão 8.00; *Associação Internacional Editares;* & *Associação*

Internacional do Centro de Altos Estudos da Conscienciologia (CEAEC); Foz do Iguaçu, PR; 2013. (Verbete: Consciênçula).

22. **Idem; *Homo sapiens reurbanisatus***; 1.584 p.; 479 caps.; 139 abrevs.; 40 ilus.; 7 índices; 102 sinopses; glos. 241 termos; 7.655 refs.; alf.; geo.; ono.; 29 x 21 x 7 cm; enc.; 3ª Ed. Gratuita; *Associação Internacional do Centro de Altos Estudos da Conscienciologia* (CEAEC); Foz do Iguaçu, PR; 2003; páginas 198, 242 e 245.

INTERMISSÃO:

23. **Vieira,** Waldo; ***700 Experimentos da Conscienciologia;*** 1.058 p.; 700 caps.; 147 abrevs.; 600 enus.; 8 índices; 2 tabs.; 300 testes; glos. 280 termos; 5.116 refs.; alf.; geo.; ono.; 28,5 x 21,5 x 7 cm; enc.; *Instituto Internacional de Projeciologia*; Rio de Janeiro, RJ; 1994; página 604.

24. **Idem; *Projeciologia: Panorama das Experiências da Consciência Fora do Corpo Humano;*** 1.248 p.; 525 caps.; 150 abrevs.; 43 ilus.; 5 índices; 1 sinopse; glos. 300 termos; 2.041 refs.; alf.; geo.; ono.; 28 x 21 x 7 cm; enc.; 4ª Ed. Revisada e ampliada; *Instituto Internacional de Projeciologia e Conscienciologia* (IIPC); Rio de Janeiro, RJ; 1999; página 549.

FASE PRÉ-RESSOMÁTICA:

25. **Vieira,** Waldo; ***Homo sapiens pacificus***; 1.584 p.; 413 caps.; 403 abrevs.; 434 enus.; 37 ilus.; 7 índices; 240 sinopses; glos. 241 termos; 9.625 refs.; alf.; geo.; ono.; 29 x 21,5 x 7 cm; enc.; 3ª Ed. Gratuita; *Associação Internacional do Centro de Altos Estudos da Conscienciologia* (CEAEC); & *Associação Internacional Editares;* Foz do Iguaçu, PR; 2007; página 144.

26. **Idem; *Homo sapiens reurbanisatus***; 1.584 p.; 479 caps.; 139 abrevs.; 40 ilus.; 7 índices; 102 sinopses; glos. 241 termos; 7.655 refs.; alf.; geo.; ono.; 29 x 21 x 7 cm; enc.; 3ª Ed. Gratuita; *Associação Internacional do Centro de Altos Estudos da Conscienciologia* (CEAEC); Foz do Iguaçu, PR; 2003; páginas 202 a 204.

SOMA:

27. **Cotes,** Paloma; ***Metamorfose Ambulante;*** Reportagem; *Época;* Revista; Semanário; Ed. 365; Ano VII; Seção: *A Semana;* 1 cronologia; 10 fotos; São Paulo, SP; 16.05.05; páginas 16 e 17.

28. **Vieira,** Waldo; ***Enciclopédia da Conscienciologia Digital;*** 11.034 p.; glos. 2.498 termos (verbetes); 192 microbiografias; 147 tabs.; 191 verbetógrafos; 8ª Ed. Digital; Versão 8.00; *Associação Internacional Editares;* & *Associação Internacional do Centro de Altos Estudos da Conscienciologia* (CEAEC); Foz do Iguaçu, PR; 2013 (Verbete: Macrossomatologia).

29. **Idem; *200 Teáticas da Conscienciologia***; 260 p.; 200 caps.; 13 refs.; alf.; 21 x 14 cm; br.; *Instituto Internacional de Projeciologia e Conscienciologia* (IIPC); Rio de Janeiro, RJ; 1997b; página 60.

30. **Idem;** ***700 Experimentos da Conscienciologia;*** 1.058 p.; 700 caps.; 147 abrevs.; 600 enus.; 8 índices; 2 tabs.; 300 testes; glos. 280 termos; 5.116 refs.; alf.; geo.; ono.; 28,5 x 21,5 x 7 cm; enc.; *Instituto Internacional de Projeciologia;* Rio de Janeiro, RJ; 1994; página 753.

SAÚDE SOMÁTICA:

31. **Hertzog,** Christopher; **Kramer,** Arthur F.; **Wilson,** Robert S.; & **Lindenberger,** Ulman; ***Músculos em Forma, Cabeça Saudável;*** *Mente&**Cérebro**;* Ed. Especial: *O desafio de Aprender;* N. 26; 3 fotos; 3 grafs.; 3 refs.; São Paulo, SP; Fevereiro, 2011; páginas 52 a 57.

32. **Mente&Cérebro;** Redação; ***Sinais de Demência na Barriga;*** Revista; Mensário; Ano XV; N. 184; Seção: *Neurocircuito;* São Paulo, SP; Maio, 2008; página 27.

FAMÍLIA CONSANGUÍNEA:

33. **Mente&Cérebro;** Redação; ***O Pinguim Estilhaçado;*** Revista; Mensário; Ano XVI; N. 189; Seção: *Caixa Lúdica;* São Paulo, SP; Outubro de 2008; página 13.

PORÃO CONSCIENCIAL:

34. **Nonato,** Alexandre; **Zaslavsky,** Alexandre; **Colpo,** Filipe; **Amaral,** Flávio; & **Muradás,** Silvia; ***Inversão Existencial: Autoconhecimento, Assistência e Evolução desde a Juventude;*** pref. Waldo Vieira; 304 p.; 70 caps.; 62 enus.; 7 tabs.; glos. 155 termos; 376 refs.; 1 apênd.; alf.; 23 x 16 cm; br.; *Associação Internacional Editares;* Foz do Iguaçu, PR; 2011; página 78.

35. **Vieira,** Waldo; ***Enciclopédia da Conscienciologia Digital;*** 11.034 p.; glos. 2.498 termos (verbetes); 192 microbiografias; 147 tabs.; 191 verbetógrafos; 8ª Ed. Digital; Versão 8.00; *Associação Internacional Editares;* & *Associação Internacional do Centro de Altos Estudos da Conscienciologia* (CEAEC); Foz do Iguaçu, PR; 2013 (Verbete: Porão Consciencial).

36. **Idem;** ***700 Experimentos da Conscienciologia;*** 1.058 p.; 700 caps.; 147 abrevs.; 600 enus.; 8 índices; 2 tabs.; 300 testes; glos. 280 termos; 5.116 refs.; alf.; geo.; ono.; 28,5 x 21,5 x 7 cm; enc.; *Instituto Internacional de Projeciologia;* Rio de Janeiro, RJ; 1994; página 704.

MESOLOGIA:

37. **Barros,** Maraina; ***O Fim do Olé;*** Reportagem; *IstoÉ;* Revista; Semanário; Ed. 1805; Seção: *Esporte;* 1 foto; São Paulo, SP; 12.05.04; página 91.

38. **Oliveira,** Nara; & **Santos**, Everton; ***Inversão Mesológica;*** Artigo; *Conscientia;* Revista; Trimestral; Vol. 10; N. 2; 5 enus.; 1 tabela; 29 refs.; Foz do Iguaçu, PR; Abril-Junho, 2006; páginas 201 a 209.

39. **Vieira,** Waldo; ***Homo sapiens pacificus;*** 1.584 p.; 413 caps.; 403 abrevs.; 434 enus.; 37 ilus.; 7 índices; 240 sinopses; glos. 241 termos; 9.625 refs.; alf.; geo.; ono.; 29 x 21,5 x 7 cm; enc.; 3ª Ed. Gratuita; *Associação Internacional do Centro de Altos Estudos da Conscienciologia* (CEAEC); & *Associação Internacional Editares;* Foz do Iguaçu, PR; 2007; página 659.

40. **Idem;** ***700 Experimentos da Conscienciologia;*** 1.058 p.; 700 caps.; 147 abrevs.; 600 enus.; 8 índices; 2 tabs.; 300 testes; glos. 280 termos; 5.116 refs.; alf.; geo.; ono.; 28,5 x 21,5 x 7 cm; enc.; *Instituto Internacional de Projeciologia;* Rio de Janeiro, RJ; 1994; página 603.

TÉCNICA DA INVERSÃO EXISTENCIAL:

41. **Mente&Cérebro;** Redação; ***Filhos não Trazem Felicidade;*** Revista; Mensário; Ano XVI; N. 196; Seção: *Neurocircuito;* São Paulo, SP; Maio 2009; página 19.

42. **Nonato,** Alexandre; **Zaslavsky,** Alexandre; **Colpo,** Filipe; **Amaral,** Flávio; & **Muradás,** Silvia; ***Inversão Existencial: Autoconhecimento, Assistência e Evolução desde a Juventude;*** pref. Waldo Vieira; 304 p.; 70 caps.; 62 enus.; 7 tabs.; glos. 155 termos; 376 refs.; 1 apênd.; alf.; 23 x 16 cm; br.; *Associação Internacional Editares;* Foz do Iguaçu, PR; 2011.

43. **Vieira,** Waldo; ***Projeciologia: Panorama das Experiências da Consciência Fora do Corpo Humano;*** 1.248 p.; 525 caps.; 150 abrevs.; 43 ilus.; 5 índices; 1 sinopse; glos. 300 termos; 2.041 refs.; alf.; geo.; ono.; 28 x 21 x 7 cm; enc.; 4ª Ed. Revisada e ampliada; *Instituto Internacional de Projeciologia e Conscienciologia* (IIPC); Rio de Janeiro, RJ; 1999; página 80.

44. **Idem;** ***Manual da Dupla Evolutiva;*** 208 p.; 40 caps.; 16 refs.; alf.; 21 x 14 cm; br.; *Instituto Internacional de Projeciologia e Conscienciologia* (IIPC); Rio de Janeiro, RJ; 1997c; páginas 8.

TÉCNICA DA RECICLAGEM EXISTENCIAL:

45. **Vieira,** Waldo; & **Pinheiro,** Lurdes; Org.; ***Dicionário de Neologismos da Conscienciologia;*** revisores Ernani Brito; *et al.;* 1.072 p.; 1 *blog;* 21 *E-mails;* 4.053 enus.; 1 *facebook;* 2 fotos; glos. 2.019 termos; 14.100 (termos neológicos); 1 listagem de neologismos; 1 microbiografia; 21 *websites;* 61 refs.; 28,5 x 21,5 x 7 cm; enc.; *Associação Internacional Editares;* Foz do Iguaçu, PR; 2014; página 760.

RECICLAGEM INTRACONSCIENCIAL:

46. **Almeida,** Marco Antônio; ***Percepção de Autoeficácia Consciencioterápica;*** Artigo; *Conscientia;* Revista; Trimestral; V. 15; N. 1; 17 enus.; 7 refs.; 1 apêndice; 1 questionário; Foz do Iguaçu, PR; Janeiro-Março, 2011; páginas 65 a 79.

47. **Vieira,** Waldo; & **Pinheiro,** Lurdes; Org.; ***Dicionário de Neologismos da Conscienciologia;*** revisores Ernani Brito; *et al.;* 1.072 p.; 1 *blog;* 21 *E-mails;* 4.053 enus.; 1 *facebook;* 2 fotos; glos. 2.019 termos; 14.100 (termos neológicos); 1 listagem de neologismos; 1 microbiografia; 21 *websites;* 61 refs.; 28,5 x 21,5 x 7 cm; enc.; *Associação Internacional Editares;* Foz do Iguaçu, PR; 2014; página 766.

48. **Vieira,** Waldo; ***Enciclopédia da Conscienciologia Digital;*** 11.034 p.; glos. 2.498 termos (verbetes); 192 microbiografias; 147 tabs.; 191 verbetógrafos; 8ª Ed. Digital; Versão 8.00; *Associação Internacional Editares;* & *Associação Internacional do Centro de Altos Estudos da Conscienciologia* (CEAEC); Foz do Iguaçu, PR; 2013 (Verbetes: Recin Intermissiva e Reciclogenia).

TÉCNICA DO PASSO A PASSO DA RECIN:

49. **Takimoto,** Nario; & **Almeida,** Roberto; ***Conscienciotherapy: A Clinical Experience of the Nucleus of Integral Assisntance for the Consciousness;*** In: *Procedings of the 3rd. Internacional Congress of Projectiology and Conscientiology;* Artigo; *Journal of Consciencioloogy;* Vol. 4; N. 15 S.; *International Academy of Consciousness* (IAC); Nova York, NY; 16-19, Maio, 2002; páginas 21 a 41.

50. **Vieira,** Waldo; ***700 Experimentos da Conscienciologia;*** 1.058 p.; 700 caps.; 147 abrevs.; 600 enus.; 8 índices; 2 tabs.; 300 testes; glos. 280 termos; 5.116 refs.; alf.; geo.; ono.; 28,5 x 21,5 x 7 cm; enc.; *Instituto Internacional de Projeciologia;* Rio de Janeiro, RJ; 1994; página 46.

OLHAR-SE:

51. **Vieira,** Waldo; ***Conscienciograma: Técnica de Avaliação da Consciência Integral;*** 344 p.; 150 abrevs.; 11 enus.; 100 folhas de avaliação; 4 índices; 2.000 itens; glos. 282 termos; 7 refs.; alf.; 21 x 14 cm; br.; *Instituto Internacional de Projeciologia;* Rio de Janeiro, RJ; 1996a; página 9.

ANALISAR:

52. **Bonassi,** João; ***Resultados da Auto-análise (Autoconscienciometria);*** Artigo; *Conscientia;* Revista; Trimestral; Vol. 5; N. 3; 6 enus.; 2 fórmulas; 2 tabelas; 1 gráfico; 5 refs.; Foz do Iguaçu, PR; Julho-Setembro, 2001; páginas 87 a 97.

53. **Stefanello,** Vera Tanuri; ***Mapa Autoconscienciométrico: Reciclagens Intraconscienciais;*** Artigo; *Anais do I Jornada Internacional da Conscienciometrologia;* Foz do Iguaçu, PR; 06-08.07.12; *Conscientia;* Revista; Trimestral; Vol. 17; N. 1; Seção: *Temas da Conscienciologia;* 5 enus.; 3 refs.; *Associação Internacional do Centro de Altos Estudos da Conscienciologia* (CEAEC); Foz do Iguaçu, PR; Janeiro-Março, 2013; páginas 40 a 49.

54. **Vieira,** Waldo; ***Conscienciograma: Técnica de Avaliação da Consciência Integral;*** 344 p.; 150 abrevs.; 11 enus.; 100 folhas de avaliação; 4 índices;

2.000 itens; glos. 282 termos; 7 refs.; alf.; 21 x 14 cm; br.; *Instituto Internacional de Projeciologia;* Rio de Janeiro, RJ; 1996a; página 8.

REFLETIR:

55. **Takimoto,** Nario; ***Princípios Teáticos da Consciencioterapia;*** *Proceedings of the 4th Consciential Health Meeting* (Anais da IV Jornada de Saúde da Consciência); *Journal of Conscientiology;* Vol. 9; N. 33S; Artigo; 29 enus.; 1 microbiografia; 3 tabs.; 29 refs.; *International Academy of Consciousness* (IAC); Londres; Setembro, 2006; página 21.

56. **Vieira,** Waldo; ***Enciclopédia da Conscienciologia Digital;*** 11.034 p.; glos. 2.498 termos (verbetes); 192 microbiografias; 147 tabs.; 191 verbetógrafos; 8ª Ed. Digital; Versão 8.00; *Associação Internacional Editares; & Associação Internacional do Centro de Altos Estudos da Conscienciologia* (CEAEC); Foz do Iguaçu, PR; 2013 (Verbete: Autorreflexão de 5 horas).

ENCARAR:

57. **Carvalho,** Juliana; *Pensenograma: Proposta de Método para Estudo da Pensenidade;* Artigo; *Conscientia;* Revista; Trimestral; V. 15; N. 1; 10 enus.; 8 refs.; 1 tabela; 1 apêndice; Foz do Iguaçu, PR; Janeiro-Março, 2011; páginas 92 a 104.

SUPERAÇÕES EXISTENCIAIS:

58. **Amaro,** Carla; ***Estado Civil: Viúva;*** Reportagem; Revista; *Notícias Magazine;* Semanário; N. 469; Suplemento: *Jornal de Notícias;* N. 353; 3 fotos; Lisboa, Portugal; 20.05.03; páginas 30 a 36.

59. **Araripe,** Sônia; ***Entre Biscoitos e Palestras;*** Reportagem; *Jornal do Brasil;* Diário; Ano CXI; N. 223; Caderno: *Página Dois;* 1 foto; Rio de Janeiro, RJ; 18.11.01; página 2.

60. **Carriel,** Paola; ***Um Diploma com Gosto de Superação;*** Jornal; *Gazeta do Povo;* Diário; Seção: *Vida & Cidadania;* Ano 90; N. 28.832; Curitiba, PR; 13.10.08.

61. **César,** Elieser; ***Trajetória de um Abstêmio;*** Reportagem; Jornal; Diário; *Correio da Bahia;* Ed. XXI; N. 6.606; 1 foto; Seção: *Perfil;* Salvador, BA; 24.09.2000; página 17.

62. **Ferreira,** Ana Cristina de Lima; ***Minha História;*** Disponível em <http://www.anacrisferreira.pro.br>; Acesso em: 28.07.11, 09h46.

63. **Frankl,** Viktor Emil; ***Em Busca de Sentido;*** 186 p.; 3 caps.; 134 refs.; 21 x 14 cm; br.; 28ª Ed.; São Leopoldo, RS; *Editora Sinodal; & Vozes;* 1985; página 98.

64. **Frutuoso,** Suzane; ***Calouros Veteranos;*** Revista; Época; Semanário; N. 300; Seção: *Comportamento;* 2 fotos; 2 tabelas; São Paulo, SP; 16.02.04; páginas 54 a 55.

65. **Frutuoso,** Suzane; ***Por que é Tão Difícil Mudar?*** Reportagem; Revista; Época; Semanário; Seção: *Saúde & Bem-estar;* 3 fotos; 1 tab.; Ed. 479; São Paulo, SP; 23.07.07; páginas 64 a 66.

66. **Guerra,** Rosangela; ***Mães na Escola: Muito Além da Sala de Aula;*** Reportagem; Revista; *Marie Claire;* Mensário; Ed. 155; 5 fotos; São Paulo, SP; Fevereiro, 2004; páginas 64 a 67.

67. **Hoffman,** Vera; ***Sem Medo da Morte: Construindo Uma Realidade Multidimensional;*** pref. Beatriz Tenius; revisoras Helena Araujo; & Erotides Louly; 182 p.; 25 caps.; 5 enus.; 13 filmografias; 1 foto; 4 ilus.; 1 microbiografia; 22 refs.; alf.; 21 x 14 cm; br.; *Associação Internacional Editares;* Foz do Iguaçu, PR; 2011; página 160.

68. **Kostman,** Ariel; ***Não Adianta Chorar;*** Entrevista; Revista; *Veja;* Semanário; Ed. 1.852; Ano 37; 1 foto; São Paulo, SP; 05.05.04; páginas 13 a 17.

69. **Lopes,** Adriana; ***Auto-Superação na Adversidade;*** Artigo; *Conscientia;* Revista; Trimestral; Vol. 11; Suplemento N 1; 15 enus.; 2 tabela; 10 refs.; Foz do Iguaçu, PR; Fevereiro, 2007; páginas 48 a 56.

70. **Luz,** Marcelo da; ***Onde a Religião Termina?;*** pref. Waldo Vieira; revisores Erotides Louly; Helena Araujo; & Valana Ferreira; 486 p.; 5 seções; 17 caps.; 12 documentários e minisséries; 33 enus.; 22 filmografias; 1 foto; 79 infografias; 1 microbiografia; 571 refs.; 2 apênds.; alf.; geo.; ono.; 21 x 14 cm; enc.; *Associação Internacional Editares;* Foz do Iguaçu, PR; 2011; páginas 19 e 90.

71. **Marini,** Eduardo; ***Retratos da Vida;*** Reportagem; *IstoÉ;* Revista; Semanário; N. 1.543; Seção: *Medicina & Bem-estar;* São Paulo, SP; 28.04.99.

72. **Mendes,** Taís; ***Clientes de Bingos Lotam Grupo de Auto-ajuda;*** Reportagem; Jornal; *O Globo;* Diário; Rio de Janeiro, RJ; 19.10.03; página 24.

73. **Morais,** Andréa; ***Ex-meninos de Rua Viram Universitários;*** Reportagem; Jornal; *Gazeta do Povo;* Diário; Seção: *Paraná Cidania;* Ano. 85; N. 26.797; 1 foto; Curitiba, PR; 09.03.09; página 10.

74. **Nogueira,** Taís; ***Um Olhar Sobre o Autismo;*** Reportagem; Época; Revista; Semanário; Seção: *Saúde & Bem-estar;* 7 fotos; 1 Foto na Capa; 1 tab.; São Paulo, SP; 11.06.07; páginas 76 a 85.

75. **Sansigolo,** Clóvis; ***Autossuperação das Limitações Somáticas;*** Comunicação pessoal; VII Balanço Existencial, 2009.

76. **Sgarioni,** Mariana; ***Cega Apresenta Telejornal na Espanha;*** *Folha de São Paulo;* Jornal; Diário; Seção: *Mundo;* 1 foto; Primeiro caderno; São Paulo, SP; 17.01.99; página 17.

77. **Taylor,** Jill Bolte; ***A Cientista que Curou seu Próprio Cérebro*** *(My Stroke of Insight: a Brains Scientists Personal Journey);* trad. Débora da Silva Guimarães Isidoro; revisão Márcia Duarte; 224 p.; 20 caps.; 21 x 13,5 cm; br.; *Ediouro;* Rio de Janeiro, RJ; 2008; página 216.

78. **Veja;** Redação; ***Os Calouros de Atlanta;*** Revista; Semanário; Especial: *Olimpíadas;* Ano 29; N. 28; São Paulo, SP; 10.07.96; páginas 10 a 13, 26 a 27.

79. **Vonschmaedel,** Michaela; ***Bye-bye, Tristeza;*** Revista; *Elle;* Mensário; Ano 19; N. 2; 1 foto; 12 enus.; Rio de Janeiro, RJ; Fevereiro, 2007; páginas 56 a 59.

ANTISSOMÁTICA:

80. **Barreira,** Solange; ***Charme da Tatuagem: Marca Para Sempre;*** Reportagem; *Galileu;* Revista; Mensário; Seção: *Comportamento & Moda;* 33 Fotos; 1 figura; 3 tabs; São Paulo, SP; Setembro de 1998; páginas 56 a 61.

81. **Barret,** Michael; ***O Opus Dei e a Mortificação Corporal;*** Disponível em <http://www.opusdei.org.br/art.php?p=16478>; Acesso em: 08.10.11, 08h56.

82. **Bauchwitz,** Nahara; ***Os Tubarões Continuam Lá;*** Revista; *Veja;* Semanário; Ed. 1869; Ano 37; N. 35; Seção: *Ambiente;* São Paulo, SP; 01.09.04; página 72.

83. **Biancarelli,** Aureliano; ***"Efeito Malboro" Não Convence os Jovens;*** *Folha de São Paulo;* Jornal; Diário; Seção: *Cotidiano;* 1 foto; São Paulo, SP; 28.05.00; página C 5.

84. **Borsato,** Cíntia; ***Sinal Verde para as Motonetas;*** Reportagem; *Veja;* Revista; Semanário; Ed. 1955; Ano 39; N. 18; Seção: *Cidades;* 1 foto; 1 tabela; São Paulo, SP; 10.05.06; página 73.

85. **Bottino,** Karina; ***Vamos Adrenar;*** Reportagem; *O Dia;* Jornal; Diário; Ano 52; N. 18.511; Seção: *Geral;* 6 fotos; São Paulo, SP; 16.02.03; primeira página (chamada) e 1 – 8.

86. **Braga,** Élcio; & **Câmara,** Rodrigo; ***Princesas de Copacabana;*** *O Dia;* Jornal; Diário; Ano 51; N. 18.197; Seção: *Geral;* 4 fotos; 1 mapa; Rio de Janeiro, RJ; 07.04.02; página 3.

87. **Buchalla,** Anna Paula; ***A Vida no Limite;*** *Veja;* Revista; Semanário; Ed. 1983; Ano 39; N. 46; Seção Especial: *Anorexia;* 5 fotos; 1 cronologia; São Paulo, SP; 22.11.06; páginas 84 a 86.

88. **Estarque,** Marina & **Lopes,** Daniel Pinto; ***Circuncisão masculina continua a causar mortes na África do Sul;*** Jornal; *DW;* Disponível em <http://www.dw.de/circuncis%C3%A3o-masculina-continua-a-causar-mortes-na--%C3%A1frica-do-sul/a-16936678>; Acesso em: 09/07/13, 14h28.

89. **Cabral,** Maria Inez; ***Birmânia: A um Passo do Ocidente;*** Artigo; *Geográfica Universal;* Revista; Quadrimestral; N. 131; 11 fotos; 1 mapa; São Paulo, SP; Outubro, 1985; p. 44.

90. **Carneiro,** Marcelo França Ronaldo & **Lima,** João Gabriel de; ***Drogas e Agonia no Auge da Carreira;*** Reportagem; *Veja;* Revista; Semanário; 18 fotos; 5 tabs.; São Paulo, SP; 09.01.02; páginas 74 a 81.

91. **Carvalho,** Maurício; ***Me Tira Daqui!;*** Reportagem; Jornal; *VS;* Diário; N. 6.877; Suplemento; N. 92; *Bah;* Especial; 3 fotos; 1 endereço; Vale do Sinos; São Leopoldo, RS; 26.04.01; 1ª página chamada e páginas 4 e 5.

92. **César,** Elieser; ***Trajetória de um Abstêmio;*** Reportagem; *Correio da Bahia;* Jornal; Diário; Ed. XXI; N. 6.606; 1 foto; Seção: *Perfil;* Salvador, BA; 24.09.2000; página 17.

93. **Chartier,** Marcela; ***Universidade da Maconha;*** *Super Interessante;* Revista; Mensário; Ed. 274; Seção: *Supernovas;* 1 foto; São Paulo, SP; Janeiro 2010; página 28.

94. **Dieguez,** Flávio; ***O Bizarro Ato Cultural das Africanas;*** Reportagem; *Gazeta Mercantil;* Jornal; Diário; Seção: *Ciência e Saúde;* 1 foto; 29 e 30-06 e 01-07-01; página 9.

95. **Diniz,** Tatiana; ***Falta de Férias Prejudica Corpo e Carreira;*** Reportagem; *Folha de São Paulo;* Jornal; Diário; Ano 84; N. 27.626; Caderno: *Classificados;* Seção: *Empregos;* 1 ilus.; 1 foto; São Paulo, SP; 21.11.04; página F 3.

96. **Dumke,** Vicente R; ***Inundados em Pura Adrenalina;*** Reportagem; *Gazeta do Povo;* Seção: *Ciência;* 2 fotos; 1 ilus; Curitiba, PR; 25.04.99; página 12.

97. **Ezabella,** Fernanda; ***Amo a Dor, diz Rainha dos Piercings;*** Reportagem; *Zero Hora;* Jornal; Diário; Caderno: *Mundo;* Seção: *Comportamento;* 1 foto; Ano 40; N. 13.963; Porto Alegre, RS; 13.11.03; página 34.

98. **Folha de Alphavill;** Redação; ***Uma Hora de Narguilé Equivale a 100 Cigarros;*** Jornal; Diário; Ano VI; N. 297; Seção: *Vida Light;* 1 foto; São Paulo, SP; 17.04.09; primeira página (chamada) e 1 – B 4.

99. **Galdino,** Milena; ***A Culpa de Comer;*** Reportagem; *Correio Braziliense;* Jornal; Diário; N. 13.198; 1 ilus.; 1 depoimento; Brasília, DF; 07.07.99; página 4.

100. **Gazeta do Povo;** Redação; ***Transtornos Alimentares;*** Reportagem; Jornal; Diário; Ano 87; N. 27.731; Suplemento: *Viver Bem;* Ano XXI; Ed. 1.073; 3 fotos; 2 ilus.; 1 site; 1 enu.; 1 adendo; Curitiba, PR; 02.10.05; Capa do suplemento; páginas 6 a 10.

101. **Grimm,** Oliver; ***Armadilhas da Obesidade;*** Reportagem; *Mente&Cérebro;* Revista; Mensário; Ano XIV; N. 169; 3 fotos; 1 fig.; 2 ilus.; 5 refs.; São Paulo, SP; Fevereiro, 2007; páginas 66 a 71.

102. **Lucrecia,** Mauren; ***Sem se Importar com o Risco do Sol;*** Reportagem; *Gazeta do Povo;* Jornal; Diário; Ano 87; N. 27.873; Seção: *Saúde;* 1 foto; Curitiba, PR; 18.01.06; página 13.

103. **Luz,** Sergio Ruiz; ***O Falso Forte: Enzo Perondini Esculpiu o Corpo à Base de Remédios e Agora Luta Contra o Câncer;*** Reportagem; *Veja;* Revista; Semanário; Seção: *Esporte;* 2 fotos; São Paulo, SP; 25.11.98; páginas 78 e 79.

104. **Manchete;** Redação; ***Abortos Matam 68 Mil por Ano;*** Reportagem; Revista; São Paulo, SP; 20.07.07; primeira página.

105. **Marques,** Toni; ***Língua Bifurcada;*** Entrevista; *Globo;* Jornal; Diário; Seção: *Ela;* 1 foto; 26.12.98; página 6.

106. **Martins,** Elisa; & **Castro,** Inês de; ***O Risco da Vaidade;*** Reportagem; *Época;* Revista; Semanário; N. 336; 11 fotos; 3 grafs.; 3 tabs.; 1 entrevista; São Paulo, SP; 25.10.04; capa e páginas 84 a 91.

107. **Moherdaui,** Bel; ***Adrenalina: Por que Corremos Riscos?;*** Reportagem; *Veja;* Revista; Semanário; Ed. 1.725; Ano 34; N. 44; Seção: *Comportamento;* 11 fotos; São Paulo, SP; 07.11.01; páginas 72 a 76.

108. **Neve,** Maria Laura; ***Cortes que Aliviam a Dor da Alma;*** Reportagem; *Marie Claire;* Revista; Mensário; N. 216; 2 fotos; 2 enus.; São Paulo, SP; Março, 2009; páginas 71 a 74.

109. **O Estado do Paraná;** Redação; ***Filipinos Repetem Modo de Crucificar com Realidade: Pregos de Verdade e Muita Dor, Repetidos na Paixão;*** Jornal; Diário; Ano 52; N. 15.669; Seção: *Exterior;* 1 foto; Curitiba, PR; 19.04.03; página 7.

110. **Oyama,** Thais; ***Os Reis do Sopapo;*** Reportagem; *Veja;* Revista; Semanário; Ed. 1.750; Ano 35; N. 18; Seção: *Esporte;* 4 fotos; 8 enus.; 1 estatística; São Paulo, SP; 08.05.02; páginas 67 e 68.

111. **Paixão,** Roberta; ***Praia para que?;*** Revista; *Veja;* Semanário; Seção: *Beleza;* 6 fotos; São Paulo, SP; 28.04.99; página 85.

112. **Rey,** Valquíria; ***Papa Diz que Celibato é Benção e Segundo Casamento "Praga";*** Disponível em <http://www.bbc.co.uk/portuguese/reporterbbc/story/2007/03/070313_papavetodivorcio.shtml>; Acesso em: 06.02.13, 11h21.

113. **Rufer,** Michael; ***Arrancando os Cabelos;*** Reportagem. *Mente&Cérebro;* Revista; Mensário; Ano XVIII; N. 217; Seção: *Distúrbio;* 4 fotos; 1 ilus.; 1 graf.; 1 tab.; 2 refs.; São Paulo, SP; Fevereiro, 2011; páginas 52 a 57.

114. **Schelp,** Diogo; ***Prazer e Perigo;*** Reportagem; *Veja;* Revista; Semanário; Ed. 1.811; Ano 36; N. 28; 1 ilus.; 9 fig.; 1 tab.; São Paulo, SP; 16.07.03; páginas 70 a 78.

115. **Superinteressante;** Redação; ***Boxe: A Arte Ancestral de Cacetear a Cabeça Alheia;*** Revista; Mensário; N. 169; Seção: *Boxe;* 1 ilus.; 10 fotos; 2 enus.; 1 tab.; 1 fichário; 1 site; São Paulo, SP; Outubro, 2001; páginas 76 e 77.

116. **Vargas,** Vagner; ***Orelhas Marcadas pelo Esporte;*** *Correio Braziliense;* Jornal; Diário; Caderno: *Super Esportes;* 1 foto; Brasília, DF; 20.12.09; página 4.

117. **Veja;** Redação; ***Furo Radical;*** Revista; Semanário; 1 foto; Ano 34; N. 11; Ed. 1.692; São Paulo, SP; 21.03.01; página 91.

118. **Veja;** Redação; ***No Orkut, Comunidades Discutem e Incentivam os Rachas;*** São Paulo, SP; disponível em: <http://veja.abril.com.br/noticia/brasil/internet-espaco-de-reunioes-virtuais-de-racha> acesso em: 23.04.11.

119. **Vieira,** Waldo; & **Pinheiro,** Lurdes; Org.; ***Dicionário de Neologismos da Conscienciologia;*** revisores Ernani Brito; *et al.;* 1.072 p.; 1 *blog;* 21

E-mails; 4.053 enus.; 1 *facebook;* 2 fotos; glos. 2.019 termos; 14.100 (termos neológicos); 1 listagem de neologismos; 1 microbiografia; 21 *websites;* 61 refs.; 28,5 x 21,5 x 7 cm; enc.; *Associação Internacional Editares;* Foz do Iguaçu, PR; 2014; página 56.

120. **Weinberg,** Monica; ***Hipocondríaca, Eu?;*** Reportagem; *Veja;* Revista; Semanário; Ed. 2007; Ano 40; N. 18; Seção: *Guia Veja;* 6 ilus.; São Paulo, SP; 09.05.07; páginas 128 e 129.

121. **Yuri,** Débora; ***Boxe: Elas Dão a Cara pra Bater;*** *Revista da Folha;* Revista; Mensário; 8 fotos; São Paulo, SP; 20.02.05; primeira página (chamada) e 1.

122. **Zorzanelli,** Rafaela; ***As Ambiguidades do Corpo;*** *Mente&Cérebro;* Revista; Mensário; Ano XVI; N. 191; Seção: *Livros;* 2 ilus.; 3 fotos; 2 refs.; São Paulo, SP; Dezembro, 2008; páginas 12 e 13.

DEPRESSÃO:

123. **Andrews,** Paul; & **Thompson Jr,** J. Anderson; ***O Lado Luminoso da Escuridão;*** Reportagem; *Mente&Cérebro;* Revista; Mensário; Ano XVII; N. 212; Seção: *Especial;* 5 fotos; 3 ilus.; 3 refs.; São Paulo, SP; Setembro, 2010; páginas 34 a 41.

124. **Andrews,** Paul W.; **Thomson Jr,** J. Anderson; ***The Bright Side of Being Blue: Depression as an Adaptation for Analyzing Complex Problems;*** Artigo; *Psychological Review;* Revista; Vol. 116; N. 3; Jul.; 2009; páginas 620 a 654.

125. **Beck,** Aaron, T.; Rush, John, A; Shaw, Brian, F.; Emery, Gary; ***Terapia Cognitiva da Depressão*** *(Therapy of Depression);* trad. Sandra Costa; 318 p.; 18 caps.; 145 refs.; alf.; 25 x 17,5 cm; br.; *Artmed;* Porto Alegre, RS; 1997; páginas 25, 27, 32, 69 e 94.

126. **Kramer,** Peter, D.; ***Enfrente a Depressão*** *(Againt Depression);* trad. Débora Baghin Spinelli; 416 p.; 21 caps.; 20,5 x 13,5 cm; br.; *Melhoramentos;* São Paulo, SP; 2007; páginas 83 a 85.

INTERIOROSE:

127. **Vieira,** Waldo; & **Pinheiro,** Lurdes; Org.; ***Dicionário de Neologismos da Conscienciologia;*** revisores Ernani Brito; *et al.;* 1.072 p.; 1 *blog;* 21 *E-mails;* 4.053 enus.; 1 *facebook;* 2 fotos; glos. 2.019 termos; 14.100 (termos neológicos); 1 listagem de neologismos; 1 microbiografia; 21 *websites;* 61 refs.; 28,5 x 21,5 x 7 cm; enc.; *Associação Internacional Editares;* Foz do Iguaçu, PR; 2014; página 483.

128. **Vieira,** Waldo; ***Homo sapiens reurbanisatus;*** 1.584 p.; 479 caps.; 139 abrevs.; 40 ilus.; 7 índices; 102 sinopses; glos. 241 termos; 7.655 refs.; alf.; geo.; ono.; 29 x 21 x 7 cm; enc.; 3ª Ed. Gratuita; *Associação Internacional do Centro de Altos Estudos da Conscienciologia* (CEAEC); Foz do Iguaçu, PR; 2003; página 303.

SUICÍDIO:

129. **Greenberg,** Joel; ***Morte por Martírio Fascina Jovens Palestinos;*** Reportagem; *O Estado de S. Paulo;* Jornal; Diário; Seção: *Internacional;* São Paulo, SP; 29.01.95; página A 26.

130. **Neiva,** Paula; ***Pacto de Morte pela Internet;*** Reportagem; *Veja;* Revista; Semanário; Ed. 1944; Ano 39; N. 7; Seção: *Internet;* 3 ilus.; São Paulo, SP; 22.02.06; páginas 88 e 89.

131. **Mente&Cérebro;** Redação; ***Psiquiatras Promovem Campanha de Conscientização e Prevenção do Suicídio;*** Revista; Mensário; Ano XVII; N. 212; Seção: *Saúde Mental;* 1 *site;* São Paulo, SP; Setembro 2010; página 12.

132. **Vieira,** Waldo; ***Enciclopédia da Conscienciologia Digital;*** 11.034 p.; glos. 2.498 termos (verbetes); 192 microbiografias; 147 tabs.; 191 verbetógrafos; 8ª Ed. Digital; Versão 8.00; *Associação Internacional Editares;* & *Associação Internacional do Centro de Altos Estudos da Conscienciologia* (CEAEC); Foz do Iguaçu, PR; 2013 (Verbete: Adaptabilidade).

PROGRAMAÇÃO EXISTENCIAL – PROÉXIS:

133. **Frankl,** Viktor Emil; ***Em Busca de Sentido;*** 186 p.; 3 caps.; 134 refs.; 21 x 14 cm; br.; 28ª Ed.; *Editora Sinodal;* & *Vozes;* **São Leopoldo, RS;** 1985; páginas 129 e 130.

134. **Vannuchi,** Camilo; ***A Sociedade do Excesso;*** Reportagem; *IstoÉ;* Revista; Ed. 1.819; Caderno: Especial; Seção: *Comportamento;* 7 fotos; São Paulo, SP; 19.08.04; páginas 61 a 65.

135. **Vieira,** Waldo; & **Pinheiro,** Lurdes; Org.; ***Dicionário de Neologismos da Conscienciologia;*** revisores Ernani Brito; *et al.;* 1.072 p.; 1 *blog;* 21 *E-mails;* 4.053 enus.; 1 *facebook;* 2 fotos; glos. 2.019 termos; 14.100 (termos neológicos); 1 listagem de neologismos; 1 microbiografia; 21 *websites;* 61 refs.; 28,5 x 21,5 x 7 cm; enc.; *Associação Internacional Editares;* Foz do Iguaçu, PR; 2014; página 712.

136. **Vieira,** Waldo; ***Enciclopédia da Conscienciologia Digital;*** 11.034 p.; glos. 2.498 termos (verbetes); 192 microbiografias; 147 tabs.; 191 verbetógrafos; 8ª Ed. Digital; Versão 8.00; *Associação Internacional Editares;* & *Associação Internacional do Centro de Altos Estudos da Conscienciologia* (CEAEC); Foz do Iguaçu, PR; 2013 (Verbetes: Megadesafio do Intermissivista, Meta Optata e Desafio da proéxis).

137. **Idem; *Homo sapiens reurbanisatus;*** 1.584 p.; 479 caps.; 139 abrevs.; 40 ilus.; 7 índices; 102 sinopses; glos. 241 termos; 7 655 refs.; alf.; geo.; ono.; 29 x 21 x 7 cm; enc.; 3ª Ed. Gratuita; *Associação Internacional do Centro de Altos Estudos da Conscienciologia* (CEAEC); Foz do Iguaçu, PR; 2003; página 64.

138. **Idem; *700 Experimentos da Conscienciologia;*** 1.058 p.; 700 caps.; 147 abrevs.; 600 enus.; 8 índices; 2 tabs.; 300 testes; glos. 280 termos; 5.116 refs.; alf.; geo.; ono.; 28,5 x 21,5 x 7 cm; enc.; *Instituto Internacional de Projeciologia;* Rio de Janeiro, RJ; 1994; páginas 349 e 607.

METAS PESSOAIS:

139. **Frankl,** Viktor Emil; ***Em Busca de Sentido;*** 186 p.; 3 caps.; 134 refs.; 21 x 14 cm; br.; 28ª Ed.; *Editora Sinodal;* & *Vozes;* São Leopoldo, RS; 1985; páginas 93, 94, 102 e 103.

ROTINA ÚTIL:

140. **Vieira,** Waldo; ***Enciclopédia da Conscienciologia Digital;*** 11.034 p.; glos. 2.498 termos (verbetes); 192 microbiografias; 147 tabs.; 191 verbetógrafos; 8ª Ed. Digital; Versão 8.00; *Associação Internacional Editares;* & *Associação Internacional do Centro de Altos Estudos da Conscienciologia* (CEAEC); Foz do Iguaçu, PR; 2013 (Verbetes: Dia matemático, Vida Matemática e Rotina útil).

AUTOMOTIVAÇÃO:

141. **Vieira,** Waldo; ***Enciclopédia da Conscienciologia Digital;*** 11.034 p.; glos. 2.498 termos (verbetes); 192 microbiografias; 147 tabs.; 191 verbetógrafos; 8ª Ed. Digital; Versão 8.00; *Associação Internacional Editares;* & *Associação Internacional do Centro de Altos Estudos da Conscienciologia* (CEAEC); Foz do Iguaçu, PR; 2013 (Verbete: Taxologia).

PRIORIDADE EVOLUTIVA:

142. **Vieira,** Waldo; ***Homo sapiens pacificus;*** 1.584 p.; 413 caps.; 403 abrevs.; 434 enus.; 37 ilus.; 7 índices; 240 sinopses; glos. 241 termos; 9.625 refs.; alf.; geo.; ono.; 29 x 21,5 x 7 cm; enc.; 3ª Ed. Gratuita; *Associação Internacional do Centro de Altos Estudos da Conscienciologia* (CEAEC); & *Associação Internacional Editares;* Foz do Iguaçu, PR; 2007; página 1.015.

AMIZADE EVOLUTIVA:

143. **Giles,** Lynne C.; **Glonek,** Gary F V, **Luszcz,** Mary A; **Andrews,** Gary R; ***Effect of Social Networks on 10 Year Survival in Very Old Australians: The Australian Longitudinal Study of Aging;*** Artigo; *Journal of Epidemiology and Community Health;* Revista; Quadrimestral; N. 59; London, UK; 2005; páginas 574 a 579.

144. **Vieira,** Waldo; ***Enciclopédia da Conscienciologia Digital;*** 11.034 p.; glos. 2.498 termos (verbetes); 192 microbiografias; 147 tabs.; 191 verbetógrafos; 8ª Ed. Digital; Versão 8.00; *Associação Internacional Editares;* & *Associação Internacional do Centro de Altos Estudos da Conscienciologia* (CEAEC); Foz do Iguaçu, PR; 2013 (Verbete: Amizade Evitável).

ASSISTENCIALIDADE TARÍSTICA:

145. **Ovadia,** Daniela; ***O Prazer de Doar;*** *Mente&Cérebro;* Revista; Mensário; Ano XVIII; N. 215; Seção: *Comportamento;* São Paulo, SP; Dezembro, 2010; páginas 20 a 25.

AUTODESASSEDIALIDADE:

146. **Vieira,** Waldo; & **Pinheiro,** Lurdes; Org.; ***Dicionário de Neologismos da Conscienciologia;*** revisores Ernani Brito; *et al.;* 1.072 p.; 1 *blog;* 21 *E-mails;* 4.053 enus.; 1 *facebook;* 2 fotos; glos. 2.019 termos; 14.100 (termos neológicos); 1 listagem de neologismos; 1 microbiografia; 21 *websites;* 61 refs.; 28,5 x 21,5 x 7 cm; enc.; *Associação Internacional Editares;* Foz do Iguaçu, PR; 2014; página 99.

147. **Vieira,** Waldo; ***Enciclopédia da Conscienciologia Digital;*** 11.034 p.; glos. 2.498 termos (verbetes); 192 microbiografias; 147 tabs.; 191 verbetógrafos; 8ª Ed. Digital; Versão 8.00; *Associação Internacional Editares;* & *Associação Internacional do Centro de Altos Estudos da Conscienciologia* (CEAEC); Foz do Iguaçu, PR; 2013 (Verbete: Heteroassédio).

AUTOCOGNIÇÃO EVOLUTIVA:

148. **Ross,** Philip; ***Mentes Brilhantes;*** *Mente&Cérebro;* Revista; Mensário; Ano XV; N. 184; Seção Especial: *Inteligência;* 3 refs.; 3 fotos; 5 ilus.; 2 grafs.; São Paulo, SP; Maio, 2008, páginas 56 a 63.

149. **Vieira,** Waldo; ***Enciclopédia da Conscienciologia Digital;*** 11.034 p.; glos. 2.498 termos (verbetes); 192 microbiografias; 147 tabs.; 191 verbetógrafos; 8ª Ed. Digital; Versão 8.00; *Associação Internacional Editares;* & *Associação Internacional do Centro de Altos Estudos da Conscienciologia* (CEAEC); Foz do Iguaçu, PR; 2013 (Verbete: Aquecimento Neuronial).

150. **Idem; *Projeciologia: Panorama das Experiências da Consciência Fora do Corpo Humano;*** 1.248 p.; 525 caps.; 150 abrevs.; 43 ilus.; 5 índices; 1 sinopse; glos. 300 termos; 2.041 refs.; alf.; geo.; ono.; 28 x 21 x 7 cm; enc.; 4ª Ed. Revisada e ampliada; *Instituto Internacional de Projeciologia e Conscienciologia* (IIPC); Rio de Janeiro, RJ; 1999; páginas 927 e 975.

ESTADO VIBRACIONAL:

151. **Alegretti,** Wagner; ***Uma Abordagem para a Pesquisa do Estado Vibracional Através do Estudo da Atividade Cerebral;*** Artigo; *Jornal of Conscientiology;* Edição Especial; 2º Simpósio Internacional de Pesquisa Conscienciológica; vol. 11; N. 42; 10 enus.; 1 foto; 1 microbiografia; 10 refs.; *International Academy of Consciousness* (IAC); Londres; Outubro; 2008; páginas 217 e 246.

152. **Vieira,** Waldo; ***200 Teáticas da Conscienciologia***; 260 p.; 200 caps.; 13 refs.; alf.; 21 x 14 cm; br.; *Instituto Internacional de Projeciologia e Conscienciologia* (IIPC); Rio de Janeiro, RJ; 1997b; página 151.

153. **Idem; *Homo sapiens reurbanisatus***; 1.584 p.; 479 caps.; 139 abrevs.; 40 ilus.; 7 índices; 102 sinopses; glos. 241 termos; 7.655 refs.; alf.; geo.; ono.; 29 x 21 x 7 cm; enc.; 3ª Ed. Gratuita; *Associação Internacional do Centro de Altos Estudos da Conscienciologia* (CEAEC); Foz do Iguaçu, PR; 2003; páginas 801 e 802.

154. **Idem; *Projeciologia: Panorama das Experiências da Consciência Fora do Corpo Humano;*** 1.248 p.; 525 caps.; 150 abrevs.; 43 ilus.; 5 índices; 1 sinopse; glos. 300 termos; 2.041 refs.; alf.; geo.; ono.; 28 x 21 x 7 cm; enc.; 4ª Ed. Revisada e ampliada; *Instituto Internacional de Projeciologia e Conscienciologia* (IIPC); Rio de Janeiro, RJ; 1999; página 80.

INDEPEDÊNCIA FINANCEIRA

155. **Cilo,** Hugo; ***O Que Leva um Bilionário ao Suicídio?;*** Disponível em <http://www.istoedinheiro.com.br/noticias/42_O+QUE+LEVA+UM+BILIONARIO+AO+SUICIDIO>; Acesso em: 05.02.13, 11h15.

PARAPSIQUISMO LÚCIDO:

156. **Vieira,** Waldo; ***Enciclopédia da Conscienciologia Digital;*** 11.034 p.; glos. 2.498 termos (verbetes); 192 microbiografias; 147 tabs.; 191 verbetógrafos; 8ª Ed. Digital; Versão 8.00; *Associação Internacional Editares;* & *Associação Internacional do Centro de Altos Estudos da Conscienciologia* (CEAEC); Foz do Iguaçu, PR; 2013 (Verbetes: Fonte de Controle e Parapsiquismo).

157. **Idem; *700 Experimentos da Conscienciologia*;** 1.058 p.; 700 caps.; 147 abrevs.; 600 enus.; 8 índices; 2 tabs.; 300 testes; glos. 280 termos; 5.116 refs.; alf.; geo.; ono.; 28,5 x 21,5 x 7 cm; enc.; *Instituto Internacional de Projeciologia*; Rio de Janeiro, RJ; 1994; página 603.

PROJETABILIDADE LÚCIDA (PL):

158. **Vieira,** Waldo; & **Pinheiro,** Lurdes; Org.; ***Dicionário de Neologismos da Conscienciologia;*** revisores Ernani Brito; *et al.;* 1.072 p.; 1 *blog;* 21 *E-mails;* 4.053 enus.; 1 *facebook;* 2 fotos; glos. 2.019 termos; 14.100 (termos neológicos); 1 listagem de neologismos; 1 microbiografia; 21 *websites;* 61 refs.; 28,5 x 21,5 x 7 cm; enc.; *Associação Internacional Editares;* Foz do Iguaçu, PR; 2014; página 725.

159. **Vieira,** Waldo; ***200 Teáticas da Conscienciologia***; 260 p.; 200 caps.; 13 refs.; alf.; 21 x 14 cm; br.; *Instituto Internacional de Projeciologia e Conscienciologia* (IIPC); Rio de Janeiro, RJ; 1997b; páginas 38 e 182.

160. **Idem; *Enciclopédia da Conscienciologia Digital;*** 11.034 p.; glos. 2.498 termos (verbetes); 192 microbiografias; 147 tabs.; 191 verbetógrafos; 8ª Ed. Digital; Versão 8.00; *Associação Internacional Editares;* & *Associação Internacional do Centro de Altos Estudos da Conscienciologia* (CEAEC); Foz do Iguaçu, PR; 2013 (Verbete: Cronologia da Projeciologia).

161. **Idem; *Projeciologia: Panorama das Experiências da Consciência Fora do Corpo Humano;*** 1.248 p.; 525 caps.; 150 abrevs.; 43 ilus.; 5 índices; 1 sinopse; glos. 300 termos; 2.041 refs.; alf.; geo.; ono.; 28 x 21 x 7 cm; enc.; 4ª Ed. Revisada e ampliada; *Instituto Internacional de Projeciologia e Conscienciologia* (IIPC); Rio de Janeiro, RJ; 1999; páginas 108 e 973.

TENEPES:

162. **Vieira,** Waldo; ***Manual da Tenepes: Tarefa Energética Pessoal;*** 138 p.; 34 caps.; 147 abrevs.; glos. 282 termos; 5 refs.; alf.; 21 x 14 cm; br.; *Instituto Internacional de Projeciologia;* Rio de Janeiro, RJ; 1996b; página 13.

VOLUNTARIADO ASSISTENCIAL:

163. **Bezerra,** Augusto José; ***Amigos do Bem;*** Reportagem; *Época;* Revista; Semanário; Ed. 479; Seção: *Sociedade;* 2 fotos; São Paulo, SP; 23.07.07; páginas 102 a 105.

164. **Dreyer,** Lilian; & **Johannpeter,** Maria Elena Pereira; ***O Quinto Poder: Consciência Social de uma Nação;*** 324 p.; 18 caps.; 1 tab.; 21 x 14 cm; br.; *L & PM Editores;* Porto Alegre, RS; 2008, páginas 58 a 60.

ENVELHECIMENTO BIOLÓGICO:

165. **Netto,** Matheus Papaléo; ***O Estudo da Velhice: Histórico, Definição do Campo e Termos Básicos;*** In: Freitas, Elizabete Viana, et al; Org(s); *Tratado de Geriatria e Gerontologia;* 1.574 p.; 162 caps.; 22 grafs.; 99 ilus.; 6.824 refs.; alf.; 28 x 22 x 7,5 cm; enc.; 2ª Ed.; rev. e aum.; Rio de Janeiro, RJ; *Guanabara Koogan;* Rio de Janeiro, RJ; 2006; página 9.

166. **Papalia,** Diane E.; & **Olds,** Sally Wendkos; ***Desenvolvimento Humano;*** 888 p.; 18 caps.; 52 tabs.; glos. 497 termos; ono.; 28 x 21 x 4,5 cm; br.; 8ª Ed.; *Artes Médicas Sul;* Porto Alegre, RS; 2006; páginas 648 e 657.

DESSOMÁTICA:

167. **Andrade,** Hernani Guimarães; ***Morte, Renascimento e Evolução: uma Biologia Transcedental;*** pref. Osmard Andrade Faria; 180 p.; 11 caps.; 87 refs.; 23 x 16 cm; br.; *Ed. Espírita Pierre-Paul Didier,* Votuporanga, SP; 2003; página 134.

168. **Idem; *Reencarnação no Brasil: Oito Casos que Sugerem Renascimento;*** pref. José de Freitas Nobre; 408 p.; 10 caps.; 88 refs.; alf.; ono.; 23 x 16 cm; br.; *Casa Editora O Clarim;* Matão, SP; 1986.

169. **Delanne,** Gabriel; ***A Alma é Imortal*** *(L'ame est Immortelle);* trad. Guillon Ribeiro; 314 p.; 13 caps.; 216 refs.; 18 x 13 cm; br.; 5ª edição; *Federação Espírita Brasileira;* Rio de Janeiro, RJ; 1987; página 208.

170. **Lorenz,** Francisco Valdomiro; ***Voz do Antigo Egito;*** 182 p.; 12 caps.; 18 x 13 cm; br.; 5ª Ed.; *Federação Espírita Brasileira;* Brasília, DF; 1946; página 60.

171. **Muller,** Karl E; ***Reencarnação Baseada em Fatos*** *(Reincarnation Based on Facts);* trad. Harry Meredig; revisão Grace Khawali; 298 p.; 58 caps.; 62 refs.; 21 x 13,5 cm; br.; 3ª Ed.; *EDICEL;* **São Paulo, SP; 1983.**

172. **O'Kelly,** Eugene; & **Postman,** Andrew; ***Claro como o Dia: Como a Certeza da Morte Mudou a Minha Vida. Um Último Relato*** *(Chasing Daylight:*

How my Forthcoming Death Transformed my Life); trad. Regina Lyra; revs. Mônica Aggio; & Sheila Til; 156 p.; 7 caps.; 2 enus.; 1 ilus.; 21 x 14 cm; br.; *Nova Fronteira;* Rio de Janeiro, RJ; 2006; página 154.

173. **Rónai,** Paulo; ***Dicionário Universal Nova Fronteira de Citações;*** 1.052 p.; 38 refs.; ono.; 23,5 x 16,5 x 5 cm; enc.; Nova Fronteira; Rio de Janeiro, RJ; 1985; página 636.

174. **Seleções Reader's Digest; *Fronteiras do Desconhecido;*** 352 p.; 20 caps.; 704 ilus.; 113 refs.; alf.; 28,5 x 21,5 cm; enc.; *Printer Portuguesa;* Lisboa, Portugal; 1983; páginas 151 e 152.

175. **Stevenson,** Ian; ***Reencarnação: Vinte Casos*** *(Twenty Cases Suggestive of Reincarnation);* trad. Carolina Coelho; 508 p.; 10 caps.; 106 refs.; 23 x 16 cm; br.; *Vida & Consciência;* São Paulo, SP; 2010.

176. **Tager,** Djénane Karet; ***Viver a Morte*** *(Vivre La Mort);* pref. Jean--Paul Guetny; trad. Erica Castro Guimarães; 230 p.; 36 caps.; 62 refs.; 21 x 14,5 cm; br.; *Editorial Estampa;* Lisboa, Portugal; 2001; página 117.

177. **Vieira,** Waldo; ***Enciclopédia da Conscienciologia Digital;*** 11.034 p.; glos. 2.498 termos (verbetes); 192 microbiografias; 147 tabs.; 191 verbetógrafos; 8ª Ed. Digital; Versão 8.00; *Associação Internacional Editares; & Associação Internacional do Centro de Altos Estudos da Conscienciologia* (CEAEC); Foz do Iguaçu, PR; 2013 (Verbetes: Personalidade Consecutiva, Dessomática e Paradoxo Holossomático).

TANATOFOBIA:

178. **Tager,** Djénane Karet; ***Viver a Morte*** *(Vivre La Mort);* pref. Jean-Paul Guetny; trad. Erica Castro Guimarães; 230 p.; 36 caps.; 62 refs.; 21 x 14,5 cm; br.; *Editorial Estampa;* Lisboa, Portugal; 2001; página 61.

179. **Vieira,** Waldo; ***Enciclopédia da Conscienciologia Digital;*** 11.034 p.; glos. 2.498 termos (verbetes); 192 microbiografias; 147 tabs.; 191 verbetógrafos; 8ª Ed. Digital; Versão 8.00; *Associação Internacional Editares; & Associação Internacional do Centro de Altos Estudos da Conscienciologia* (CEAEC); Foz do Iguaçu, PR; 2013. (Verbete: Acerto Grupocármico).

180. **Idem; *Projeciologia: Panorama das Experiências da Consciência Fora do Corpo Humano;*** 1.248 p.; 525 caps.; 150 abrevs.; 43 ilus.; 5 índices; 1 sinopse; glos. 300 termos; 2.041 refs.; alf.; geo.; ono.; 28 x 21 x 7 cm; enc.; 4ª Ed. revisada e ampliada; *Instituto Internacional de Projeciologia e Conscienciologia* (IIPC); Rio de Janeiro, RJ; 1999; página 857.

APEGO CONSANGUÍNEO:

181. **Goleman,** Daniel; ***Inteligência Emocional: a Teoria Revolucionária que Redefine o que é Ser Inteligente*** *(Emotional Intelligence);* trad. Marcos Santarrita; revisores Fátima Tereza; *et al.;* 370 p.; 16 caps.; alf.; 23 x 16 cm; br.; 50ª Ed.; *Objetiva;* Rio de Janeiro, RJ; 1995; páginas 311 a 314.

182. **Kübler-Ross,** Elizabeth; ***Sobre a Morte e o Morrer: O que os Doentes Terminais têm para Ensinar a Médicos, Enfermeiras, Religiosos e aos seus Próprios Parentes*** *(On Death and Dying);* pref.; trad. Paulo Menezes; 296 p.; 12 caps.; 1 ilus.; 81 refs.; 21 x 14 cm; br.; 8a Ed.; *Martins Fontes;* São Paulo, SP; 2008; páginas 43 a 117.

183. **O'Kelly,** Eugene; & **Postman,** Andrew; ***Claro como o Dia: Como a Certeza da Morte Mudou a Minha Vida. Um Último Relato*** *(Chasing Daylight: How my Forthcoming Death Transformed my Life);* trad. Regina Lyra; revs. Mônica Aggio; & Sheila Til; 156 p.; 7 caps.; 2 enus.; 1 ilus.; 21 x 14 cm; br.; *Nova Fronteira;* Rio de Janeiro, RJ; 2006; página 154.

184. **Westin,** Ricardo; ***Novo Jeito de Partir;*** Reportagem; *Veja;* Semanário; Ed. 2.217; Ano 44; N. 20; Seção: *Sociedade;* 3 fotos; São Paulo, SP; 18.05.11; páginas 122 a 124.

EVOLUÇÃO CONSCIENCIAL:

185. **Vieira,** Waldo; ***Técnica de Viver;*** Obra psicografada; 186 p.; 60 caps.; 60 ilus.; 18,5 x 13,5 cm; br.; 10ª Ed.; *CEC;* Uberaba, MG; 1997a; página 28.

AUTOESFORÇO EVOLUTIVO:

186. **Duckworth,** Angela L.; & **Seligman,** Martin E.P.; ***Self-Discipline Outdoes IQ in Predicting Academic Performance of Adolescents;*** Artigo; Revista; Quadrimestral; *Psychological Science;* Vol. 16; N. 12; 2005; páginas 939 a 944.

187. **Dweck,** Carol; ***Crianças Esforçadas Crianças Espertas;*** *Mente&Cérebro;* Revista; Mensário; Ano XV; N. 186; Seção: *Desenvolvimento Infantil;* 6 fotos; 3 refs.; 1 graf.; São Paulo, SP; Julho 2008; páginas 70 a 77.

188. **Hoppe,** Christian; & **Stojanovic,** Jelena; ***A Ciência da Genialidade;*** *Mente&Cérebro;* Revista; Mensário; Ano XVI; N. 189; Capa; 1 foto na capa; 10 fotos; 4 refs.; 1 graf.; São Paulo, SP; Outubro 2008; primeira página (chamada) e 32 a 41.

COMPLETUDE EXISTENCIAL:

189. **Camargo,** Francisco. ***Um Paranaense de Nome Francisco;*** Reportagem; *Gazeta do Povo;* Edição: *Documento Especial;* 3 fotos; Curitiba, PR; 20.03.09; páginas 1 a 3.

190. **Costa,** Florência; **Garçoni,** Ines; & **Vilas,** Juliana; ***Missão Cumprida;*** Reportagem; *IstoÉ;* Revista; Semanário; N. 1.641; Seção: *Brasil;* 13 fotos; 2 fichários; 1 enu.; São Paulo, SP; 14.03.01; páginas 32 a 39.

191. **Escobar,** Herton; ***Morre Crodowaldo Pavan, um Pioneiro da Genética no Brasil;*** Jornal; *O Estado de São Paulo;* Diário; N. 42.172; Ano 130; Caderno: A; Seção: Vida; 04.04.09; página A 30.

192. **Lopes,** Denise; ***Houaiss Vira Dicionário;*** Artigo; *Jornal do Brasil;* Diário; Caderno: *B;* 1 foto; Rio de Janeiro, RJ; 09.03.99; página 2.

193. **Neto,** Borges; ***O Inovador do Jornal do Brasil;*** Reportagem; *Jornal do Brasil;* Diário; Ano 112; N. 307; Seção: *Obituário;* 9 fotos; Rio de Janeiro, RJ; 09.02.03; páginas D 1 e D 2.

194. **Planeta;** Redação; ***Elsie, Obrigado;*** Revista; Mensário; Ed. 403; Ano 33; Seção: *Saudade;* 1 fichário; 12 fotos; São Paulo, SP; Abril, 2006; páginas 64 a 69.

195. **Diário do Comércio;** Redação; ***Arnaldo Dellivenneri: uma Vida Dedicada a Outras Vidas;*** Jornal; Semanário; Caderno: *Cidades e Entidades;* 1 foto; Belo Horizonte, MG; 23, 24 e 25 de Setembro de 2005; página 2.

196. **Vieira,** Waldo; & **Pinheiro,** Lurdes; Org.; ***Dicionário de Neologismos da Conscienciologia;*** revisores Ernani Brito; *et al.;* 1.072 p.; 1 *blog;* 21 *E-mails;* 4.053 enus.; 1 *facebook;* 2 fotos; glos. 2.019 termos; 14.100 (termos neológicos); 1 listagem de neologismos; 1 microbiografia; 21 *websites;* 61 refs.; 28,5 x 21,5 x 7 cm; enc.; *Associação Internacional Editares;* Foz do Iguaçu, PR; 2014; página 196.

197. **Vieira,** Waldo; ***Manual da Proéxis: Programação Existencial;*** 164 p.; 40 caps.; 10 refs.; alf.; 21 x 14 cm; br.; 2ª Ed.; *Instituto Internacional de Projeciologia e Conscienciologia* (IIPC); Rio de Janeiro, RJ; 1998; página 118.

SERIÉXIS:

198. **Vieira,** Waldo; & **Pinheiro,** Lurdes; Org.; ***Dicionário de Neologismos da Conscienciologia;*** revisores Ernani Brito; *et al.;* 1.072 p.; 1 *blog;* 21 *E-mails;* 4.053 enus.; 1 *facebook;* 2 fotos; glos. 2.019 termos; 14.100 (termos neológicos); 1 listagem de neologismos; 1 microbiografia; 21 *websites;* 61 refs.; 28,5 x 21,5 x 7 cm; enc.; *Associação Internacional Editares;* Foz do Iguaçu, PR; 2014; página 802.

199. **Vieira,** Waldo; ***Projeciologia: Panorama das Experiências da Consciência Fora do Corpo Humano;*** 1.248 p.; 525 caps.; 150 abrevs.; 43 ilus.; 5 índices; 1 sinopse; glos. 300 termos; 2.041 refs.; alf.; geo.; ono.; 28 x 21 x 7 cm; enc.; 4ª Ed. Revisada e ampliada; *Instituto Internacional de Projeciologia e Conscienciologia* (IIPC); Rio de Janeiro, RJ; 1999; página 925.

FILMOGRAFIA

01. À Procura da Felicidade. **Título Original:** *The Pursuit of Happyness.* **País:** EUA. **Data:** 2006. **Duração:** 117 minutos. Gênero: Drama. **Idade** (censura)**:** Livre. **Idioma:** Inglês. **Cor:** Colorido. **Legendado:** Inglês, Português. **Direção:** Gabriele Muccino. **Elenco:** Will Smith; Jaden Smith; Thandie Newton; & Brian Howe. **Produção:** Todd Black; Jason Blumenthal; James Lassiter; Will Smith; Steve Tisch; & Teddy Zee. **Roteiro:** Steve Conrad. **Fotografia:** Phedon Papamichael. **Música:** Andrea Guerra. **Montagem:** Hughes Winborne. **Companhia:** Columbia Pictures Corporation. **Sinopse:** Com base em fatos reais. O filme apresenta o drama do pai Chris Gardner, cuidando de sua família e lutando para sobreviver sem dinheiro necessário para isso.

02. ***As Cinco Pessoas que Você encontra no Céu.*** **Título Original:** *The Five People You Meet in Heaven.* **País:** EUA. **Data:** 2004. **Duração:** 160 minutos. **Gênero:** Drama. **Idade** (censura)**:** 14 anos. **Idioma:** Inglês. **Cor:** Colorido. **Legendado:** Inglês; & Português (em DVD). **Direção:** Lloyd Kramer. **Elenco:** Jon Voight; Ellen Burstyn; Jeff Daniels; Dagmara Dominczyk; Steven Grayhm; Michael Imperioli; & Callum Keith Rennie. **Produção:** Howard Ellis. **Desenho de Produção:** Caroline Hanania. **Direção de Arte:** Sandy Cochrane. **Roteiro:** Mitch Albom, com base no livro dele mesmo. **Fotografia:** Kramer Morgenthau. **Música:** David Hirschfelder. **Montagem:** Igor Kovalik; Gillian McCarthy; & Stuart Waks. **Cenografia:** Rose Marie McSherry. **Efeitos Especiais:** yU+Co. **Companhia:** Five People Productions Inc.; & Hallmark Entertainment. **Sinopse:** Eddie viveu em meio a guerras e trabalho árduo. Quando completa 83 anos, ele sofre acidente no parque de diversão onde trabalhou a vida inteira. Ainda sob o impacto da dessoma e sem lucidez sobre este fato, encontra 5 pessoas as quais irão lhe ajudar a rever determinados trechos da própria vida e compreender a morte.

03. ***Dawn Anna – Por Amor a Vida.*** **Título Original:** *Dawn Anna.* **País:** EUA. **Data:** 2005. **Duração:** 87 minutos. **Gênero:** Drama. **Idade (censura):** 12 anos. **Idioma:** Inglês. **Cor:** Colorido. **Legendado:** Inglês, Português. **Direção:** Arliss Howard. **Elenco:** Debra Winger; Alex Van; Sam Howard; Stephen Warner; Krista Era;Tatiana Maslany; & Robert Theberge. **Produção:** Peter Lhotka. **Roteiro:** Robert Munic; Arliss Howard; & James Howard. **Fotografia:** Guy Dufaux. **Música:** Adam Fields. **Companhia:** Sony Pictures. **Sinopse:** Com base na vida real da mãe de uma das vítimas do massacre de Columbine nos Estados Unidos. Aborda a luta pela vida da mãe ao descobrir uma doença grave e sua recuperação com a ajuda dos filhos e a situação após a morte da filha na escola.

04. ***Escritores da Liberdade.*** **Título Original:** *Freedom Writers.* **País:** Alemanha; & EUA. **Data:** 2007. **Duração:** 123 min. **Gênero:** Drama. **Idade** (censura)**:** 12 anos. **Idioma:** Inglês. **Cor:** Colorido. **Legendado:** Inglês; & Português (em DVD). **Direção:** Richard LaGravenese. **Elenco:** Hilary Swank; Patrick Dempsey; Scott Glenn; Imelda Staunton; & April L. Hernandez. **Produção:** Danny DeVito; Michael Shamberg; Stacey Sher; & Hilary Swank (produtora executiva). **Desenho de Produção:** Laurence Bennett. **Direção de Arte:** Peter Borck. **Roteiro:** Richard La Gravenese, com base no livro *The Freedom Writers Diary: How a Teacher and 150 Teens Used Writing to Change Themselves and the World Around Them* dos Freedom Writers e de Erin Gruwell. **Fotografia:** Jim Denault. **Música:** Mark Isham. **Montagem:** David Moritz. **Cenografia:** Mike Malone. **Efeitos Especiais:** Engine Room; Lola Visual Effects; & Pacific Title and Art Studio. **Companhia:** Paramount Pictures; Double Feature Films; MTV Films; Jersey Films; & Kernos Filmproduktionsgesellschaft; & Company. **Sinopse:** Jovem professora, em ambiente escolar conturbado, tenta inspirar alunos a aprender mais sobre tolerância, valorizar a si mesmos e a dar continuidade aos estudos.

05. ***O Fabuloso Destino de Amélie Poulain.*** **Título Original:** *Le Fabuleux destin d'Amélie Poulain.* **País:** França. **Data:** 2001. **Duração:** 122 minutos. **Gênero:** Comédia. **Idade** (censura)**:** 12 anos. **Idioma:** Francês. **Cor:** Colorido. **Legendado:** Inglês, Português. **Direção:** Jean-Pierre Jeunet. **Elenco:** Audrey Tautou; Mathieu Kassovitz; & Yolande Moreau. **Produção:** Jean-Marc Deschamps. **Direção de Arte:** Volker Schäfer. **Roteiro:** Jean-Pierre Jeunet e Guillaume Laurant. **Fotografia:** Bruno Delbonnel. **Música:** Yann Tiersen. **Montagem:** Hervé Schneid. **Efeitos especiais:** Duboi. **Companhia:** Victoires Pictures. **Sinopse:** Amélie é uma jovem de comportamento interiorano e solitária, se muda do subúrbio no qual morava com a família para Paris, e passa a trabalhar na condição de garçonete. Inicia sua reciclagem pessoal quando encontra uma caixa cheia de itens pessoais escondida no banheiro de sua casa e decide achar o possível dono. Nessa busca, começa a rever conceitos pessoais que provocam mudanças de vida.

06. ***O Filho da Noiva.*** **Título Original:** El Hijo de la Novia. **País:** Argentina. **Data:** 2001. **Duração:** 124 minutos. **Gênero:** Drama. **Idade** (censura)**:** 12 anos. **Idioma:** Espanhol. **Cor:** Colorido. **Legendado:** Espanhol, Inglês, Português. **Direção:** Juan José Campanella. **Elenco:** Ricardo Darín; Héctor Alterio; Norma Aleandro; & Eduardo Blanco. **Produção:** Mariela Besuievski; Fernando Blanco; Pablo Bossi; Jorge Estrada Mora; & Gerardo Herrero. **Direção de Arte:** Mercedes Alfonsín. **Roteiro:** Juan José Campanella; & Fernando Castets. **Fotografia:** Daniel Shulman. **Música:** Ángel Illarramendi. **Montagem:** Camilo Antolini. **Companhia:** Tornasol Films S.A. / JEMPSA / Patagonik Film Group / Pol-Ka Producciones. **Sinopse:** Aos 42 anos Rafael Belvedere está em crise, pois assumiu muitas responsabilidades e não tem mais tempo para qualquer tipo de diversão. Não dá a devida atenção a sua mãe, pai, namorada e filho. Após sofrer ataque cardíaco passa a reconstruir sua vida e seu comportamento familiar.

07. ***Quase Deuses.*** **Título Original:** *Something the Lord Made.* **País:** Estados Unidos. **Data:** 2004. **Duração:** 110 minutos. **Gênero:** Drama. **Idade** (censura)**:** 12 anos. **Idioma:** Inglês. Português e Espanhol. **Cor:** Colorido. **Legendado:** Inglês, Português e Espanhol. **Direção:** Joseph Sargent. **Elenco:** Alan Rickman; Mos Def; Kyra Sedgwck; Gabrielle Union; Charles Dutton; & Mary Stuart Maserson. **Produção:** Julian Krainin and Mike Drake. **Roteiro:** Peter Silverman and Robert Caswell. **Diretor de Fotografia:** John Seale, A.C.S. **Edição:** Richard Francis-Bruce Marcus D´arcy. **Kennedy Miller Film Companhia:** Warner Bros Pictures. **Sinopse:** história verdadeira de 2 cientistas precursores das cirurgias cardíacas.

08. ***Redenção.*** **Título Original:** *Redemption: The Stan Tookie Williams Story.* **País:** EUA **Data:** 2004. **Duração:** 95 minutos. **Genero:** Drama. **Idade** (censura)**:** 16 anos. **Idioma:** Inglês. **Cor:** Colorido. **Legendado:** Espanhol, Inglês, Português. **Direção:** Vondie Curtis-Hall. **Elenco:** Jamie Foxx; Lynn Whitfield;

Lee Thompson Young; Brenden Jefferson; Brenden Richard Jefferson; Brenda Bazinet; Wes Maestro Williams; Greg Ellwand; Barbara Barnes-Hopkins; & Tom Barnett. **Produção:** Sue Bugden, Eva Garofalo. **Roteiro:** J.T. Allen. **Fotografia:** David Greene. **Música:** Tree Adams. **Montagem:** Terilyn A. Shropshire. **Companhia:** Califórnia filmes. **Sinopse:** Com base na história real de Stan Tookie Willians, fundador da Crips, famosa gangue de rua em Los Angeles, EUA. No corredor da morte Tookie escreve uma série de livros anti-gangues e se dedica a tirar crianças da rua. Na vida real, foi executado com injeção letal em 13 de dezembro de 2005.

09. ***Regras da Vida.*** **Título Original:** *The Cider House Rules.* **País:** EUA. **Data:** 1999. **Duração:** 125 minutos. **Gênero:** Drama. **Idade** (censura)**:** 12 anos. **Idioma:** Inglês. **Cor:** Colorido. **Legendado:** Inglês, Português. **Direção:** Lasse Hallstrom. **Elenco:** Tobey Maguire; Charlize Theron; Delroy Lindo; & Paul Rudd. **Produção:** Richard N. Gladstein. **Direção de Arte:** Karen Schultz Gropman. **Roteiro:** John Irving, com base em livro do próprio John Irving. **Fotografia:** Oliver Stapleton. **Música:** Rachel Portman. **Montagem:** Lisa Zeno Churgin. **Companhia:** Miramax Films. **Sinopse:** Com base no romance *The Cider Houses Rules* sobre a história de Homer Wells, um jovem criado e educado em orfanato por um médico, o qual lhe ensina práticas da medicina e regras da vida.

10. ***Valentin.*** **Título Original:** *Valentin.* **País:** Argentina. **Data:** 2002. **Duração:** 86 minutos. **Gênero:** Drama. **Idade** (censura)**:** 12 anos. **Idioma:** Espanhol. **Cor:** Colorido. **Legendado:** Espanhol, Português. **Direção:** Alejandro Agresti. **Elenco:** Julieta Cardinali; Carmen Maura; Jean Pierre Noher; & Mex Urtizberea. **Produção:** Julio Fernández; Thierry Forte; Laurens Geels; Massimo Vigliar; & Pablo Wisznia. **Roteiro:** Alejandro Agresti. **Música:** Luis Salinas e Paul M. van Brugge. **Montagem:** Alejandro Brodersohn. **Cenografia:** Marisa Urruti. **Companhia:** First Floor Pictures / Patagonik Film Group / RWA. **Sinopse:** Valentin é um menino de 9 anos, vivendo com sua avó paterna. Os pais estão separados, não tem contato com a mãe, a qual deseja conhecer e o pai vive ocupado trabalhando. O menino solitário sonha em ser astronauta e quando conhece a mais nova namorada do pai idealiza que esta possa se tornar sua mãe.

GLOSSÁRIO DA CONSCIENCIOLOGIA

Acoplamento áurico – Interfusão das energias holochacrais entre duas ou mais consciências.

Amparador extrafísico – Consciex auxiliadora de uma conscin ou de várias conscins; benfeitor extrafísico. Expressões equivalentes, arcaicas, desgastadas e envilecidas pelo emprego continuado: *anjo da guarda; anjo guardião; anjo de luz; guia; mentor.*

Assedialidade – Intrusão pensênica interconsciencial, doentia. Expressão equivalente, anacrônica: *obsessão*; há numerosas conscins que se defendem contra esta palavra.

Assim *(as + sim)* – Assimilação simpática de ECs, ou energias conscienciais, pela vontade, não raro com a decodificação de um conjunto de pensenes de outra(s) consciência(s).

Aura (Latim: *aura,* sopro de ar) **orgástica** – Energia holochacral do *facies sexualis* do homem ou da mulher no momento exato do orgasmo ou do clímax do ato sexual.

Autobilocação consciencial – (Grego: *autos,* próprio; Latim: *bis,* dois; e *locus,* lugar) – Ato de o projetor (ou projetora) intrafísico encontrar e contemplar o próprio corpo humano (soma) frente a frente, estando a sua consciência (conscin) fora dele, sediada noutro veículo de manifestação consciencial.

Autoconsciencialidade – Qualidade do nível de autoconhecimento por parte da própria consciência; megaconhecimento.

Autoconscientização multidimensional (AM) – Condição da lucidez madura da conscin quanto à vida consciencial no estado evoluído de multidimensionalidade, alcançado através da PL, ou projetabilidade lúcida.

Autocorrupção – É a repetição do ato com o qual a pessoa não se sente confortável e para o qual não consegue dar aprovação, cuja lembrança, escamoteada no mais absconso escaninho do íntimo, incomoda, corrompe a si própria, notadamente do ponto de vista anticosmoético, reforçando os traços-fardo (traf*a*res) e prejudicando a autevolução.

Autoimperdoador – Conscin, homem ou mulher, que não se perdoa, em suas autodisciplinas, quanto aos próprios erros e omissões, a fim de eliminar as autocorrupções conscientes. Esta condição sadia se antepõe à condição, também sadia, do *hetero*perdoador (ou *hetero*perdoadora), *perdoador universal,* sincero, em relação a todos os seres, para sempre, *um princípio básico da maxifraternidade.*

Automimese existencial – Imitação, por parte da conscin, das próprias vivências ou experiências passadas, sejam do renascimento intrafísico atual ou de existências anteriores.

Automimeticidade – Qualidade consciencial da automimese existencial.

Autopensene *(auto + pen + sen + ene)* – O pensene da própria consciência.

Autoprojeção – Saída da conscin para outra dimensão consciencial, através do mentalsoma, ou do psicossoma, intencional ou provocada pela vontade.

Autorrevezamento consciencial – Condição avançada em que a consciência evolui entrosando uma existência intrafísica com outra, consecutivamente *(proéxis vinculadas),* ao modo dos elos de uma cadeia (seriéxis), dentro do seu ciclo multiexistencial *(holobiografia).*

Baratrosfera – É a dimensão extrafísica patológica da paratroposfera terrestre, usada como domicílio coletivo de consciexes anticosmoéticas, doentias, parapsicóticas e paracomatosas.

Binômio admiração-discordância – Postura da conscin, madura quanto à evolução consciencial, que já sabe viver em coexistência pacífica com uma outra conscin, a quem ama e admira, e, ao mesmo tempo, não concorda sempre ou 100% com ela quanto aos seus pontos de vista, opiniões ou posicionamentos.

Bitanatose – Desativação e descarte do holochacra, depois da dessoma, incluindo a retirada dos resquícios das conexões energéticas do holochacra no psicossoma; *segunda morte;* segunda dessoma.

Cérebro abdominal – (V. **Subcérebro abdominal).**

Chacra – Núcleo ou campo limitador de energia consciencial, cujo conjunto constitui basicamente o *holochacra,* paracorpo energético dentro do soma, fazendo a junção com o psicossoma, atuando como ponto de conexão pelo qual a EC flui de um veículo consciencial para outro. A palavra *chacra* é um dos nossos *limites críticos neologísticos.*

Ciclo da atividade – É o critério de renascimento aplicado para a consciência conforme as exigências das atividades pluriexistenciais, acima da média evolutiva, funcionando na condição de minipeça dentro do Maximecanismo Multidimensional Interassistencial.

Ciclo multiexistencial – Sistema ou condição de alternância contínua, em nosso nível evolutivo médio, de um período de renascimento intrafísico (seriéxis) com outro período pós-desativação somática, extrafísico, ou a intermissão.

Compassageiro evolutivo – É a conscin ou consciex, deslocando-se, viajando ou vivenciando a evolução juntamente com outra, na família, tribo, grupo, turma ou equipe.

Compléxis *(comple + exis)* – Condição da completude existencial da proéxis da consciência humana.

Comunicologia – Área ou especialidade da Conscienciologia que estuda a comunicabilidade da consciência de todas as naturezas e formas, inclusive a comunicação interconsciencial entre as dimensões conscienciais, considerando a projetabilidade consciencial lúcida e as abordagens da consciência "inteira" (holossoma, holobiografia, holomemória).

Comunidade extrafísica – Reunião e vida em comum de consciexes em uma dimensão extrafísica.

Con – Unidade hipotética de medida do nível de lucidez da conscin ou da consciex.

Conscienciograma – Planilha técnica das medidas avaliativas do nível de evolução da consciência; megateste consciencial que tem por modelo o *Homo sapiens serenissimus,* responsável por uma conta corrente egocármica positiva. Instrumento básico empregado nos testes conscienciométricos.

Conscienciologia – Ciência que estuda a consciência de modo integral, holossomático, multidimensional, multimilenar, multiexistencial e, sobretudo, conforme as suas reações perante as EIs e as ECs, bem como em seus múltiplos estados.

Conscienciólogo(a) – Conscin empenhada no estudo permanente e na experimentação objetiva, dentro do campo de pesquisas da Conscienciologia, na qualidade de agente de renovações evolutivas *(agente retrocognitor),* no trabalho libertário das consciências em geral.

Conscienciometria – Disciplina ou área que estuda as medidas conscienciológicas, ou da consciência, através dos recursos e métodos oferecidos pela Conscienciologia, capazes de assentar as bases possíveis da *matematização da consciência.* Instrumento principal: conscienciograma.

Conscienciοterapia – Especialidade que estuda o tratamento, alívio ou remissão de distúrbios da consciência, executados através dos recursos e técnicas derivados da Conscienciologia.

Consciênçula – É a consciência humana na condição imatura, logo após deixar o nível evolutivo dos símios ou primatas subuma nos e enfrentar as primícias da racionalidade e do autodiscernimento, próprios da Humanidade adulta, propriamente dita.

Consciex *(consci + ex)* – *Consc*iência *extra*física; o paracidadão ou paracidadã da Sociex. Sinônimo envilecido pelo uso: *desencarnado.*

Consciex Livre (CL) (Latim: *con + scientia,* com conhecimento) – Consciex – que se libertou definitivamente (desativação) do psicossoma ou paracorpo emocional, e das fieiras das seriéxis, situada na *hierarquia evolutiva* depois do *Homo sapiens serenissimus.*

Conscienciólogo *(Homo sapiens conscientiologus)* – É a conscin empenhada no estudo permanente e na experimentação objetiva, dentro do campo de pesquisas da Conscienciologia, na qualidade de agente de renovações evolutivas, no trabalho libertário (tares) das consciências e vivenciando coerente e permanentemente o Paradigma Consciencial.

Consciex Livre *(Conscientia libera)* – Consciência extrafísica liberta definitivamente (desativação) do psicossoma, ou do paracorpo emocional, e, consequentemente, da fieira da Seriexologia das vidas humanas, ou intrafísicas consecutivas, processo antigo, multimilenar, situando-se na *hierarquia evolutiva* depois do *Homo sapiens serenissimus.*

Conscin *(consci + in)* – *Consc*iência *intra*física; a personalidade humana; o cidadão ou cidadã da Socin. Sinônimo envilecido pelo uso: *encarnado.*

Consréu – *Consc*iência *reu*rbanizada – Consciência de paragenética patológica retirada compulsoriamente das comunidades paratroposféricas por meio da reurbanização extrafísica (reurbex).

Consréu ressomada *(Homo sapiens reurbanisatus)* – Consciência de paragenética patológica retirada compulsoriamente das comunidades paratroposféricas por meio da reurbanização extrafísica e ressomada na Terra.

Consréu transmigrada *(Conscientia transmigrans)* – Consciência extrafísica de paragenética patológica retirada compulsoriamente das comunidades paratroposféricas por meio da reurbanização extrafísica enviada para outro planeta com evolução inferior à Terra.

Continuísmo consciencial – Condição da inteireza – sem brechas – na continuidade da vida consciencial através da previsão providencial e do autorrevezamento evolutivo, ou seja: a emenda desta vivência do momento, às vivências imediatamente anterior e posterior, incessantemente, em um todo coeso e único, sem solução de continuidade nem experiências conscienciais estanques.

Cordão de ouro – Suposto elemento energético – à semelhança de um controle remoto – que mantém o mentalsoma ligado ao paracérebro do psicossoma.

Coronochacra *(corono + chacra)* – O chacra da área do sincipúcio, *coroa* o holochacra.

Cosmoética *(cosmo + ética)* – Ética ou reflexão sobre a moral cósmica, multidimensional, que define a holomaturidade, situada além da moral social, intrafísica, ou que se apresenta sob qualquer rótulo humano. É uma especialidade da Conscienciologia.

Cosmoeticidade – Qualidade cosmoética da consciência.

Curso intermissivo – Conjunto de disciplinas e experiências teáticas administradas à consciex, depois de determinado nível evolutivo, durante o período da intermissão consciencial, dentro do seu ciclo de existências pessoais, objetivando o completismo consciencial (compléxis) da próxima seriéxis.

Desassim *(desas + sim)* – Desassimilação simpática de ECs exercida pela impulsão da vontade, normalmente através do EV.

Desperticidade – Qualidade consciencial do ser desperto.

Desperto *(des + per + to) (Homo sapiens despertus)* – Ser intrafísico, ou conscin, desassediado, permanente, total, plenamente autoconsciente da sua qualidade de desperticidade, sendo capaz de servir de isca interassistencial, lúcida..

Dessoma *(des + soma)* – Desativação somática, próxima e inevitável para todas as conscins; projeção final; *primeira morte;* morte biológica; monotanatose. A dessoma (simplesmente) ou *primeira* dessoma é a desativação do corpo humano ou soma. A *segunda* dessoma é a desativação do holochacra. A *terceira* dessoma é a desativação do psicossoma.

Dessomática – Estudo dos contextos físicos da dessoma e dos contextos psicológicos, sociais e médico-legais relacionados com a desativação do soma. É um especialidade da Conscienciologia.

Devaneio – Enredo fantasioso criado pela imaginação durante o estado da vigília física ordinária da consciência humana.

Dupla evolutiva – Duas consciências que interagem positivamente em evolução conjunta; condição existencial de *evolutividade intercooperativa* a dois.

Egocarma *(ego + carma)* – Princípio de causa e efeito, atuante na evolução da consciência, quando centrado exclusivamente no ego em si. Estado do livre-arbítrio preso ao egocentrismo infantil.

Energia Consciencial (**EC**) – A energia imanente que a consciência emprega em suas manifestações em geral; o *ene* do pensene.

Energia Imanente (**EI**) – Energia primária, vibratória, essencial, multiforme, impessoal, difusa e dispersa em todos os objetos ou *realidades* do Universo, de modo onipotente, ainda indomada pela consciência humana, e demasiadamente sutil para ser descoberta e detectada pelos atuais instrumentos tecnológicos.

Epicon lúcido *(epi + con) (Homo sapiens epicentricus)* – Epicentro consciencial; conscin-chave do epicentrismo operacional, que se torna fulcro de lucidez, assistencialidade e construtividade interdimensional, através da ofiex. Tem relação direta com a *tenepes* ou a tarefa energética pessoal.

Estado Vibracional (**EV**) – Condição técnica de dinamização máxima das energias do holochacra, através da impulsão da vontade.

Estigma assediador – Um insucesso, sempre dramático, em geral patológico, ou uma derrota evolutiva, assentada, em geral, em uma auto-obcecação consciencial geradora da melin ou da melex. Muitas vezes, resulta em acidentes parapsíquicos.

Euforex *(eufor + ex)* – Condição de euforia extrafísica, após a desativação somática, gerada pelo cumprimento razoável da proéxis; euforia *post-mortem;* para-euforia; euforia pós-somática.

Euforin *(eufor + in)* – Condição da euforia intrafísica, antes da desativação somática gerada pelo cumprimento razoável da proéxis; euforia *pré-mortem*. Condição predisponente ideal à moréxis positiva.

Evoluciologia – Especialidade da Conscienciologia que estuda a evolução da consciência abordada de modo integral, em alto nível, matéria adstrita especificamente ao evoluciólogo ou orientador evolutivo.

Evoluciólogo *(Homo sapiens evolutiologus)* – Consciência coadjutora da coordenação inteligente da proéxis (programação existencial) ou da evolução consciencial de uma ou mais consciências, do mesmo grupocarma.

Existência holochacral – Vida intrafísica ou a seriéxis da consciência humana.

Experiência da Quase Morte (EQM) – Ocorrência projetiva, involuntária ou forçada por circunstâncias humanas, críticas, da consciência humana, comum a doentes terminais, pacientes morituros e sobreviventes da morte clínica.

Extrafísico – Relativo àquilo que esteja fora, ou além, do estado *intra*físico ou humano; estado consciencial *menos* físico do que o soma.

Fenômeno projetivo – Ocorrência parapsíquica específica do âmbito de pesquisa da Projeciologia.

Ficha Evolutiva Pessoal (FEP) – é o registro extrafísico, das informações e caracteres mais íntimos e detalhistas relativo às autovivências ou ao microuniverso de todo princípio consciencial.

Fitoconviviologia – É a Ciência ou especialidade da Conscienciologia dedicada a investigar o convívio com plantas.

Força presencial – É o magnetismo ou a eletricidade humana derivada da psicosfera ou do holopensene específico da pessoa.

Fôrma holopensênica – É a estrutura elaborada pela autopensenidade da consciência por intermédio de várias vidas humanas consecutivas e, portanto, de múltiplos somas, com experiências desenvolvidas no mesmo local intrafísico, seja de modo breve ou prolongada.

Geoenergia *(geo + energia)* – Energia imanente (EI) proveniente do solo ou da terra e absorvida pela conscin através da *pré-kundalini.* Expressão arcaica: *energia telúrica.*

Gestação consciencial – Produtividade evolutiva, útil, da consciência humana, dentro do quadro de obras pessoais da programática da sua proéxis.

Grupalidade – Qualidade do grupo evolutivo da consciência; condição da evolutividade em grupo.

Grupocarma *(grupo + carma)* – Princípio de causa e efeito, atuante na evolução da consciência, quando centrado no grupo evolutivo. Estado do livre-arbítrio individual, quando ligado ao grupo evolutivo.

Guia cego – Consciência amoral ou inexperiente que ajuda outra consciência, de modo anticosmoético, segundo os seus interesses egóicos do momento, em detrimento de outras.

Hiperacuidade – Qualidade da lucidez máxima da conscin alcançada pela recuperação – que lhe é possível – dos cons.

Holocarma *(holo + carma)* – Reunião dos 3 tipos de ações e reações conscienciais – egocarma, grupocarma e policarma – dentro dos princípios de causa e efeito, atuantes na evolução da consciência.

Holochacra *(holo + chacra)* – Paracorpo energético da consciência humana.

Holochacralidade – Qualidade das manifestações da conscin derivadas do holochacra ou corpo energético.

Holomaturidade *(holo + maturidade)* – Condição da maturidade integrada – biológica, psicológica, holossomática e multidimensional – da consciência humana.

Holomemória *(holo + memória)* – Memória causal, composta, multimilenar, multiexistencial, implacável, ininterrupta, pessoal, que retém todos os fatos relativos à consciência; multimemória; polimemória.

Holopensene *(holo + pen + sen + ene)* – Pensenes agregados ou consolidados. Sinônimo envilecido pelo uso: *egrégora*. Esta palavra gera resistência em larga faixa dos leitores sérios das ciências.

Holossoma *(holo + soma)* – Conjunto dos veículos de manifestação da conscin: soma, holochacra, psicossoma e mentalsoma; e da consciex: psicossoma e mentalsoma.

Holossomática – Estudo específico do holossoma. É uma especialidade da Conscienciologia.

Homeostase holossomática – Estado integrado, hígido, de harmonia do holossoma.

Incompléxis *(in + comple + exis)* – Condição existencial da proéxis incompleta da consciência humana.

Instituição Conscienciocêntrica (IC) – Aquela que centraliza seus objetivos na consciência em si, e em sua evolução, ao modo do Instituto Internacional de Projeciologia e Conscienciologia (IIPC), do Centro de Altos Estudos da Consciência (CEAEC), da *International Academy of Consciousness* (IAC) e da Associação Internacional para Evolução da Consciência (ARACÊ); cooperativa consciencial, dentro da Socin Conscienciológica, com base nos vínculos empregatício e consciencial.

Inteligência Evolutiva (IE) – É a capacidade de apreender, aprender ou compreender e adaptar-se à vida humana, com bases na aplicação e expansão teática, autoconsciente, do mecanismo da evolução consciencial na dinamização do próprio desempenho autopensênico e cosmoético.

Interiorose – Condição cronicificado da pessoa superradicada e circunscrita a pequeno burgo, seja aldeia, bairro, subúrbio retirado ou área rural, do interior do país, sem coragem nem estímulos para encarar a cosmovisão da vida além desse limite acanhado.

Intermissão – Período extrafísico da consciência entre duas das suas seriéxis pessoais.

Intermissão pós-somática – Período extrafísico da consciência imediato à sua desativação somática.

Intermissão pré-somática – Período extrafísico da consciência anterior ao seu renascimento intrafísico.

Intermissibilidade – Qualidade do período de intermissão de uma consciência.

Interprisão grupocármica – Condição da inseparabilidade grupocármica do princípio consciencial evolutivo ou consciência.

Interprisões – São os comprometimentos interconscienciais decorrentes de ações anticosmoéticas conjuntas ou em grupo, promotoras da condição de inseparabilidade grupocármica.

Intraconsciencialidade – Qualidade das manifestações específicas da intimidade da consciência.

Intrafisicalidade – Condição da vida intrafísica, humana, ou da existência da consciência humana.

Intrusão energética – Invasão de uma consciência em outra através das ECs ou do holochacra.

Intrusão holossomática – Invasão de uma consciência em outra através de todo o holossoma.

Intrusão pensênica – Invasão de uma consciência em outra através do mentalsoma.

Inversor existencial – Conscin que se dispõe a praticar *técnica da invéxis* na vida intrafísica.

Invexibilidade – Qualidade da consecução intrafísica da invéxis.

Invéxis *(inve + exis)* – Técnica da inversão existencial aplicada pela consciência humana ou intrafísica.

Isca inconsciente *(Homo sapiens assistens)* – É a condição da conscin atuando de modo insconsciente perante consciexes enfermas ou conseneres (consciências energívoras).

Macrossoma *(macro + soma)* – Soma fora-de-série ou *supermaceteado* para a consecução de uma proéxis específica.

Mandato pré-intrafísico – Programação existencial para a vida humana planejada antes do renascimento intrafísico da consciência; proéxis.

Maxifraternidade – Condição interconsciencial, universalista, mais evoluída, fundamentada na fraternidade pura da consciência auto-imperdoadora e heteroperdoadora, meta inevitável na evolução de todas as consciências. Sinônimo: Megafraternidade.

Maxiproéxis *(maxi + pro + exis)* – Programação existencial máxima, *por atacado,* ou visando à consecução de tarefa na vivência do universalismo e da maxifraternidade, com bases policármicas.

Megameta – O objetivo maior da autevolução para a consciência.

Megatrafal – *(mega + tra + fal)* – O trafor faltante máximo da consciência.

Megatraf*a*r *(mega + tra + far)* – O traf*a*r máximo da consciência.

Megatraf*o*r *(mega + tra + for)* – O traf*o*r máximo da consciência.

Melex *(mel + ex)* – Condição da melancolia extrafísica, pós-dessomática ou *post-mortem*; paramelancolia.

Melin *(mel + in)* – Condição da melancolia intrafísica ou *pré-mortem.*

Mentalsoma *(mental + soma)* – Corpo mental; o *paracorpo* do discernimento da consciência. Plural: *mentaissomas.*

Microuniverso consciencial – A consciência considerada de per si, como um todo, englobando todos os seus atributos, pensenes e manifestações no desenvolvimento da sua evolução. O microcosmo da consciência em relação ao macrocosmo do Universo.

Mimese cosmoética – Impulso social produtivo de imitação dos antepassados evoluídos da conscin.

Miniproéxis *(mini + pro + exis)* – Programação existencial mínima, *a varejo*, ou objetivando a consecução de uma tarefa mínima, ainda grupocármica.

Monotanatose – O mesmo que *dessoma; primeira dessoma.*

Moréxis *(mor + exis)* – Condição da moratória existencial, ou um complemento de vida intrafísica, facultado a determinadas conscins, conforme o seu mérito holocármico. A moréxis pode apresentar uma base deficitária – a menor – minimoréxis; ou superavitária – a maior – maximoréxis, quanto aos resultados da proéxis.

Morfopensene *(morfo + pen + sen + ene)* – O pensamento ou um conjunto de pensamentos quando reunidos e se expressando, de algum modo, como uma *forma.* Expressão arcaica, agora em desuso: *forma-pensamento.* A acumulação de morfopensenes compõe o holopensene.

Neofilia – Adaptação fácil da conscin às situações, coisas e acontecimentos novos. Oposto de neofobia.

Ofiex *(ofi + ex)* – Oficina extrafísica do epicon intrafísico (praticante da tenepes). Os recursos e *instalações* extrafísicas da ofiex são múltiplos e surpreendentes. Um holopensene domiciliar.

Orientador Evolutivo – Consciência coadjutora da coordenação inteligente da proéxis, ou da evolução consciencial de uma ou mais consciências, do mesmo grupocarma. Condição evolutiva entre o ser desperto e o Serenão. O mesmo que *evoluciólogo.*

Para – Prefixo que significa *além de, ao lado de*, como em *paracérebro.* Significa, também, *extrafísico.*

Paracérebro – Cérebro do psicossoma da consciência nos estados extrafísico (consciex), intrafísico (conscin) e projetado, quando através do psicossoma.

Paracomatose consciencial – Estado de coma extrafísico da conscin, quando projetada, que permanece invariavelmente inconsciente e, portanto, sem rememorações extrafísicas.

Paradigma Consciencial – Teoria-líder da Conscienciologia fundamentada na própria consciência.

Paragenética – A genética adstrita às heranças da consciência, através do psicossoma, da vida anterior ao embrião humano. É uma especialidade da Conscienciologia.

Paraprocedência – É a base extrafísica, original, pessoal, de onde cada consciência intrafísica (conscin) procede, antes da ressoma, durante o período pré-ressomático, quando estava na condição de consciência extrafísica (consciex).

Parapsiquismo – Conjunto das parapercepções avançadas da consciência, além dos 5 sentidos básicos do corpo humano. É uma habilidade inerente a todo indivíduo e pode ser aprimorada de modo racional, livre de quaisquer conotações religiosas ou de iniciações místicas.

Passes-para-o-escuro – Expressão popular para significar a transmissão técnica, diária, de energias conscienciais, ou ECs, por uma conscin, diretamente a consciexes, conscins projetadas, ou no estado da vigília física ordinária, com assistência permanente de amparadores. Expressão técnica: *tenepes* (*ta*refa *ene*rgética *pes*soal).

Pensene *(pen + sen + ene)* – Unidade de manifestação prática da consciência, segundo a Conscienciologia, que considera o pensamento ou ideia (concepção), o sentimento ou a emoção e a EC (energia consciencial) em conjunto, de modo indissociável.

Pensenidade – Qualidade da consciência pensênica de alguém.

Policarma *(poli + carma)* – Princípio de causa e efeito, atuante na evolução da consciência, quando centrado no senso e vivência da maxifraternidade cósmica, além do egocarma e do grupocarma.

Porão consciencial – Fase de manifestação infantil e adolescente da conscin, até chegar ao período da adultidade, caracterizada pelo predomínio dos traf*a*res mais primitivos da consciência multiveicular, multiexistencial e multimilenar.

Pré-intermissiologia – Condição da pessoa se preparar ao longo da vida humana, para atuar durante o período intermissivo, logo após passar pela segunda dessoma, no resgate das pessoas deixadas para trás, ao longo da evolução.

Pré-serenão – Conscin, ou consciex, que ainda não vive o serenismo lúcido.

Pré-serenão vulgar *(Homo sapiens sapiens)* – Conscin, ou consciex, que vive em condição de vulgaridade evolutiva.

Primener *(prim + ener)* – Primavera energética; condição pessoal, mais ou menos duradoura, de apogeu das ECs sadias e construtivas.

Princípios pessoais – Conjunto de valores e iniciativas norteadores da vida consciencial, escolhido pela consciência, a partir da holomaturidade, multidimensionalidade e cosmoética vivida.

Proéxis *(pro + exis)* – Programação existencial específica de cada conscin em sua seriéxis, no caso, a existência intrafísica.

Proéxis avançada – Programação existencial da conscin, líder evolutiva, dentro de uma tarefa libertária específica do grupocarma, mais universalista e policármica, onde é *mini*peça lúcida e atuante dentro do *maxi*mecanismo da equipe multidimensional.

Projeção Consciente (PC) – Projeção da conscin para além do soma; experiência extracorpórea.

Projetor consciente *(Homo sapiens projector)* – Conscin, homem ou mulher, capaz de experimentar com lucidez e discernimento, o fenômeno da projeção consciente por intermédio da própria vontade decidida, destacando a autoconsciência com o soma a distância, através do emprego direto do psicossoma ou o mentalsoma de maneira espontânea e assistida.

Projeciologia (Latim: *projectio,* projeção; grego: *logos,* tratado) – Ciência que estuda as projeções da consciência e seus efeitos, inclusive as projeções das ECs para fora do holossoma. É uma especialidade da Conscienciologia.

Projetabilidade Lúcida (**PL**) – Qualidade parafisiológica, projetiva, lúcida, da consciência, capaz de descoincidir-se ou tirar os seus veículos de manifestação da condição de alinhamento do holossoma, inclusive através da impulsão da própria vontade.

Psicossoma (Grego: *psyckhé,* alma; *soma,* corpo) – Paracorpo emocional da consciência; o *corpo objetivo* da conscin.

Recexibilidade – Qualidade da aplicação intrafísica da *técnica da recéxis.*

Recéxis *(rec + exis) – Técnica da reciclagem existencial* realizada pela consciência humana.

Reciclante existencial – Conscin que se dispõe a realizar a recéxis.

Recin *(reci + in)* – A reciclagem intrafísica, existencial, *intra*consciencial ou a renovação cerebral da conscin através da criação de novas sinapses ou conexões interneuroniais capazes de permitir o ajuste da proéxis, a consecução da recéxis, a invéxis, a aquisição de ideias novas, os neopensenes, os hiperpensenes e outras conquistas neofílicas da consciência humana automotivada.

Ressoma – Renascimento somático da consciex, passando para a condição temporária de conscin ou saindo da extrafisicalidade para intrafisicalidade.

Retrocognição (Latim: *retro,* atrás; *cognoscere,* conhecer) – Faculdade perceptiva pela qual a conscin fica conhecendo fatos, cenas, formas, objetos, sucessos e vivências pertencentes ao tempo passado distante, comumente relacionados com a sua holomemória.

Reurbex – Mudança para melhor dos ambientes e comunidades extrafísicas doentias, anticosmoeticamente degradados, patrocinado pelos seres Serenões.

Robéxis *(rob + exis)* – Robotização existencial; condição da conscin troposférica, excessivamente escravizada à intrafisicalidade ou quadridimensionalidade.

Semiconsciex *(Homo sapiens semiextraphysicus)* – É a conscin avançada atuante com desenvoltura na dimensão intrafísica, tendo atingido o estágio no qual o parapsiquismo lhe permite viver continuamente alerta para a dimensão extrafísica, de modo sadio, otimizando os empreendimentos evolutivos.

Serenão *(Homo sapiens serenissimus)* – Consciência quando na vivência integral da condição do serenismo lúcido.

Serialidade – Qualidade da consciência sujeita às seriéxis.

Seriéxis *(seri + exis)* – Seriação existencial evolutiva da consciência; existências sucessivas; renascimentos intrafísicos em série.

Sinalética parapsíquica – Existência, identificação e emprego autoconsciente dos sinais energéticos, anímicos, parapsíquicos e personalíssimos, ou que toda conscin possui.

Soma – Corpo humano; o corpo do indivíduo do reino *Animal,* filo *Cordata,* classe *Mamíferos,* ordem *Primatas,* família *Hominídia,* gênero *Homo,* espécie *Homo sapiens,* o mais elevado nível de animal sobre este Planeta; apesar do exposto, o veículo mais rústico do holossoma da consciência humana.

Subcérebro abdominal – O umbilicochacra (centro de energia consciencial acima do umbigo), quando escolhido inconscientemente pela conscin, ainda de evolução medíocre, para sede de suas manifestações. O cérebro abdominal, *pseudo*cérebro abdominal, ou *sub*cérebro abdominal é a *eminência parda* do cérebro natural, encefálico (coronochacra e frontochacra); um embaraço indefensável na autevolução consciente.

Tacon *(ta + con)* – *Ta*refa da *con*solação, assistencial, pessoal ou grupal, primária.

Tares *(tar + es)* – *Ta*refa do *es*clarecimento, assistencial, pessoal ou grupal, avançada. Plural: tarefas do esclarecimento.

Teática *(te + ática)* – Vivência conjunta da *te*oria e da pr*ática* por parte da conscin ou da consciex.

Teleguiado autocrítico *(Homo sapiens teleguiatus)* – É a conscin autocrítica, com orientação própria e sem perda da identidade, ao mesmo tempo, guiada à distância, ou de outra dimensão evoluída, por amparador ou evoluciólogo extrafísico.

Tenepes *(t + ene + pes)* – *T*arefa *en*ergética *pes*soal, diária, multidimensional, com assistência permanente de amparadores, a longo prazo ou para o restante da vida intrafísica. Expressão popular: *passes-para-o-escuro.*

Tenepessista *(Homo sapiens tenepessista)* – Conscin já atuante consciente e interdimensionalmente com produtividade na tarefa energética pessoal (tenepes).

Traf*al* *(tra + fal)* – *Traço-fal*tante da personalidade da consciência; condição da ausência de determinado traf*or* – traço-força – básico para a personalidade conscin ou consciex, completar o quadro pessoal, razoável, conscienciométrico, do próprio nível evolutivo.

Traf*ar* *(tra + far)* – *Traço-far*do da personalidade da conscin; componente negativo da estrutura do microuniverso consciencial que a consciência ainda não consegue alijar de si ou desvencilhar-se até o momento.

Traf*or* *(tra + for)* – *Traço-for*ça da personalidade da conscin; componente positivo da estrutura do microuniverso consciencial que impulsiona a evolução da consciência.

Umbilicochacra *(umbilico + chacra)* – O chacra umbilical (acima do umbigo) ou relativo à fisiologia e parafisiologia (abdominais) da consciência humana.

Universalismo – Conjunto de ideias derivadas da universalidade das leis básicas da Natureza e do Universo e que, através da evolução natural da consciência, torna-se inevitavelmente, a sua filosofia dominante; cosmismo.

Veículo da consciência – Instrumento ou corpo pelo qual a consciência se manifesta na intrafisicalidade (conscin) e nas dimensões extrafísicas (conscin projetada e consciex).

Vivência Pessoal (VP) – Experimentação prática, pessoal, direta, intransferível, da conscin em seu caminho evolutivo.

Zooconviviologia – É a Ciência ou especialidade da Conscienciologia dedicada a investigar o convívio com os animais.

ÍNDICE REMISSIVO

P

Q

R

S

T

U

V

Z

INSTITUIÇÕES CONSCIENCIOCÊNTRICAS (ICs)

ICs. As Instituições Conscienciocêntricas – ICs – são organizações cujos objetivos, metodologias de trabalho e modelos organizacionais estão fundamentados no *Paradigma Consciencial.* A atividade principal das ICs é apoiar a evolução das consciências através da *tarefa do esclarecimento* pautada pelas *verdades relativas de ponta,* encontradas nas pesquisas no campo da Ciência Conscienciologia e especialidades.

Voluntariado. Todas as Instituições Conscienciocêntricas são associações independentes, de caráter privado, sem fins de lucro e mantidas predominantemente pelo trabalho voluntário de professores, pesquisadores, administradores e profissionais de diversas áreas.

CCCI. O conjunto das Instituições Conscienciocêntricas e dos voluntários da Conscienciologia no planeta compõe a *Comunidade Conscienciológica Cosmoética Internacional* – CCCI – formada atualmente por 20 ICs, incluindo a *Associação Internacional Editares.*

AIEC – Associação Internacional para Expansão da Conscienciologia

Fundação: 22/04/2005
Sede: Av. Felipe Wandscheer, 5.100, sala 111, Cognópolis
Foz do Iguaçu, Paraná, Brasil, CEP: 85856-530
Tel.: +55 (45) 2102-1411
Site: www.worldaiec.org
Contato: aiec.comunicacao@gmail.com

Campus DISCERNIMENTUM: Av. Felipe Wandscheer, 5.100, sala 201
Cognópolis, Foz do Iguaçu, Paraná, Brasil, CEP: 85856-530
Tel.: +55 (45) 2102-1400
Contato: contato@discernimentum.org

APEX – Associação Internacional da Programação Existencial

Fundação: 20/02/2007
Sede: Rua da Cosmoética, 1.511, Cognópolis, Caixa Postal 921, Centro
Foz do Iguaçu, Paraná, Brasil, CEP: 85851-000
Tel.: +55 (45) 3525-2652 – Fax: +55 (45) 3525-5511
Site: www.apexinternacional.org
Contato: contato@apexinternacional.org

ARACÊ – Associação Internacional para Evolução da Consciência

Fundação: 14/04/2001
***Campus* ARACÊ:** Rota do Conhecimento, Km 7, acesso pela BR-262, Km 87, Distrito de Aracê Domingos Martins, Espírito Santo, Brasil
Endereço para correspondência: Caixa Postal 110, Pedra Azul Domingos Martins, Espírito Santo, Brasil, CEP: 29278-000
Tel.: +55 (27) 9739-2400
Site: www.arace.org
Contato: associacao@arace.org

ASSINVÉXIS – Associação Internacional de Inversão Existencial

Fundação: 22/07/2004
***Campus* de Invexologia:** Av. Maria Bubiak, 1.100, Cognópolis Foz do Iguaçu, Paraná, Brasil, CEP: 85853-728
Tel.: +55 (45) 3525-0913
Site: www.assinvexis.org
Contato: contato@assinvexis.org

ASSIPEC – Associação Internacional de Pesquisas da Conscienciologia

Fundação: IC apresentada oficialmente na Tertúlia Conscienciológica do dia 14/08/2011
Sede: Rua XV de Novembro, 1.681, Vila Municipal Jundiaí, São Paulo, Brasil, CEP: 13201-006
Tel.: +55 (11) 4521-8541
Site: www.assipec.org
Contato: assipec@assipec.org

ASSIPI – Associação Internacional de Parapsiquismo Interassistencial

Fundação: 29/12/2011
Sede: Av. Felipe Wandscheer, 5.100, sala 212, Cognópolis Foz do Iguaçu, Paraná, Brasil, CEP: 85856-530
Tel.: +55 (11) 2102-1421 – VOIP: +55 (45) 4053-9818
Site: www.assipi.org
Contato: assipi@assipi.com

CEAEC – Associação Internacional do Centro de Altos Estudos da Conscienciologia

Fundação: 15/07/1995
Sede: Rua da Cosmoética, 1.511, Cognópolis, Caixa Postal 921, Centro Foz do Iguaçu, Paraná, Brasil, CEP: 85851-000
Tel.: +55 (45) 3525-2652 – Fax:+55 (45) 3525-5511
Site: www.ceaec.org
Contato: ceaec@ceaec.org

COMUNICONS – ASSOCIAÇÃO INTERNACIONAL DE COMUNICAÇÃO CONSCIENCIOLÓGICA

Fundação: 24/07/2005
Sede: Av. Felipe Wandscheer, 5.100, sala 206, Cognópolis
Foz do Iguaçu, Paraná, Brasil, CEP: 85856-530
Tel.:.: +55 (45) 2102-1409
Site: www.comunicons.org.br
Contato: comunicons@comunicons.org

CONSCIUS – ASSOCIAÇÃO INTERNACIONAL DE CONSCIENCIOMETRIA INTERASSISTENCIAL

Fundação: 24/02/2006
Sede: Rua da Cosmoética, 1.511, Cognópolis, Caixa Postal 921, Centro
Foz do Iguaçu, Paraná, Brasil, CEP: 85851-000
Tel.: +55 (45) 3525-2652 – Fax: +55 (45) 3525-5511
Site: www.conscius.org.br
Contato: conscius@conscius.org.br

ECTOLAB – ASSOCIAÇÃO INTERNACIONAL DE PESQUISA LABORATORIAL EM ECTOPLASMIA E PARACIRURGIA.

Fundação: 14/07/2013.
Sede: Avenida Felipe Wandscheer, 5100, sala 105, Cognópolis
Foz do Iguaçu, PR, Brasil, CEP: 85856-630
Telefone: +55 (45) 2102-1427
Site: www.ectolab.org;
Contato: ectolab@ectolab.org

EDITARES – ASSOCIAÇÃO INTERNACIONAL EDITARES

Fundação: 23/10/2004
Sede: Av. Felipe Wandscheer, 5.100, sala 107, Cognópolis
Foz do Iguaçu, Paraná, Brasil, CEP: 85856-530
Tel.: +55 (45) 2102-1407 – VOIP: +55 (45) 4053-953
Site: www.editares.org
Shopcons: www.shopcons.com.br (portal de compra de livros)
Contato: editares@editares.org

ENCYCLOSSAPIENS – ASSOCIAÇÃO INTERNACIONAL DE ENCICLOPEDIOLOGIA CONSCIENCIOLÓGICA

Fundação: 21/12/2013
Sede: Rua da Cosmoética, 1.511, Cognópolis, Caixa Postal 921
Foz do Iguaçu, Paraná, Brasil, CEP: 85851-000
Tel.: +55 (45) 3525-2652 – Fax: +55 (45) 3525-5511
Site: www.encyclossapiens.org
Contato: contato@encyclossapiens.org

EVOLUCIN – Associação Internacional de Conscienciologia para Infância

Fundação: 09/07/2006
Sede: Av. Felipe Wandscheer, 5.100, sala 102, Cognópolis
Foz do Iguaçu, Paraná, Brasil, CEP: 85856-530
Tel.: +55 (45) 9909-6129
Site: www.evolucin.org
Contato: evolucin@gmail.com

IIPC – Instituto Internacional de Projeciologia e Conscienciologia

Fundação: 16/01/1988
Sede: Av. Felipe Wandscheer, 5.100, sala 103, Cognópolis
Foz do Iguaçu, Paraná, Brasil, CEP: 85856-530
Tel.: +55 (45) 2102-1448
Site: www.iipc.org.br
Contato: iipc@iipc.org.br

***Campus* de Pesquisas IIPC:** Estrada do Universalismo, 1.177, Sampaio Correa
Saquarema, Rio de Janeiro, Brasil, CEP: 28997-970
Tel.: +55 (22) 2654-1186
Contato: campussaquarema@iipc.org

INTERCAMPI – Associação Internacional dos *Campi* de Pesquisas da Conscienciologia

Fundação: 23/07/2005
Sede: Av. Antonio Basílio, 3006, sala 602, Lagoa Nova
Natal, Rio Grande do Norte, CEP: 59056-005
Tel.: +55 (84) 3211-3126
Site: www.intercampi.org
Contato: intercampi@intercampi.org

OIC – Organização Internacional de ConscienciOterapia

Fundação: 06/09/2003
***Campus* OIC:** Av. Felipe Wandscheer, 5.935, Cognópolis
Foz do Iguaçu, Paraná, Brasil, CEP: 85856-530
Tel.: +55 (45) 3025-1404 / 2102-1402
Site: www.oic.org.br
Contato: aco@oic.org.br

REAPRENDENTIA – Associação Internacional de Parapedagogia e Reeducação Consciencial

Fundação: 21/10/2007
Sede: Rua da Cosmoética, 1.511, Cognópolis, Caixa Postal 921, Centro
Foz do Iguaçu, Paraná, Brasil, CEP: 85851-000
Tel.: +55 (45) 3525-2652 – Fax: +55 (45) 3525-5511
Site: www.reaprendentia.org
Contato: contato@reaprendentia.org.br

RECONSCIENTIA – Associação Internacional de Pesquisologia para Megaconscientização

Fundação: 02/07/2011
Sede: Felipe Wandscheer 5100, Sala 104, Cognópolis
Foz do Iguaçu, Paraná, Brasil, CEP: 85856-530
Tel.: +55 (45) 9993-2000
Contato: pesquisologia@gmail.com

UNICIN – União das Instituições Conscienciocêntricas Internacionais

Fundação: 22/01/2005
Sede: Av. Felipe Wandscheer, 5.100, sala 105, Cognópolis
Foz do Iguaçu, Paraná, Brasil, CEP: 85856-530
Tel.: +55 (45) 2102-1405
Site: www.unicin.org
Contato: unicin@unicin.org

UNIESCON – União Internacional de Escritores da Conscienciologia

Fundação: 23/11/2008
Sede: Av. Felipe Wandscheer, 5.100, sala 109, Cognópolis
Foz do Iguaçu, Paraná, Brasil, CEP: 85856-530
Site: www.uniescon.org
Contato: uniescon.ccci@gmail.com

PUBLICAÇÕES DA EDITARES

AUTOR	TÍTULO
Alexandre Nonato	JK E OS BASTIDORES DA CONSTRUÇÃO DE BRASÍLIA
Alexandre Nonato *et. al.*	INVERSÃO EXISTENCIAL
Alzemiro Rufino de Matos	VIDA: OPORTUNIDADE DE APRENDER
Ana Seno	COMUNICAÇÃO EVOLUTIVA
Antonio Pitaguari / Marina Thomaz	REDAÇÃO E ESTILÍSTICA CONSCIENCIOLÓGICA
Bárbara Ceotto	DIÁRIO DE AUTOCURA
Cesar Machado	PROATIVIDADE EVOLUTIVA
Cirleine Couto	CONTRAPONTOS DO PARAPSIQUISMO
Dalva Morem	SEMPRE É TEMPO
Dulce Daou	AUTOCONSCIÊNCIA E MULTIDIMENSIONALIDADE
	VONTADE: CONSCIÊNCIA INTEIRA
Fernando R. Sivelli / Marineide C. Gregório	AUTOEXPERIMENTOGRAFIA PROJECIOLÓGICA
Flávio Buononato	ANUÁRIO DA CONSCIENCIOLOGIA 2012
	FATOS E PARAFATOS DA COGNÓPLIS FOZ DO IGUAÇU
Graça Razera	HIPERATIVIDADE EFICAZ
Jayme Pereira	BÁRBARAH VAI À ESTRELA
	PRINCÍPIOS DO ESTADO MUNDIAL COSMOÉTICO
Julieta Mendonça	MANUAL DO TEXTO DISSERTATIVO
Julio Almeida	QUALIFICAÇÕES DA CONSCIÊNCIA
	QUALIFICAÇÃO AUTORAL
Kátia Arakaki	VIAGENS INTERNACIONAIS
Lílian Zolet / Guilherme Kunz	*ACOPLAMENTARIUM*
Lourdes Pinheiro / Felipe Araújo	DICIONÁRIO DE VERBOS CONJUGADOS DA LÍNGUA PORTUGUESA
Luciano Vicenzi	CORAGEM PARA EVOLUIR
Lucy Lutfi	VOLTEI PARA CONTAR
Mabel Teles	PROFILAXIA DAS MANIPULAÇÕES CONSCIENCIAIS

Málu Balona	AUTOCURA ATRAVÉS DA RECONCILIAÇÃO
	SÍNDROME DO ESTRANGEIRO
Marcelo da Luz	ONDE A RELIGIÃO TERMINA?
Maria Thereza Lacerda	A PEDRA DO CAMINHO
Maximiliano Haymann	SÍNDROME DO OSTRACISMO
Moacir Gonçalves / Rosemary Salles	DINÂMICAS PARAPSÍQUICAS
Osmar Ramos Filho	CRISTO ESPERA POR TI (Edição Comentada)
Reinalda Fritzen	CAMINHOS DE AUTOSUPERAÇÃO
Rodrigo Medeiros	CLARIVIDÊNCIA
Rosa Nader	MANUAL DE VERBETOGRAFIA
Silda Dries	TEORIA E PRÁTICA DA EXPERIÊNCIA FORA DO CORPO
Tony Musskopf	AUTENTICIDADE CONSCIENCIAL
Vera Hoffmann	SEM MEDO DA MORTE
Wagner Alegretti	RETROCOGNIÇÕES
Waldo Vieira	700 EXPERIMENTOS DA CONSCIENCIOLOGIA
	DICIONÁRIO DE ARGUMENTOS DA CONSCIENCIOLOGIA
	DICIONÁRIO DE NEOLOGISMOS DA CONSCIENCIOLOGIA
	ENCICLOPÉDIA DA CONSCIENCIOLOGIA
	HOMO SAPIENS PACIFICUS
	HOMO SAPIENS REURBANISATUS
	MANUAL DA DUPLA EVOLUTIVA
	MANUAL DA PROÉXIS
	MANUAL DA TENEPES
	MANUAL DOS MEGAPENSENES TRIVOCABULARES
	NOSSA EVOLUÇÃO
	O QUE É A CONSCIENCIOLOGIA
	PROJECIOLOGIA
	PROJEÇÕES DA CONSCIÊNCIA

1. *Área da Pesquisa:*

Este livro pesquisa temas da *Evoluciologia*, especialidade da *Conscienciologia*.

2. *Princípio da Descrença:*

Não acredite em nada, nem mesmo nas informações expostas neste livro, o mais inteligente é fazer pesquisas pessoais sobre os temas.

EDITARES

ND - #0189 - 170726 - C0 - 234/156/18 - PB - 9788598966908 - Matt Lamination